태평양전쟁의 지상전

태평양전쟁의 지상전

하야시 사부로 지음 / 최종호 옮김

TAIHEIYO SENSO RIKUSEN GAISHI
by Saburo Hayashi
ⓒ 1951, 2014 by Nobuki Hayashi
Originally published in 1951 by Iwanami Shoten, Publishers, Tokyo.
This Korean edition published 2021
by Nonhyung Co., Seoul
by arrangement with Iwanami Shoten, Publishers, Tokyo

태평양전쟁의 지상전

초판 1쇄 인쇄 2021년 7월 10일
초판 1쇄 발행 2021년 7월 15일

지은이 하야시 사부로
옮긴이 최종호
펴낸곳 논형
펴낸이 소재두
등록번호 제2003-000019호
등록일자 2003년 3월 5일
주소 서울시 영등포구 당산로 29길 5-1 502호
전화 02-887-3561
팩스 02-887-6690
ISBN 978-89-6357-435-6 94910
값 20,000원

이하에서 원문原文은 이 책의 저본이 된 일본어판, 본문本文은 역자의 한국어판을 의미한다.

1. 고유명사의 표기

1) 가나의 음독

본문에서는 다음과 같은 기준에 따라 가나를 음독했다.

① か, き, く, け, こ→카, 키, 쿠, 케, 코(川口: かわぐち→카와구치, 木村: きむら→키무라, 黑田: く
ろだ→쿠로다, 小磯: こいそ→코이소)

② た, ち, つ, て, と→타, 치, 츠, 테, 토(田中: たなか→타나카, 千葉: ちば→치바, 土橋: つちはし→츠
치하시, 寺內: てらうち→테라우치, 東條: とうじょう→토죠)

③ 장모음은 표기하지 않았다(飯村: いいむら→이무라; 大川: おおかわ→오카와).

2) 일본의 인명과 지명

원문에서는 구자체舊字體 한자漢字로 표기된 일본의 인명과 지명은 모두 일본식 한자 독음을 기초
로 위 1.의 표기법에 따르되, 처음 등장하는 때에만 한자를 병기倂記하였다. 한편 원문에 등장하는
日本海라는 표현은 이 책의 성격을 감안하여, 본문에서 그대로 사용했다.

3) 중국의 인명과 지명

중국의 인명과 지명은 한국식 한자 독음에 의하고(예: 蔣介石→장개석, 重慶→중경, 台灣→대만),
역시 처음 등장하는 때에만 한자를 병기하였다.

4) 조선의 지명

조선의 지명은 한국식 한자 독음에 의하고(예: 京城→경성, 釜山→부산, 濟州島→제주도), 따로 한
자를 병기하지 않았다.

5) 동남아시아 및 태평양의 지명

동남아시아와 태평양의 지명으로 한자로 표기된 것은 모두 원문의 표기에 따랐다(예: 印度支那→
인도지나, 南支那海→남지나해). 유럽어 지명은 원문에는 기재되어 있지 않으나 독자의 편의를 위
해 모두 알파벳을 병기하였다. 한편 정식 명칭이 바뀐 경우에도 원칙적으로 원문의 표기에 따르되
(예: 미얀마→버마Burma, 양곤→랭군Rangoon, 호치민→사이공Saigon), 경우에 따라 통칭通稱을
사용하기도 하였다(예: 추크→트럭).

6) 방위와 결합된 지명

동부·서부·남부·북부와 같이 방위方位와 지명이 결합된 경우에는 띄어 쓰되(예: 서부 뉴기니, 남부
버마), 다만 전체로서 하나의 고유명사를 구성하는 경우에는 예외적으로 붙여쓰기도 하였다(예: 남
부불인南部佛印).

2. 부대 및 작전 명칭의 표기

1) 부대명의 표기
① 부대의 명칭과 단위는 원문의 표기에 따랐다.
② 부대의 명칭은 붙여 쓰고(예: 제1사단, 전차제1사단, 독립혼성제21여단, 보병제2연대), 동일한 위계의 부대가 나열된 경우 마지막에만 단위를 표기하되(예: 제1, 제2, 제3사단), 명사와 서수의 경우에는 예외로 했다(예: 근위사단, 제1, 제2사단). 다만 특과特科 부대는 병종兵種 표기와 부대 단위를 반복하여 기재했다(예: 제1비행사단, 제2비행사단).
③ 부대의 단위와 사령부는 붙여 쓰되(예: 남방군총사령부), 부대장의 명칭은 띄어 썼다(예: 남방군 총사령관). 다만 지대支隊는 전체적으로 하나의 고유명사를 구성하는 점에서 명사와 단위를 붙여 썼다(예: 一木支隊→이치키지대).

2) 부대의 위계
부대 단위의 위계는 일본군은 상위로부터 총군總軍→방면군方面軍→군軍→사단師團→여단旅團→연대連隊→대대大隊→중대中隊의 순서이다. 최상위 제대인 총군은 편성순서에 따라 지나파견군, 남방군, 관동군, 제1총군, 제2총군, 항공총군으로, 부대장의 정식명칭은 각 지나파견군 총사령관, 남방군 총사령관, 관동군 총사령관, 제1총군 사령관, 제2총군 사령관, 항공총군 사령관이다.
중국군(=국민정부군)의 경우 그 위계는 전구戰區→집단군集團軍→군軍→사師→여旅→단團→영營→연連→배排→반班의 순서로, Division에 상당하는 師는 한자로만 표기했다.

3) 작전명의 표기
① 작전명이 지명과 결합된 경우 띄어 쓰는 것을 원칙으로 하되(임팔 작전, 미드웨이 작전, 중경 작전), 복수複數의 지명의 약어와 결합된 경우 예외적으로 붙여 썼다(예: 경한작전京漢作戰, 상계작전湘桂作戰).
② 일본어의 보통명사나 서수序數가 결합된 작전의 명칭이 하나의 고유명사를 구성하는 경우, 일본어로 훈독하면서 붙여 썼다(예: 아고작전, 쇼고작전, 이치고작전). 이때 국어로 반복하여 표기하는 것이 가독성의 측면에서 불리한 것으로 판단되는 때에는, 처음에만 국어로 표기하고 이후에는 한자로만 기재하기도 하였다(예: 다이니쥬이치고작전→第二十一號作戰).

3. 문장 부호의 사용

원문에서는 발언이나 문장의 인용에서 모두 낫표(「」)를 사용하고 있으나, 본문에서는 전자는 큰 따옴표, 표현이나 후자는 작은 따옴표로 구별했다. 저자가 단어의 강조나 문서의 명칭에 사용한 낫표는 원문의 용례에 따랐다. 다만 서명書名에는 겹낫표(『』)를 사용하였다. 한편 역자의 판단에 따라 강조할 필요가 있는 부분에는 작은 따옴표를 사용했다.

4. 각주의 표기

본문의 각주에는 저자가 원문에서 기재한 원주原註와 역자가 추가한 역주譯註가 있고, 해당 부분의 말미에서 이를 구별하였다.

5. 약어 등의 사용

원문에서 자주 등장하는 국명·지명·지역명과 관련된 약어, 지명 등과 결합하는 보통명사, 일부 유의어, 기타 역자가 필요하다고 인정한 용어 등은 처음 등장하는 경우에만 한글과 한자를 병기하고, 이후에는 한자만으로 표기하였다. 그 일람 및 의미는 다음과 같다.

약어 등	의미
관특연關特演	관동군 특종 연습關東軍特種演習
군비軍備	국방을 위한 일체의 시설 제도·기관·장비 등
난령蘭領	네덜란드령
도서島嶼/군도群島/제도諸島	여러 섬의 집합체
대만對滿	지역으로서의 만주 또는 만주국에 대한
대미對美/대소對蘇/대중對中/대일對日	미국/소련/중국/일본에 대한
미소美蘇	미국·소련
미영美英	미국·영국
미영중美英中	미국·영국·중국
미호美濠	미국·호주
불인佛印	프랑스령 인도차이나
만선滿鮮/북선北鮮/남선南鮮	만주·조선/조선 북부/조선 남부
영령英領	영국령
영인英印	영국·인도
원장援蔣	장개석의 국민정부에 대한 원조
이동以東/이서以西/이남以南/이북以北	어떤 지점을 기점으로 그 동/서/남/북쪽
일독日獨	일본·독일
일독이日獨伊	일본·독일·이탈리아
일불日佛	일본·프랑스
일소日蘇	일본·소련
전국戰局	전쟁의 국면이나 상황
전력戰力/전력全力	총체로서의 군사력/모든 힘
전비戰備	전쟁이나 작전을 위한 일체의 시설
주독駐獨/주미駐美/주소駐蘇/주일駐日/주중駐中	독일/미국/소련/일본/중국에 주재
중경重慶	문맥에 따라 국민정부의 수도 또는 그 세력
재만在滿	만주국에 위치 또는 소재
호북濠北	호주 북쪽의 인도네시아 동부와 뉴기니 지역
화북華北/화중華中/화남華南	중국의 북부/중부/남부 지역

이 책에서 나는 태평양전쟁에서의 육군 통수부의 동향에 대해 '당시에는 이러했다'라는 것을 충실히 전달하기 위해 노력했다. 즉 육군 통수부가 태평양전쟁 기간 어떻게 정보를 판단하고, 또한 어떤 발상에 기초하여 작전계획을 세웠으며, 이를 어떻게 지도했는가 등에 서술의 초점을 맞출 생각이다. 그리고 현재의 시점에서 결과론적으로 관찰하면 전혀 엉뚱한 당시의 정세 판단이나, 어설픔 그 자체였던 작전지도 등에 대해서도 조금도 수식修飾을 더하지 않고, 있는 그대로를 정직하게 적을 것이다.

개개의 전장에서의 작전 경과에 대해서는 그 대요大要만을 적는 것에 그쳤다. 지면의 제한이 있는 것은 물론, 전투전사戰鬪戰史에는 다른 적당한 집필자가 있을 것으로 생각했기 때문이다. 한편 해군 작전은 육군 작전에 직접 관련되는 부분만을 다루었다.

자료의 수집과 이용에는 상당히 고심苦心했다. 대부분의 자료가 패전과 함께 불타버렸고, 또한 남아있는 것도 그 이용에 여러 제한이 존재하기 때문이다. 하지만 나는 가능한 모든 노력을 다하여 사실 기재의 정직성을 기하고, 어떠한 과장도 없이 양심적으로 진행했다고 자부한다. 본문의 서술에는 시각에 따라서는 여전히 불비不備한 점이 있을 것이다. 그에 대해서는 독자 제위의 질정叱正을 기다리고 있다.

마지막으로 이 책의 집필에서 호의적인 원조와 격의 없는 조언을 주신 여러 선배, 지우知友 여러분과 시사점 넘치는 지도를 주신 이와나미 쇼텐의 요시노 겐자부로, 에비하라 미츠요시 두 분께 감사의 뜻을 표한다.

차례

제1장

미일개전까지 육군의 행보

정치에 대한 국방의 우위 메이지 유신^{明治維新} 이래 일본은 선진국과 대등한 국가가 되는 것을 목표로 하고, 이를 통해 민족의 독립을 확보하는 것을 국가적 과제로 삼았다. 이를 위해 부국강병과 문명개화^{文明開化}가 제창되었고, 문명개화의 주된 목적은 부국강병에 있다는 발상에서 정치에 대한 국방의 우위가 자리 잡았다. 그리고 청일전쟁과 러일전쟁을 거쳐 일단 국가적 과제를 달성할 수 있었다.

러일전쟁 직후 일본은 만주^{滿洲} 경영에 착수했다. 민족적 팽창을 꿈꾸는 대륙발전정책의 첫걸음을 시작한 것이다. 그야말로 국책^{國策}의 커다란 비약^{飛躍}이었다. 그리고 이는 정치에 대한 국방의 우위를 조장^{助長}하는 원인이 되었다.

통수권의 독립 육군을 포함한 일본 군부의 독특한 성격은 「통수권의 독립^{統帥權の獨立}」에서 찾을 수 있었다. 사실 정치에 대한 국방의 우위도 여기서 나온 것이다. 이로 인해 정치는 국방에 대해 무지^{無知}하게 되었고, 이는 다시 국방의 정치에 대한 우위와 그 발언권의 증대로 이어졌

다. 후일 벌어진 군의 정치적 진출도 그 근원은 메이지 헌법의 통수권의 독립에서 기인한 것이라고 할 수 있다.

제1절 국방방침의 책정과 작전방침의 변경

국방방침의 책정 청일전쟁까지의 국방계획은 상정적국想定敵國[1]에 관한 확정적인 판단이 없이, 막연히 적이 공격해오면 일본 국내에서 수세작전守勢作戰을 펼친다는 것이었다. 그 후 영일동맹의 체결로 러시아를 상정적국으로 삼게 되었지만, 당시의 일본 해군은 아직 약세였으므로, 여전히 국내에서의 수세작전이 핵심이었다.

러일전쟁 후인 1906년 야마가타 아리토모山縣有朋 원수는 국방방침國防方針의 책정이 필요하다는 취지로 상주上奏했다. 이를 계기로 다음 해인 1907년 육군과 해군은 처음으로 국방방침과 이에 기초한 용병강령用兵綱領을 책정했다. 국방방침과 용병강령은 총리대신에게 먼저 제시한 후, 이를 상주하여 천황의 재가를 받았다.

상정적국 국방방침은 상정적국의 판단에 주안점을 두었다. 그리고 1907년 책정된 국방방침에서 상정적국은 러시아였다. 물론 이는 러시아의 복수를 예상한 것이었다.

그런데 제1차 세계대전 후 러시아의 붕괴와 소련의 탄생, 동아시아에 대한 미국의 발언권 증대, 미국에서의 일본인 이민 배척 문제 등

---

1 상정적국想定敵國이란 영어의 Hypothetical enemy에서 유래한 표현으로, 가상적국假想敵國이라고도 한다. 국방을 담당하는 기구에서는 국가의 최고국책最高國策에 기초하여 결정된 국방정책(국방방침)에 기반하여, 특정한 상정적국을 대상으로 하는 작전용병계획을 작성하고, 이에 필요한 병력량을 정비하여 평시부터 준비하는 것이 통례이다. 마츠시타 요시오松下芳男는 상정적국의 성격을 ① 필연적必然的(전쟁 돌입의 위험이 급박한 관계), ② 가능적可能的(전쟁 돌입의 가능성이 있는 관계), ③ 순가상적純假想的(전쟁 돌입의 가능성은 거의 없으나, 군비軍備를 확보하기 위한 관념적 관계)의 3종류로 구별했다. 秦郁彦(編), 『日本陸海軍総合事典』(東京大学出版会、2005)、748頁。(譯註)

으로 일본을 둘러싼 국제정세는 크게 변모했다. 결국 1918년의 상정적국은 미국, 소련, 중국의 순서로 변경되었다.

한편 워싱턴 회의 후인 1923년에 국방방침은 부분적으로 개정되었고, 이러한 상황에서 돌연 만주사변을 맞이 했다.

공세작전방침 평시작전계획은 참모본부參謀本部가 매년 책정하여, 그때마다 상주하여 천황의 재가를 받았다. 이는 전쟁이 시작되면 군이 실행할 작전의 대강大綱이었다.

러일전쟁 이전까지의 평시작전계획은 수세작전을 방침으로 하였지만, 1906년에 공세작전으로 변경되었다. 이는 러시아 함대가 무력화되었을 뿐 아니라, 대륙에 일본의 근거지가 확보되어, 러일전쟁 당시보다 쉽게 공세로 나설 수 있게 되었기 때문이다. 이러한 공세작전방침은 태평양전쟁에 이르기까지 변함이 없었다.

작전계획의 근본사상 제1차 세계대전이 끝나고, 참모본부는 장래전의 성격은 장기전이 될 것으로 판단했다. 그런데 일본의 종합적인 국력으로 이른바 장기작전의 수행은 불가능까지는 아니더라도, 지난至難할 것으로 예상되었다. 따라서 필연적으로 상대의 불의不意를 틈탄 개전 방식과, 속전즉결速戰卽決에 의한 작전지도를 중시하는 단기전을 기도하게 되었다. 이러한 사상은 당연히 작전계획에도 반영되었다. 이후 ① 공세작전주의, ② 기습에 의한 개전 방식, ③ 속전즉결에 의한 전쟁지도라는 3가지 요소가 육군의 평시작전계획을 관통하는 근본 사상이 되었고, 이는 태평양전쟁에까지 이어지게 된다.

영향 러일전쟁 이후에 국방방침의 책정 및 작전방침의 적극화는 일본의 진로를 대륙으로 고정시키는 결과를 낳았다. 거국擧國적인 전쟁으로 지칭된 러일전쟁도 실제로는 반드시 근대적 의미의 총력전總力戰은 아니었다. 그러나 이러한 성공체험에 안주한 일본은 총력전적 견지에서 작전의 규모와 지도방침을 근본적으로 재검토해야 한다는 발상을 결여하게 되었다. 육군은 일관되게 총력전의 준비를 제창했다. 하지만 그 내용은 육군이 중심이 되고, 다른 주체는 이에 따라야 한다는 독선적인 것이었다. 결국 전쟁의 형태와 내용에 대한 세계적인 흐름이 점차 총력전으로 진화하고, 또한 국제정세가 급변하는 상황에서도 육군의 공세작전방침에는 앞서 설명한 것처럼 별다른 변화가 없었다. 한편 예상되는 전장戰場인 만주가 국방의 최전선이라는 관념은 더욱 강화되었고, 그 결과 대만對滿 정책의 쇄신을 바라는 공기空氣는 결국 육군 내부를 뒤집기에 이른다.

제2절 만주사변의 발발과 육군 내부의 변화

관점의 변화 제정러시아의 붕괴와 함께 참모본부는 새로운 대소對蘇작전계획을 수립했다. 그런데 이는 제정러시아의 붕괴에 따라 육군 병력의 감축을 요구하는 여론을 봉쇄하려는 정치적 의도를 내포한 것이다.

참모본부가 작전의 대상으로 소련의 존재를 심각하게 고려하기 시작한 것은 1928~1929년 무렵부터였다. 1928년 시작된 소련의 5개년 계획은 국방 강화의 색채를 강하게 띠고 있었고, 여기에는 극동 소련령의 경제개발도 포함되어 있었다. 한편 다음 해인 1929년 실시된 소련군의 만주리滿洲里를 향한 공격[2]은 순조롭게 진행되었고, 이를 관찰하며 소련군의 능력을 확인하게 된 것이 직접적인 동기였다. 향후 증대될 것으로 예상되는 소련의 실력이 극동으로까지 신장될

---

2   중국과 소련이 공동 관리하던 중동철도中東鐵道의 권익을 봉천군벌 장학량張學良이 실력으로 회수하려고 하자, 스탈린이 자위自衛를 이유로 기계화된 소련군을 동원하여 봉천군奉天軍을 분쇄하고 모든 권익을 회복한 사건이다. 중소분쟁中蘇紛爭 또는 봉소분쟁奉蘇紛爭이라고 한다.(譯註)

것은 명약관화했다. 이는 일본의 대륙정책에 큰 위협이 될 것으로 판단되었다.

만주의 상황 일본의 만주에 대한 권익은 러일전쟁에서 피를 흘려 쟁취한 것으로, 간단히 포기할 수는 없다는 것이 당시 일본인들의 일반적인 생각이었다. 그런데 중국 정권이 지도하는 배일排日운동은 1928~1929년 무렵부터 그 기세를 올려, 양국 간의 현안은 크고 작은 것을 합하여 300여 건에 이르렀다. 한편 일본인과 조선인에 대한 박해, 일본 권익에 대한 회수 등도 격증했다. 그 결과 일본이 만주에서 전면적으로 철수하거나, 또는 중국 측이 이른바 국권회수정책을 변경하지 않는 한 사태의 수습은 기대하기 어렵다는 것이 당시 관동군關東軍내부의 유력한 견해였다.

한편 소련의 위협에 대응하여 일본의 국방을 강화하기 위해서는 만주의 안정이 필수적이었고, 이는 중국 전체의 안정으로 이어질 가능성이 높았다. 나아가 관세장벽과 이민의 거부로 곤란한 상황에 있던 일본에게 상품과 인구의 배출 창구로써 만주의 안정화는 긴요한 것이었다. 이러한 발상은 당시 육군의 중견층 장교들 사이에서 확산되었다.

만주사변의 발발 이와 같은 긴박한 정세에서 관동군사령부의 일부 막료는 비밀리에 만주 문제의 해결을 위한 무력 행사를 계획했다. 그리고 1931년 9월 18일 이를 실행에 옮겼다. 유조호柳條湖 사건이 그것이다. 당시 여순旅順에 사령부를 둔 관동군의 총병력은 1개 사단 외에 6개 독립수비대(조약으로 철로 1㎞당 17인의 철도수비병력을 둘 수 있었음) 등 약 1만 수백 명에 불과했다.

다음날인 9월 19일 일본 정부는 사태의 불확대방침을 결정하고, 같은 날 저녁 이를 현지에 전달했다. 하지만 관동군은 신속하게 작전지역을 확장시켰고, 약 5개월 만에 만주의 주요 도시를 점거했다.

이와 같은 관동군의 독단전행獨斷專行이 있었던 후부터, 육군 부내部內에서는 중앙부의 지시를 따르지 않는 일선의 군에 「관동군關東軍」이라는 닉네임을 붙여 부르기 시작했다. 이러한 닉네임이 육군 부내에서 공공연히 사용된 현상은, 만주사변을 계기로 육군 내부에서 벌어진 큰 변화를 상징하는 것이었다.

육군 내부의 변화 첫 번째 변화는 정치로의 진출이었다. 만주사변을 전후로 2·26 사건에 이르기까지 3월 사건,[3] 10월 사건,[4] 5·15 사건,[5] 사관학교 사건,[6] 아이자와相澤 사건[7] 등 육군 장병이 관계된 사건이 빈발했다. 그리고 이들 사건을 계기로 군이 점차 국정의 중추에 개입하기 시작했다는 것은 주지의 사실이다.

육군을 정치로 진출하게 한 국내적인 동기는 농촌의 궁핍이었다. 농촌은 육군의 인적人的 보충의 기반이었다. 장교는 중소 지주나 자작농 출신자가 많았고, 하사관과 병은 대부분이 농촌 출신자였다. 따라서 농촌의 빈곤화는 육군, 특히 청년 장교들의 정치적 급진화에 크게 영향을 끼쳤다.

국외적인 동기로는 독일의 영향이 있었다. 독일 육군은 일본 육군의 스승과 같은 존재로, 일반 장교들은 독일군에 상당한 친근감을 품

---

3 육군의 중견 막료들과 민간 우익인 오카와 슈메이大川周明 등이 1931년 3월 20일을 기하여 실시하려던 쿠데타 미수사건. (譯註)

4 육군 내의 사조직 사쿠라카이櫻會의 구성원이 중심이 되고, 민간 우익인 키타 잇키北一輝 등이 가담하는 형태로, 1931년 10월 무렵 실시하려던 쿠데타 미수사건. (譯註)

5 1932년 5월 15일, 해군의 청년 장교들이 주축이 되어 수상 관저에 난입하여 총리대신 이누카이 츠요시犬養毅를 살해한 사건. 육군사관학교 본과本科 생도 약 10여명도 사건에 가담했다. (譯註)

6 1934년 10월 무렵, 육군사관학교를 무대로 하여 발생한 쿠데타 미수사건. (譯註)

7 아이자와 사부로相澤三郎(士22) 중좌가 1935년 8월 12일 09:45경 사무실에서 집무 중이던 육군성 군무국장 나가타 테츠잔(士16) 소장을 참살斬殺한 사건. (譯註)

고 있었다. 한편 나치의 눈부신 발흥勃興과 함께, 최신의 군비軍備를 보유하게 된 독일군에 대한 동경憧憬은 더욱 증대되었다. 이에 국방태세를 조속히 완성하기 위해서는 나치의 수법을 배워야 한다는 의견이 육군 부내를 지배하기에 이르렀다. 이것이 군이 정치에 진출하게 되는 또 다른 원인이 되었다는 사실 역시 부정할 수 없다.

육군 내부의 파벌투쟁 역시 정치진출을 촉진한 요인이었다. 이른바 황도파皇道派(아라키 사다오荒木貞夫, 마사키 진자부로眞崎甚三郎, 야나가와 헤이스케柳川平助, 오바타 토시로小畑敏四郎 등의 장군이 중심)와 통제파統制派[8](스기야마 하지메杉山元, 코이소 쿠니아키小磯國昭, 우메즈 요시지로梅津美治郎, 나가타 테츠잔永田鐵山, 토죠 히데키東條英機 등의 장군이 중심)가 만주사변 후 특히 격렬하게 대립했다.

황도파는 쇼와유신昭和維新의 단행이라는 목적 달성을 위해서는 병력을 동원하여 폭동을 일으키는 것도 부득이하다고 보았다. 그리고 그 근본적 발상은 천황절대주의天皇絶對主義였다. 천황 주변의 간신君側の奸을 제거하면, 암운暗雲에 가려져 있던 태양이 빛을 발하기 시작하여, 일본의 정치가 쇄신될 것이라고 강조했다.

반면 급진적인 정치 활동에 부정적인 태도를 보인 통제파는 군의 통제된 행동을 강조했다. 하지만 양 파벌에는 공통된 지향점이 있었다. 국내 정치의 쇄신을 통한 국방의 강화가 그것이었다. 황도파의 영향을 받은 청년 장교들은 1936년 2월 26일 2·26 사건을 일으켰다. 통제

---

8 통제파라는 호칭은 당시 언론에서 붙인 것으로, 반드시 어떤 실체를 가진 단체나 모임은 아니었다. 한편 호칭의 유래에 대해서는 ① 총력전에 대비하기 위해 통제경제를 주창主唱했기 때문이라는 견해, ② 부내의 통제를 강화하려는 입장에 있었기 때문이라는 견해, ③ 구성원으로 지목된 사람 중 상당수가 육군성 정비국整備局 통제과統制課 출신이었기 때문이라는 견해 등이 있으나, 여전히 정설은 없다. 藤井非三四, 『陸軍派閥』(潮書房光人新社, 2018), 72頁。(譯註)

파는 사건을 진압한 후 황도파를 탄압하고, 숙군肅軍을 통해 육군대신을 거치는 이외의 모든 정치적 관여를 금지했다. 이를 계기로 내부의 파벌항쟁이 점차 수그러진 것은 사실이다. 하지만 숙군은 육군의 정치 관여에 종지부를 찍기는커녕, 오히려 반대의 결과를 초래했다. 숙군 이후 합법적인 정치기구에 포섭된 육군은 관료 및 중신重臣들과 손을 잡는 한편, 실업계와 정계를 넘나들며 점점 절대적인 정치적 발언력을 확보하기에 이르렀던 것이다.

두 번째 변화는 하극상적 풍조의 발생이었다. 군의 정치진출에 수반된 당연한 추이로서 당면한 문제에 대한 의견의 대립이 생겨났고, 이로 인해 군 내부에 하극상의 바람이 강하게 불기 시작했다. 청년 장교들은 젊음과 실천력을 자부하며, 선배 장교들의 자중自重적인 태도를 비난했다. 특히 이들 중에는 과격한 언동을 일삼으며 군의 규율을 어지럽히는 자가 적지 않았다. 하지만 당시의 육군 당국은 신상필벌信賞必罰에서 상賞에만 급급하고, 필벌必罰은 소홀히 했다. 엄중히 처벌되어야 할 중견 장교가 가벼운 견책譴責에 그치거나, 한직으로의 전보를 거쳐 요직으로 복귀한 경우가 비일비재했다. 한편 고급 장교 중에는 중견 장교 이하를 지도할 만한 역량이나 식견을 갖추지 못한 사람이 적지 않았다. 심한 경우 고급 장교 스스로가 급진론을 설파하며, 청년 장교들을 향한 인기몰이에 나서는 일조차 있었다. 앞에서 설명한 파벌항쟁은 이와 같은 분위기와 결코 무관하지 않았다. 또한 청년 장교의 무례한 언동을 대범하게 받아주는 것이 도량을 갖춘 명장名將의 태도라고 생각한 장군조차 있었다. 이로 인해 고급 장교들의 소신의 피력이나 낙부諾否의 언명에서는 명확함을 찾기 어려웠고, 심지어는 중견 장교들에게 끌려다니는 경우도 많았다. 그 결과 육군 부내에는 하극상적 분위기가 팽배했다. 전면에 모습을 드러내지 않고 그림자적인 역

할에 충실해야 하는 참모가 정치적 안건에 주제넘게 개입했고, 때로는 자신이 대신이나 사령관이 된 것처럼 행동하는 자조차 등장했다. 이렇게 만연한 하극상적 분위기는 부내에서의 책임 소재를 불분명하게 하는 경향을 낳았다. 군 외부를 향해서는 「군의 총의軍の總意」를 운운하며 큰소리를 쳤지만, 실상은 이와 같았으니 육군이 단일하고 명확한 의지에 따라 일사불란하게 통솔되었다고는 할 수 없었다. 특히 책임 소재가 분명하지 않았던 탓에, 육군대신이나 참모총장의 의지와는 별개로, 유력한 장관將官 또는 좌관佐官 장교들의 의사표시가 특정한 시점의 분위기를 크게 좌우하기도 했다.

한편 정치, 경제, 사회 등 외부의 민간 영역에서는 군에 대한 정확한 인식을 결여하고 있었다. 어쩌면 통수권의 독립을 방패로 내세운 군의 실정을 제대로 파악할 방법이 없었던 것인지도 모른다. 어느 쪽이거나 이와 같은 일련의 사건들이 일본을 파멸로 이끈 주된 원인이라는 점은 확실하다.

제3절 만주의 병비 강화

국방방침의 소멸 국방방침과 그 변천은 앞에서 설명한 것과 같다. 특히 만주사변 이후에는 군사예산의 배분을 위해 육주해종陸主海從과 해주육종海主陸從 중 어느 쪽을 지향할 것인지 분명하게 제시된 국방방침이 필수적이었다. 하지만 이러한 주제에 관해 정부와 군은 명확한 결정을 내리지 않았다. 따라서 만주사변 이후 육군과 해군은 군사예산의 획득을 둘러싸고 치열한 쟁탈전을 전개했다.

한편 군수자재軍需資材의 취득에서도 동일한 상황이 전개되었다. 소련군과의 교전을 상정한 육군은 만주의 병비兵備에 집중했다. 반면 미군과의 함대 결전을 목표로 한 해군은 함선의 건조에 힘을 쏟았다. 이와 같은 육군과 해군의 대립은 시국의 진전에 따라 더욱 격렬하게 전개되었고, 필경^{畢竟}에는 상호 간 융화가 불가능한 상황으로 발전했다. 그리고 결국은 각자가 원하는 방향으로 돌진하기에 이른다.

작전계획의 변천 만주사변 초기까지의 對蘇작전계획은 북만^{北滿}의 쟁탈을 내용으로 했다. 여기서 상정된 전장은 만주의 제2송화강^{松花江}(장춘^{長春}과 하얼빈의 중간을 흐름) 부근으로부터 하얼빈 평지, 다른 하나는 도남^{洮南} 부근에서 치치하얼^{齊齊哈爾} 평지에 이르는 지역이었다. 그런데 1933년 초여름부터 소련군이 소만^{蘇滿}국경 전역에 토치카를 설치하기 시작했고, 일본군도 이에 대항하여 국경 부근에 진지를 구축했다. 결국 1934년의 작전계획은 蘇滿국경 부근을 최초의 전장으로 상정하는 것으로 개정되었다.

1934년이 되자 소련군은 연해주^{沿海州}에 일본을 폭격할 수 있는 것으로 알려진 초중폭격기^{超重爆擊機}를 배치했다. 이를 계기로 참모본부는 對蘇작전계획을 큰 폭으로 변경했고, 그 취지는 다음과 같았다. ① 對蘇작전에 약 24개 사단을 할당한다(평시부터 준비된 전시의 제1차 정비 병력은 약 30개 사단 기간). ② 개전과 함께 전개될 항공 작전을 중시한다. ③ 최초의 전장은 가급적 소련 영내로 한다. ④ 동정면^{東正面}에 주공격^{主攻擊}을 지향하여, 폭격기와 잠수함 기지를 먼저 복멸^{覆滅}한다. ⑤ 동정면이 정리되면 북정면^{北正面} 및 서정면^{西正面}으로 병력을 전용한 후, 바이칼호 방향으로 작전을 지도한다. 여기서 동정면을 향해 공세를 펼친다는 사상이 처음으로 등장했다.

1937년의 작전계획은 다음과 같은 중요한 사항이 개정되었다. ① 재만^{在滿} 병력으로 먼저 공세를 취하고, 뒤이어 일본 본토로부터 도착하는 후속 병단^{兵團}이 전투에 참가한다(종래에는 후속 병단의 도착을 기다려 공세를 취할 계획이었음). ② 동정면의 작전이 일단락되면, 바이칼호 방향으로 진격하지 않고, 스코보로디노Skovorodino(만주 최북단 부근)와 대흥안령^{大興安嶺}의 선까지 진출하여 이후의 작전을 준비한다. ③ 소련과 중국 모두를 상대로 하는 2정면 작전을 전제로 한 對蘇작전계획을 입안한다.

소련군의 행동 對蘇작전계획의 입안에 기초가 된 극동 소련군의 작전병력은 약 55~60개 사단으로 추정되었다. 소련군은 개전과 동시에 동, 북, 서의 3정면으로부터 구심적^{求心的}으로 만주를 향해 공세를 취할 것으로 판단되었다. 나아가 폭격기와 잠수함(약 100척)으로 일본 본토와 대륙 간의 연락을 차단하려 할 것으로 예상되었다.

한편 소련과의 전쟁에서 가장 큰 문제는 어떻게 전쟁을 종결할 것인지였다. 광대한 영토를 지닌 소련에 대해 결정적인 일격을 가하는 것이 곤란했기 때문이다. 이를 해결하기 위해 작전과 병행하여 러일전쟁에서 아카시 모토지로^{明石元二郎} 대좌가 실시한 것과 같은 모략^{謀略}을 준비해야 한다는 의견이 대두되었다. 이러한 견지에서 對蘇작전계획과 함께 평시부터 소련에 대한 모략을 중시한 육군은 그 연구와 준비를 진행했다.

병력의 증가 1931년 당시 일본 육군은 17개 사단을 기간으로 했다.[9] 만주사변 발발 후 육군 당국은 在滿 병력의 충실, 작전자재의 정비 등을 시행에 옮겼다.

在滿 병력의 증가 추이는 다음의 표와 같다.

---

9 근위사단(토쿄), 제1(토쿄), 제2(센다이), 제3(나고야), 제4(오사카), 제5(히로시마), 제6(쿠마모토), 제7(삿포로), 제8(히로사키), 제9(카나자와), 제10(히메지), 제11(젠츠지), 제12(코쿠라), 제14(우츠노미야), 제16(쿄토), 제19(나남), 제20사단(경성)의 17개 사단이다. 1915년 조선에 2개 사단이 편성되어 평시 21개 사단 체제가 유지되었으나, 1925년의 우가키 군축宇垣軍縮으로 제13(타카다), 제15(토요하시), 제17(오카야마), 제18사단(쿠루메)의 4개 사단이 폐지되었다. (譯註)

병력 \ 연도	1931년	1932년	1933년	1934년	1935년
사단수	2개	4개	4개	4개	4개
비행중대수	2개	9개	12개	15개	18개
총병력	64,900명	94,100명	114,100명	144,100명	164,100명
비고	각 비행중대의 실제 가동 기수는 10기 내외				

제4절 노구교사건

작전계획의 개요 對蘇작전계획과 마찬가지로 대중對中작전계획 역시 평시부터 입안되어 있었다. 과거부터 거의 변동이 없던 이 계획의 근본방침은 소수의 병단으로 중국의 일부 지점을 점령하는 것이었다. 중일전쟁 전의 계획은 화북華北 방면에서 2~3개 사단으로 북경北京 및 천진天津, 화중華中 방면에서 1~2개 사단으로 상해上海 및 그 주변 지역, 화남華南 방면에서 1개 사단 내외로 복주福州, 아모이廈門, 산두汕頭를 각 점령하는 것을 목표로 했다.

1936년 참모본부는 천진에 주둔하는 지나주둔군支那駐屯軍에 對蘇전법을 교육·훈련하도록 지시했다. 이는 對蘇전법이 중국군을 상대로 한 전투에서도 유용할 것이라는 취지가 아니라, 참모본부가 중국군과의 교전 자체를 상정하고 있지 않았기 때문이다. 이는 당시 이시하라 칸지石原莞爾 참모본부 제1부장(작전)의 구상이었다.

노구교사건 국제연맹에서 탈퇴한 일본은 만주국의 육성과 강화에 힘을 쏟았다. 관동군과 지나파견군은 이 방침에 따라 몽강蒙疆에서 화북에 걸친 지역에 완충지대를 구축하여, 중국 본토에서 조종하는 치안교란공작의 차단을 계획했다. 한편 중국민족의 만주 회복을 향한 열망은 나날이 고조되었고, 이는 점차 항일의식으로 변모했다. 1936년 11월의 수원사건綏遠事件(관동군이 지도하는 내몽고內蒙古군이 부작의傅作義 군대와의 교전에서 패퇴한 사건)에서 중국민족은 대일對日 항전을 통한 승리의 자신감을 얻었다. 뒤이어 12월에 벌어진 서안사건西安事件은 대립과 항쟁을 지속해 온 국민당과 공산당을 합작으로 이끌었고, 항일의식은 전국적으로 통일되었다. 이러한 정세에서 1937년 7월 7일 노구교사건盧構橋事件이 발생했다. 사건의 발단은 여전히 규명되지 않은 상태에 있으나, 일본과 중국의 당사자가 관여하지 않은 상황에서 극소수의 분자가 저지른 모략이라는 의심이 현재에도 불식되지 않고 있다.

현지 해결의 실패 사건발생후 즉시 일본 정부는 불확대·현지 해결의 방침을 결정했다. 현지에서도 중앙의 명령에 따라 국지局地 해결에 전념했고, 7월 11일에는 일응 현지협정이 체결되기에 이르렀다. 하지만 이는 결국 실패로 끝났다.

그 원인은 대체로 다음과 같다.

(1) 일본 측에는 정부·육군 중앙부·지나주둔군 등에 중국에 대해 일격을 가하려는 일부의 강경한 공기가 존재했고, 그 영향으로 불확대방침을 관철하지 못했던 점

(2) 일본군의 동원과 화북으로의 출병이 중국 측에 '일본군의 현지교섭은 작전 준비가 완성될 때까지 시간을 벌려는 수단'이라는 의혹을 품게 했던 점

(3) 관동군이 이 사건을 이용하여 장개석의 세력에 일격을 가하고, 이를 통해 만주국의 치안에 대한 교란 공작을 차단하려는 의도로 화북으로 파병 등을 단행했던 점

(4) 중국통인 타시로 칸이치로田代晥一郎 지나주둔군 사령관이 사건 직후 병으로 사망하고, 후임인 카츠키 키요시香月淸司 중장이 임지에 도착한 후 강경론자들에게 동조해 버린 점

(5) 중국 측 군대와 민중의 항일의식이 노구교사건으로 한층 고양되었던 점

(6) 낭방사건廊坊事件(7월 25일) 및 광안문사건廣安門事件(7월 26일)으로 지나주둔군이 은인자중의 태도를 버리기에 이른 점

결국 육군 중앙부는 지나주둔군의 진언을 받아들여, 중국군을 응징하라는 명령을 내렸다. 하지만 전투 개시 후 영정하永定河(북경의 서쪽 교외를 관류하여 천진 방향으로 흐르는 강)의 선을 넘어서는 안 된다는 조건부 명령이었다. 이는 무력행사의 범위를 한정하여, 불확대방침을 견지하려는 참모본부의 의도를 단적으로 표명한 것이었다.

제5절 조정의 실패와 불확대방침의 방기

대본영의 설치 1937년 8월 13일 전화戰火는 마침내 상해로 번졌다. 이 시점에서도 참모본부는 여전히 불확대방침을 견지하고 있었다. 11월 21일 대본영大本營[10]이 설치되었다. 대본영은 사변의 조속한 해결을 위해 육군과 해군이 긴밀하게 협동하도록 하고, 남경南京을 작전목표로 선정했다. 남경을 점령하면 국민정부가 항전을 단념할 가능성이 높다고 판단했던 것이다.

독일의 중개 분전 끝에 일본군은 1937년 12월 13일 남경을 완전히 점령했다. 남경 점령은 국민정부에 커다란 정신적 동요를 야기했지만, 치명상에는 이르지 못했다.

이 무렵 駐中 독일 대사 트라우트만Oskar Trautmann이 일본과 중국의

---

10 대본영은 전시에 설치되는 최고 통수기관으로, 육군부陸軍部와 해군부海軍部로 나뉘어 있었다. 대본영 육군부는 육군참모부, 육군부관부, 병참총감부(운수통신장관부, 야전병기장관부, 야전항공병기장관부, 야전경리장관부, 야전위생장관부), 육군보도부, 육군관리부 등으로 구성되었다. 한편 육군참모부에는 참모본부의 참모총장·참모차장·제1부(작전)·제2부(정보)·제3부(운수·통신)·제18반(무선첩보) 및 차장 직속의 제20반(전쟁지도)·연구반이 소속되었다. 森松俊夫, 『大本營』(吉川弘文館, 2013), 170、214~215頁。한편 참모본부 제4부(전사戰史)는 대본영에 포함되지 않았으므로, 대본영 육군참모부와 참모본부가 완전히 일치하는 것은 아니지만, 대체로 동일한 실체로 볼 수 있다. (譯註)

조정에 착수했다. 그 조건은 ① 내몽고의 자치, ② 화북 주둔구역의 확대, ③ 화북 행정담당자 선정에서 항일 인물의 배제, ④ 상해 조정구역의 확대, ⑤ 배일排日 정책의 청산, ⑥ 방공防共, ⑦ 관세 문제의 개선, ⑧ 중국 내 외국 권익에 대한 중국의 존중 등이었다.

그러나 이 조정은 실패로 끝났다. 당시 일본 정부의 책임자들은 중국 측이 교섭에 성의 있는 태도를 보이지 않았기 때문이라고 주장했다. 하지만 일본 측에도 정략政略과 전략戰略의 불일치라는 중대한 문제가 있었다. 중앙이 교섭을 진행하고 있다는 사실을 알지 못하는 현지의 군은 남경을 목표로 맹렬한 진격을 계속했으므로, 절충을 위한 시간적 여유를 확보할 수 없었던 것이다.

불확대방침의 방기 일본군은 계속하여 산동山東 방면의 제남濟南, 청도青島 등을 차례로 점령했다. 이때까지 일본은 소련과의 전쟁에 대비한 관동군 병력(20여 개 사단)에는 손을 대지 않고, 나머지 병력으로만 중국을 상대해 왔다. 육군 부내에 중국군(195개 사師, 약 200만) 정도는 단기간(예를 들어 1년)에 제압할 수 있다는 판단이 유력했기 때문이다. 그런데 일본군은 산동성 태아장台兒莊에서 중국군의 맹렬한 저항에 직면했다. 결국 대본영은 서주徐州작전(서주 점령은 1938년 5월 19일)에 즈음해서는 어쩔 수 없이 관동군의 병력을 사용하게 되었다. 대본영이 불확대방침을 방기放棄하게 된 것도 바로 이 시기였다.

현지 해결과 불확대방침은 성질상 모순된다. 군의 특성상 일선 부대는 강경한 자세를 취하는 것이 보통이기 때문이다. 그렇다면 불확대라는 방침을 제시하면서도 현지에 그 해결을 맡긴 것은, 불가능의 실현을 기대한 것이나 마찬가지였다. 여기서도 중앙부가 사태 해결에 필요한 단호한 의지를 결여하고 있었음을 알 수 있다.

사태 해결의 실패 서주 작전 후 일본군은 광동廣東 작전과 무한武漢 작전을 진행했다. 그리고 1938년 10월 27일 무한삼진武漢三鎭(무창武昌·한양漢陽·한구漢口)의 점령으로 진격 작전은 일단 막을 내렸다. 이 무렵 중국군의 병력은 약 90만 명으로 줄어든 것으로 평가되었지만, 항전은 오히려 집요하게 계속되었다. 중국군은 드넓은 지형을 교묘히 이용하여 일본군을 지치게 하는 한편, 전력을 온존시키며 자유롭게 진퇴進退를 반복하는 전법을 구사했다. 따라서 일본군이 시도한 섬멸전은 대체로 별다른 성과를 거두지 못했고, 한정된 지역을 점령하는 것에 그쳤다. 이렇게 일본군이 당초에 기도한 무력에 의한 사변의 조기 해결은 결국 실패로 끝났다. 그 원인으로 일본군의 작전 병력이 지나치게 적었다는 점을 들 수 있다. 이는 중국 민중의 민족의식을 과소평가한 상황에서, 중일전쟁의 본질이 민족전쟁이라는 점을 간과하고, 중국군에 일격을 가하면 항복할 것이라는 종래의 구태의연한 사고에서 벗어나지 못했기 때문이다.

제6절 왕정위 공작과 화평공작의 실패

왕정위 공작 1938년 1월 16일 코노에 후미마로近衛文麿 수상은 "앞으로 국민정부를 상대하지 않는다爾後國民政府ヲ對手トセズ"는 성명을 발표했다. 이에 대해 육군 통수부統帥部[11]는 정부에 이 성명의 발표가 시기상조라고 진언했다. 육군은 여전히 사변의 조기 해결이라는 희망을 버리지 않고 있었던 것이다.

코노에 성명의 발표 직후, 육군은 왕정위汪精衛 공작을 비밀리에 시

---

11 통수부란 참모본부(대본영 육군참모부)와 군령부(대본영 해군참모부) 또는 대본영을 통칭하는 표현이다. 육군과 해군의 양자를 함께 지칭하는 경우 '양 통수부'라고 하고, 육군과 해군의 구별이 필요한 때에는 육군 통수부, 해군 통수부로 호칭했다. 참모총장과 군령부총장을 일괄 호칭하는 경우에는 '양 통수부장'이라고 했다. 秦郁彦(編), 『日本陸海軍総合事典』(東京大学出版会、2005)、758頁。(譯註)

작했다. 이 공작은 왕정위와 가까운 중국 정부 요인들에게 일본과의 화평을 주장하게 하고, 이를 통해 국민정부를 협상의 장으로 나오게 하려는 것이었다.

동아신질서 성명 왕정위와의 연계를 위한 공작이 진행됨에 따라, 육군은 이를 정부에 보고했다. 정부는 이를 채택하였고, 결국 1938년 11월 3일 코노에 수상의 "국민정부가 개체경정改替更正하여 동아신질서東亞新秩序의 건설에 참가한다면 이를 거부하지 않는다"는 성명으로 발전했다.

이 성명의 의의는 중대했다. 사변 해결이 그동안의 무력 일변도에서 무력·정략의 병용주의로 바뀌었기 때문이다.

한편 미국, 영국, 프랑스 등은 모두 동아신질서의 건설에 반대한다는 의사를 표명했다.

화평공작의 개시 중경重慶[12]을 탈출한 왕정위는 중국 민중들로부터 매국노로 취급당했으므로, 사태를 해결할 동력을 상실했다. 여기서 일본은 왕정위의 요청을 받아들여, 그를 수반으로 하는 정권 수립을 원조하게 되었다. 결국 왕정위를 이용한 화평공작은 실패로 끝났다.

한편 1939년 10월 1일 남경에 지나파견군총사령부(총사령관: 니시오 토시조西尾壽造 대장)가 창설되었다. 총사령부는 1940년 1월부터 중경을 상대로 비밀리에 화평공작을 개시했다. 그리고 왕정위를 수반으로 하는 남경국민정부南京國民政府의 수립(1940년 3월 26일로 예

---

12 수도인 남경이 함락될 가능성이 높아지자, 국민정부는 1937년 11월 17일 무한으로 이전했다. 이후 11월 21일 중경에 도착하여, 12월 1일부터 정식으로 업무를 개시했다. 국민정부는 1939년 9월 6일 중경을 배도陪都(=임시수도)로 결정했고, 1946년 5월 5일 남경으로 환도하기까지 중경은 중화민국의 수도였다. 본문에 등장하는 중경은 대체로 중경국민정부重慶國民政府를 지칭하지만, 문맥에 따라 지명 또는 지역으로서의 중경을 의미하기도 한다. (譯註)

정) 이전에 사안의 결말을 짓기 위해 노력했다. 화평조건은 ① 만주국의 승인, ② 항일정책의 방기, ③ 공동 방공防共을 위한 일본군 일부의 주둔, ④ 치외법권의 철폐, ⑤ 조계租界의 반환, ⑥ 왕정위 정권의 처리, ⑦ 일본군의 철병 등이었다.

화평공작의 실패 화평조건 중 의견이 가장 크게 대립된 부분은 만주국의 승인 문제로, 일본이 승인을 요구한 반면 중국은 묵인을 주장했다. 총사령부는 남경 국민정부의 수립을 3월 26일에서 3월 30일로 연기하면서까지 협상을 계속했지만, 타결에는 이르지 못했다. 화평교섭은 그 후에도 계속되었지만, 1940년 9월 일독이日獨伊 3국 동맹의 체결을 계기로 총사령부는 이를 중단했다.

실패의 원인 화평 교섭이 실패한 가장 큰 원인은 중경 측의 일본에 대한 불신감에 있었다. 화평이라고 해도 실질적으로는 일시적인 정전停戰에 불과한 상황에서, 일본이 진심으로 침략을 멈출 것으로 믿기는 어려웠기 때문이다. 국민정부의 일본에 대한 뿌리 깊은 불신은 중일전쟁 내내 지속되었다. 한편 일본이 중경을 상대로 화평공작을 진행하고 있다는 사실을 파악한 왕정위 정권 내부에서도 일본에 대한 불신감이 팽배하게 되었다.

원장루트의 차단 무력 처리의 실패와 그에 이은 무력·정략 병용정책의 교착 상황에서 일본군은 원장루트援蔣Route[13]의 차단에 집중하게 되었다. 1939년 11월의 남녕南寧 작전은 그 시작이었다.

---

13 원장루트援蔣Route란 미국, 영국 및 소련이 중국에 대한 군사원조를 위해 이용한 수송로이다. 이는 '장개석蔣介石을 원조援助하기 위한 루트'라는 의미이다. 원문에서는 '援蔣輸送路'라고 표기하지만, 본문에서는 일반적으로 통용되는 援蔣루트라는 표현을 사용했다. 援蔣루트에는 ① 홍콩 경유(1938년 일본군의 광주廣州 점령으로 차단), ② 佛印 경유(1940년 일본군의 佛印 진주로 차단), ③ 소련 경유(1941년 독소전 발발과 함께 소련의 물자공급 중지), ④ 버마 경유(1942년 일본군의 버마 점령으로 차단) 등이 있었다. (譯註)

남녕 작전에 이어 대본영은 유럽의 전황의 추이에 따라 불인佛印, 홍콩, 버마를 경유하는 援蔣루트 폐쇄의 호기를 노렸다. 이와 같은 작전목적의 발전은 일본군이 화남 및 佛印 방면으로 진출하는 결과로 이어졌다.

제7절 노몬한 사건

일본군이 중국 각지에서 전투를 벌이던 사이, 만주 방면에서는 2건의 대규모 국경분쟁이 발생했다. 1938년의 장고봉張鼓峯 사건과 다음해인 1939년의 노몬한 사건이 그것이다. 이 두 지점은 국경의 획정劃定을 둘러싸고 일본, 만주국, 소련, 몽고 간에 견해가 대립하던 곳이다.

국경분쟁처리요강 1939년 4월 관동군은「만소국경분쟁처리요강滿ソ國境紛爭處理要綱」을 책정했다. 이는 일선 부대에 대해 국경분쟁의 처리에 관한 지침을 명시한 것이었다. 요강의 취지는 다음과 같다.

(1) 만주 방위의 근본방침은 침범하지 않고, 또한 침범당하지 않는 것에 있다.

(2) 만일 침범당한 경우, 기회를 놓치지 않고 응징한다. 이를 위해 소련 영내로의 일시적인 진입도 허용한다.

(3) 국경선이 명확하지 않은 지역에서는 분규紛糾를 방지하고, 일선부대의 행동을 용이하게 하기 위해, 방위사령관이 자주적으로 국경선을 설정하고, 이를 일선 부대에 명시한다.

(4) 국경수비대가 신중하게 행동하면 비겁자로 취급받고, 적극·과감한 자세를 취하면 분쟁 확대의 책임을 추급당하는 것을 우려하고 있음을 고려하여, 이후 일선 부대는 적극·과감하게 행동하고, 그 결과 발생한 사태의 수습과 처리는 상급사령부의 임무로 본다.

노몬한 사건 노몬한 부근의 국경선을 일본과 만주국 측이 하르하강(보일호㴾로 유입流入)을 경계로 주장한 반면, 소련과 몽고 측은 노몬한

(하르하강 동쪽 약 13㎞ 지점) 부근으로 주장했다.

1939년 5월 12일 외몽고군 기병 약 700명이 하르하강을 건너왔다. 이를 국경침범으로 간주한 일본군은 국경분쟁처리요강에 기초하여 즉시 격퇴했다. 그러자 병력을 증강한 외몽고군 기병은 재차 반격해 왔다. 이러한 충돌이 반복되는 상황에서 양측의 병력은 점차 증강되었다. 8월 중순 무렵 일본군은 제23사단(사단장: 코마츠바라 미치타로小松原道太郎 중장)을 기간으로, 소련군은 3개 저격사단과 5개 기갑여단(전차, 장갑차 약 430량), 외몽고군은 2개 기병사단을 기간으로 하여 각 대치하고 있었다.

일본군의 후속 병단 도착에 앞서, 8월 20일부터 공세에 나선 소련군은 우세한 포병과 전차의 교묘한 운용으로 일본군을 양익포위兩翼包圍하여 큰 손해를 입혔다.[14] 이에 관동군은 후속 병단(제2, 제4사단)이 도착하면 반격으로 전환하기 위한 준비를 진행하고 있었다. 그러나 9월 15일 모스크바에서 정전협정이 성립되었고, 다음 날인 9월 16일 일본과 소련 양군은 현지에서 정전했다.

한편 육군 당국에서는 노몬한 사건을 일본의 중일전쟁 처리를 견제하려는 소련의 책모로 보는 견해가 지배적이었다.

분쟁 방지 조치 신임 우메즈 요시지로 관동군 사령관은 정전 성립 후, 곧바로 국경분쟁의 방지를 위한 조치를 시행했다. 즉 ① 국경선이 불명확한 지역 부근에 주둔하는 군대를 후퇴시키고, ② 소련군이 국경선이 불명확한 지역에 침입해 온 경우 공격 여부는 관동군 사령관의

---

14 노몬한 사건의 전 기간(7월 1일~9월 16일)에 걸쳐 코마츠바라 병단(제23사단 기간)의 전투 참가인원 15,140명 중 사상자는 11,124명으로 사상률은 73%였다. 사상자의 대부분은 소련군의 8월 공세에서 발생했다. 참고로 러일전쟁의 주요 회전會戰에서의 사상률은 요양회전(5일간): 17%, 사하회전(7일간): 17%, 봉천회전(13일간): 28%였다. (原註)

명령에 따르도록 하는 것이었다. 이는 앞서 결정된 국경분쟁처리요 강을 근본적으로 변경하는 것으로, 여기서 강조되었던 일선 부대에 의한 적극·과감한 공격은 더 이상 허용되지 않게 되었다. 이 조치를 통해 국경 부근에는 비교적 정온靜穩한 공기가 유지되었다.

소련군의 실력 노몬한 사건을 통해 일본 육군은 소련 육군의 실력을 새롭게 평가하게 되었다. 그야말로 백문百聞이 불여일견不如一見이었다.

① 소련군 지상 병력의 핵심인 포병, 전차의 화력 및 장갑 장비는 일본군보다 훨씬 강력했다. ② 철도 단말端末에서 600㎞ 이상 떨어진 전장까지 다량의 군수품을 수송·집적하는 보급 능력은 경이의 대상이었다. ③ 제정 러시아군과 같은 묵수성墨守性이 없이, 소련군은 전투마다 전법을 수정하는 융통성을 갖추고 있었다. 예컨대 사변 초기 소련군의 전차 대부분이 일본군의 화염병 공격으로 불타버리자, 1개월 후에는 디젤 엔진을 사용하는 전차로 교체하거나 혹은 차체에 철망을 두르는 등의 대책을 취했다. 그 외에도 이러한 예가 적지 않았다.

백병주의 사건 종식 후 육군 중앙부는 노몬한 사건 연구위원회를 발족시켜, 소련군 실력의 평가, 일본군 軍備 및 對蘇전법의 재검토를 실시했다.

시대착오적인 일본군의 화력장비를 이번 기회에 근본적으로 개편할 것인지, 아니면 약간의 보강으로 그칠 것인지 논의가 집중되었는데, 결국 후자로 낙착되었다.

이 논의의 심층에는 일본 육군의 전통인 보병의 백병주의白兵主義 유지 여부의 문제가 잠재되어 있었다. 그런데 육군 중앙부는 현대전에서 물적 전력이 현저하게 진보한 현실을 냉철하게 인식하지 못하고, 여전히 정신적 전력의 우월성을 높게 평가하고 있었다. 제1차 세계대전에서 근대적 화력火力의 세례洗禮를 받지 못한 일본 육군은 러일전쟁 당시의 화력에 대한 감각에서 탈피하지 못하고 있었던 것이다. 한편 그 무렵 유럽에서 제2차 세계대전이 시작되었다. 독일군의 눈부신 작전술에 현혹된 육군 당국은 노몬한 사건의 교훈보다 독일군의 전훈戰訓을 참고로 삼으려 했다. 이는 후술할 야마시타 군사시찰단의 독일 파견으로 발전하게 된다.

육군 인사 참모본부와 관동군사령부의 수뇌부는 노몬한 사건 패전의 책임을 지게 되었다. 이에 참모본부에서는 나카지마 테츠조中島鐵藏 참모차장과 하시모토 군橋本群 제1부장이, 관동군사령부에서는 우에다 켄키치植田謙吉 군사령관과 이소가이 렌스케磯谷廉介 참모장이 모두 예비역에 편입되었다. 그런데 노몬한 사건의 실질적인 책임자로, 가장 큰 영향을 끼친 관동군사령부 제1과(작전)의 참모 대부분은 한직으로 전보되는 것에 그쳤다. 얼마 후 이들은 중앙부의 요직에 오르게 되었고, 그중에는 대본영 작전과의 중요 포스트를 차지한 사람도 있었다.[15] 이러한 명목상의 좌천은 당시 육군 인사행정의 실상을 그대로 나타낸 것이었다. 육군 부내의 신상필벌은 결코 공정하지 못했다. 적극론자가 과실을 범한 경우 인사 당국자는 관대하게 보아 넘겼고, 그 처벌도 대부분은 형식적인 것에 머물렀다. 반면 자중론자는 비겁자로 몰리는 것이 보통이었고, 만약 실수라도 저지르는 때에는 준엄한 책임 추급이 기다리고 있었다.

---

15 제1과장 테라다 마사오寺田雅雄 대좌는 치바육군전차학교부千葉陸軍戦車学校付, 작전주임참모 핫토리 타쿠시로服部卓四郎 중좌는 육군보병학교부陸軍歩兵学校付, 작전참모 츠지 마사노부辻政信 소좌는 제11군사령부부第11軍司令部付로 각 전보되었다. 이후 테라다는 육군대학교 교관을 거쳐, 패전 시에는 기갑본부장으로 재직하고 있었다. 핫토리는 참모본부 제2과(작전) 작전반장을 거쳐 태평양전쟁 개전 시에는 참모본부 제2과장을 지냈고, 육상 비서관 등을 역임했다. 츠지는 참모본부 제2과 병참반장 및 작전반장을 역임했다. 藤井非三四(著)/최종호(譯), 『일본군의 패인』(논형, 2016), 174면 참조. 한편 이 책이 출간된 1951년 당시에는 테라다, 핫토리, 츠지가 모두 생존 중이었다. (譯註)

이와 같은 육군의 인사행정은 끊임없이 평지풍파를 일으키는 저돌성을 조장하는 결과를 낳았다. 후일 대본영 작전과에 근무하게 된 이들 노몬한 사건의 책임자들이 태평양전쟁의 개전을 강하게 주장했던 것은 주지의 사실이다.

제8절 삼국동맹

일독방공협정 1936년 11월 25일 조인調印된 「일독방공협정日獨防共協定」은 표면상 코민테른을 대상으로 했지만, 여기에는 군사적인 의도가 숨어있었다. 러일전쟁과 제1차 세계대전의 러시아가 유라시아에서 어느 한 나라만을 상대로 전쟁을 치르며 후방의 안전을 확보할 수 있었던 것과는 달리, 일본과 독일 중 어느 일방이 소련과의 전쟁에 돌입하면 다른 일방도 이를 좌시하지 않는다는 것이 협정에 부속된 비밀협정 제1조의 내용이었다.

따라서 이 협정은 처음부터 군사동맹으로 발전할 가능성을 내포하고 있었다.

삼국동맹의 성립 1940년 9월 27일 베를린에서 「일독이삼국동맹日獨伊三國同盟」이 체결되었다. 일독방공협정의 연장선에있는 삼국동맹은 1940년 7월 27일 열린 대본영정부연락회의大本營政府連絡會議에서 결정된 「세계정세의 추이에 따른 시국 처리요강世界情勢ノ推移ニ伴フ時局處理要綱」의 '중일전쟁의 조기 해결 촉진을 위한 추축樞軸의 강화'라는 항목이 구체화된 것이었다.

동맹의 목적 외교적인 기반을 강화하여 중일전쟁의 조속한 해결을 도모하는 것이 삼국동맹의 목적이었음은 앞에서 설명한 것과 같다. 한편 유사시 미국의 참전을 저지하여 독일을 돕겠다는 의도도 포함되어 있었다. 여기에 장기적으로는 소련을 이 동맹에 동조시켜, 일본과 독일의 제휴를 보다 강화하려는 의도도 있었다.

삼국동맹의 성립까지, 일본 정부 내에서는 상당한 논란이 있었다. 특히 육군이 동맹의 성립을 열망한 반면, 해군은 군사동맹의 체결이 미국과 영국을 상대로 한 전쟁으로 이어질 우려가 있다며 반대했다.

하지만 최종 단계에 이르러 결국 해군도 동의하게 되었다. 이는 ① 자동적인 참전 의무를 규정한 최초의 조약안이 수정되어 일본이 자주적으로 참전 여부를 결정할 수 있게 된 점, ② 마츠오카 요스케松岡洋右 외상外相이 소련 및 미국과의 국교 조정에 노력하겠다고 언명한 점, ③ 전쟁 준비에 관한 해군의 요망(군수자재 등의 우선적 확보)을 육군이 받아들인 점 등 해군 측의 의견이 존중되었기 때문이다.

동맹 체결의 영향 삼국동맹의 이면에는 제2차 세계대전 초기 독일군의 혁혁한 전과에 현혹된 육군 중앙부의 "버스를 놓치지 마라"는 발상이 잠재되어 있었다. 일본이 움직이지 않고 좌시할 경우, 세계의 주요한 전리품을 모두 독일이 가져갈 것으로 우려했던 것이다. 따라서 삼국동맹을 이용하여 동아시아에 일본의 세력권을 확고하게 구축하여야 한다는 발상이 차제에 육군 중앙부를 지배하기에 이르렀다.

이러한 공기의 팽창과 함께 육군 부내의 인사행정에도 변화가 나타났다. 미국이나 영국에 유학하여 그 실정에 밝은 상급 장교들은 점차 중앙부에서 모습을 감추었다. 특히 육군성과 참모본부의 과장 이상의 보직에 미국이나 영국에 유학했던 장교는 4~5명 정도에 불과했고, 핵심적인 포스트는 모두 독일에 유학했던 장교들이 차지했다. 이와 같은 인사행정의 운용은 육군의 친독親獨적 경향과 미국과 영국을 경시하는 풍조를 조장하는 결과로 이어졌다. 결국 이는 일본을 태평양전쟁으로 몰아넣은 주된 원동력이 되었다.

육군 당국은 삼국동맹을 이용하여 중일전쟁을 해결하려고 노력했다. 하지만 누구의 눈에도 패착이 분명했던 중일전쟁을 독일과 결탁하여 해결하려는 시도에는 근본적인 오류가 있었다. 히틀러의 정세 판단에 영향을 받은 육군 당국은 미국과 영국을 분리할 수 있을 것으로 생각했고, 두 나라가 하나가 되어 추축국에 맞설 것이라는 예상은 무시했다. 육군 당국은 이미 노쇠한 제국인 영국을 굴복시키는 것은 가능할 것으로 보았고, 이 경우 미국은 영국을 포기할 것으로 판단했다.

이러한 이유로 일본은 삼국동맹의 체결 후 영국과 프랑스에 佛印, 홍콩, 버마를 경유하는 援蔣루트의 폐쇄를 강요했다. 특히 유럽 전장에서 영국과 프랑스 연합군이 위기에 몰린 상황을 틈타, 일본군은 북부불인北部佛印에 진주했다. 佛印 진주가 미국 당국을 크게 자극하여, 일본에 대한 경계심을 극단적으로 고조시킨 것은 주지의 사실이다.

제9절 일소중립조약과 관특연

대소작전계획 앞서 설명한 것처럼 1938년 5월의 서주 작전에서 일본군은 소련과의 전쟁에 대비한 관동군 병력을 사용했다. 이후 1939년이 되자 육군 부내의 일각에서는 관동군의 일부 병력을 추가로 중국 전장으로 전용轉用하여, 철저한 무력행사로 중일전쟁의 조기 해결을 실현하는 한편, 對蘇작전계획을 일시적으로 수세작전으로 전환하자는 의견이 대두되었다. 하지만 참모본부 제1부(작전)는 이를 받아들이지 않았고, 여전히 對蘇공세작전주의를 견지했다. 그리고 1939년의 작전계획은 동정면과 북정면(흑하黑河 방면) 양쪽에서 동시에 공세를 취하는 것으로 개정되었다.

일소중립조약 1941년 4월 13일 일본과 소련은 일소중립조약日蘇中立條約을 체결했다.

이에 앞서 제2차 세계대전이 발발하자, 영국과 프랑스는 본국의 방비를 강화하기 위해 중국에서 군대를 철수시켰다. 이에 중국을 무대로 한 열국列國의 세력 다툼은 일본 v. 미소美蘇의 형국이 되었다가, 日蘇중립조약의 체결로 일본 v. 미국이라는 단순한 형태로 바뀌었다.

이 기회를 이용하여 대본영은 관동군의 정예 사단을 중국 전장으로 전용하여, 양자강揚子江 유역과 서안西安의 양 방면에서 중경으로 진격하는 내용의 작전계획을 수립했다. 그런데 준비에 착수하려는 시점에 독소전이 시작되었다.

중경 작전의 중지 1941년 7월 2일 개최된 어전회의에서는 다음과 같은 사항이 결정되었다.[16] ① 독소전에 개입하지 않는다. ② 은밀히 소련과의 전쟁을 준비하는 한편, 주도면밀한 외교 교섭을 진행한다. ③ 독소전의 추이가 독일에 유리하게 진전되면, 일본은 무력의 행사를 통해 북방문제를 해결하여 북변北邊의 안정을 확보한다. 결국 중경을 향한 진격 작전의 준비는 중지되었다.

전통적으로 육군 통수부는 소련에 강한 경계심을 품고 있었다. 이와 관련하여 소련에 대한 대응에 매몰된 나머지 행동의 자유를 상실하여, 중일전쟁에서의 전력 동원이 충분하지 못했다는 비판이 있었다. 그런데 이처럼 육군 통수부가 소련에 신경을 집중했던 것은 ① 일본과 소련의 충돌은 숙명적으로, ② 소련에 약점을 노출하는 것은 위험하고, ③ 소련과의 정세에서 군사력만이 안정을 유지하는 유일한 수단이라고 생각했기 때문이다.

관특연 7월 2일의 어전회의 이후 대본영은 소련을 향한 새로운 국책에 기초하여, 관동군으로의 대규모 병력 증강을 개시했다. 이 계획은 기도비닉企圖秘匿을 위해 관동군특종연습關東軍特種演習(약칭: 관특연關特

---

16 결정의 정식 명칭은 「情勢ノ推移ニ伴フ帝國國策要綱」. (譯註)

演)으로 호칭되었다. 이를 통해 40만 명의 관동군은 일거에 70만 명으로 증강되었고, 關特演에는 약 10억 엔의 군사비가 사용되었다.

關特演은 독소전이 독일군에 유리하게 진행될 것이라는 전망에 기초하여, 소련을 향해 무력을 행사하기 위한 준비였다. 비유하자면 이는 버스를 놓치지 않기 위해 정류장으로 뛰어가는 것과 같았다. 한편 소련과의 전쟁에는 1939년에 책정된 동정면과 북정면에서 동시에 공세를 취하는 내용의 작전계획이 적용될 예정이었다.

관특연의 효과 히틀러의 호언장담과 달리 독소전의 전황은 독일군에 유리하게 진전되지 않았다. 그 결과 만주에 증강된 관동군 병력의 월동越冬 대책이 큰 문제로 부상했다.

이 무렵 남방南方을 향한 관심은 더욱 고조되었다. 해군 내부에는 남진론南進論을 제창하여, 육군의 북진론北進論을 견제하려는 세력이 존재했다. 1941년 6월 12일 열린 대본영정부연락회의에서 남부불인南部佛印으로의 진주進駐가 결정되었지만, 마츠오카 외상의 신중론으로 계속 지연되고 있었다. 그런데 독소전 발발 후인 7월 2일에 열린 어전회의에서 이 방침이 재확인되었다. 결국 7월 28일 진주를 개시하기에 이르렀다.

9월 6일의 어전회의에서는 본격적인 남방작전 준비의 착수가 결정되었다. 이에 따라 9월 이후, 在滿 병력의 일부를 남방으로 전용하는 방법으로 관동군의 월동문제가 겨우 해결되었다. 결과적으로 關特演은 소련과의 전쟁 준비는 물론, 남방 진출을 위한 전비戰備를 동시에 강화·촉진한 일석이조의 수단이 되었다.

제10절 남부불인 진주와 그 반향

대남방시책 南部佛印 진주에 이르게 된 경위는 앞에서 설명한 것과 같다. 7월 2일의 어전회의에서 결정된 대남방시책對南方施策의 대부분은 기존 정책의 재확인에 불과했다. 하지만 여기에는 하나의 중대한 결정이 추가되었다. 대남방시책의 추진 과정에서 美英과의 대립이 발생하는 경우, 전쟁도 피하지 않겠다는 결의가 표명된 것이다.

이와 관련하여 안건을 기안한 육군 통수부의 담당자는 "육군은 결코 美英과의 전쟁을 상정하고 있지 않다. 그러나 국론國論의 지도指導라는 관점에서 '美英을 상대로 한 전쟁을 불사한다對美英戰を辭せず'는 수사修辭를 사용했다"고 설명했다. 이 무렵 참모총장과 참모차장도 "육군은 중일전쟁의 해결에 전력을 집중해야 하고, 미국과 영국 모두는 물론 영국 한 나라만을 상대로 한 전쟁조차 고려하고 있지 않다"고 언명했다. 그럼에도 불구하고 작전 관계자들은 위 구절을 개전開戰의 결의로 해석했다. 이미 결정된 태국과 佛印을 향한 시책을 실현하기 위해 외교적 수단을 사용하지만, 美英이 실력으로 이를 저지하는 경우 佛印을 무대로 美英과의 전쟁도 피하지 않을 각오가 필요하다는 의미로 인식했던 것이다.

이처럼 국가의 운명을 좌우하는 중요한 국책에서조차 육군 통수부 내부의 해석이 통일되어 있지 않았다. 이는 견해의 대립을 충분한 논의를 거쳐 해결하는 것이 아니라, 어느 쪽으로도 해석할 수 있는 중의적인 표현으로 상황을 모면하는데 급급했기 때문이다. 의도가 통일되지 않은 상태에서 난해한 용어를 사용하여 중요한 계획의 해석이 분분했거나, 중요한 계획을 기안한 담당자의 전출로 인해 자구字句의 정확한 의미를 파악할 수 없던 사례는 태평양전쟁 전 기간에 걸쳐 번번히 나타났다.

진주의 목적 제3차 코노에 내각이 발족하고 얼마 지나지 않은 7월 16일, 일본과 佛印 간의 공동방위협정이 체결되었다. 이 협정의 성립에는 다음의 두 가지 이유가 있었다. 당시 태국은 표면적으로 일본에 호의를 표시하면서도 이면裏面에서는 美英와의 우호 관계 유지를 위해 노력하고 있었다. 따라서 南部佛印 진주를 통해 태국의 일본에 대한 호의적 중립을 확보하고, 佛印, 태국, 버마를 묶어 중국의 배후에 대한 차단을 더욱 강화하려는 것이었다. 나아가 미국, 영국, 중국, 네덜란드 (=ABCD)의 일본에 대한 정치·경제·군사적 포위태세에 소극적인 대응 조치(식량문제의 견지에서 특히 태국에 대한 영향력 유지가 필요)를 실시할 필요성도 있었다. 즉 美英이 태국에 대한 압력을 행사하는 경우, 태국은 물론 佛印 특히 南部佛印이 美英 측으로 가담할 가능성이 있었다. 그 결과 중일전쟁의 처리가 벽에 부딪힌 일본은 전면적인 후퇴로 내몰릴 위험성이 존재했던 것이다.

이처럼 南部佛印 진주의 주된 목적은 중일전쟁의 처리에 있었다. 하지만 이를 계기로 美英을 상대로 이른바 공세방어攻勢防禦의 태도를 취하게 되었다. 한편 공세방어라는 사상적 근저에 南部佛印이 남방 진출을 위한 발판이라는 발상이 잠재하고 있었던 사실은 부정할 수 없다.

심각한 반향 南部佛印 진주에 따른 국제적인 반향은 컸다. 특히 미국과 일본 간의 관계는 급격하게 악화되었다. 미국은 이와 같은 정세에서 양국 간의 교섭을 계속할 기초가 상실되었다고 통고하면서, 즉시 미국 내 일본의 자산을 동결했다. 나아가 8월 1일에는 일본으로의 항공용 가솔린의 금수禁輸 조치를 단행했다.

육군과 해군 수뇌부는 南部佛印 진주가 야기할 국제적인 반향을 그다지 심각하게 검토하지 않았다. 南部佛印 진주가 일본과 佛印의 문제에 국한되는 것이 아니라, 추축국 v. 반추축국의 구도에서 전 세계적으로 큰 영향을 미친다는 점에는 생각이 미치지 못했던 것이다. 원래 평화란 불가분不可分적인 것으로, 부분적으로 존재할 수 없다.

南部佛印 진주의 결과, 미국과 일본의 교섭은 암초를 만나게 되었다. 이후 일본은 9월 6일 어전회의의 결정을 토대로 하여, 대략 10월

하순을 목표로 美英과의 전쟁 준비를 본격적으로 진행하게 된다.

제11절 육군의 정세 판단과 군비

국제정세 전망 1941년 가을 무렵 육군 통수부의 국제정세 판단은 다음과 같았다.

(1) 독소전에서는 개전 전 히틀러가 기도한 단기즉결전短期即決戰(약 6주간에 해결)이 성공하지는 못했다. 하지만 개전 초기 소련군이 큰 손해를 입은 반면, 독일군은 여전히 막강한 전력을 보유하고 있으므로, 전세는 독일군에 유리하게 전개될 것으로 예상된다. 특히 독일군이 계획한 1942년의 하계공세는 기대할 만하다.

(2) 소련은 극동에 배치한 數個 사단을 유럽 전선으로 이동시켰다. 하지만 소련은 독소전의 전황이 더욱 악화되어도, 극동 소련령을 무방비 상태로 방치하지는 않을 것이다. 한편 미국과 일본 간에 전쟁이 발발하더라도, 소련이 일본에 선전포고를 하여 유럽과 아시아 양 정면에서 작전을 펼칠 가능성은 희박하다.

(3) 약 300만 명의 지상 병력을 보유한 중국군은 주로 내륙 오지의 경제개발에 따른 성과와 美英으로부터의 원조로 유지되고 있다. 따라서 援蔣루트가 차단되고, 중경으로의 진격 작전이 실시될 경우, 장개석 정권이 굴복할 가능성이 있다.

(4) 중일전쟁 중 일본에 여러 차례 유화적인 태도를 보인 영국은 이제는 노쇠한 제국이다. 따라서 독일의 잠수함 작전이 효과를 거두고, 영국 본토를 향한 상륙 작전이 성공할 경우 영국이 굴복할 가능성도 있다.[17]

---

17 이는 독일군의 휘황輝煌한 작전에 현혹된 육군 통수부가 미국의 영국에 대한 원조를 간과하고 내린 잘못된 판단이었다. 당시 육군 중앙부에 영국 관계자가 없었던 것도 하나의

(5)미국 정부가 발표하는 공업실적 수치는 일본의 기준에서 천문학
적 수치로 이를 그대로 신뢰하기는 어렵다. 한편 미국인들의 전
반적인 정신력이 저조할 뿐 아니라, 고립주의자들의 영향력이 상
당한 점에서 미국의 전의戰意가 거국적으로 결집할 가능성은 비교
적 낮다.

이처럼 육군 통수부의 국제정세 관찰은 독일에 대한 과대평가와 다
른 국가들에 대한 과소평가로 구성되어 있었다.

육군이 美英을 과소평가한 원인은 인사행정과 육군유년학교陸軍幼年
學校의 교육과정의 문제점에서 찾을 수 있다.

인사행정의 문제란 美英에서 유학한 상급 장교가 친미영파親美英派
혹은 소극주의자로 간주되어 중앙부의 주요 직위에 등용되지 않은 것
을 의미한다. 이는 앞에서 설명한 삼국동맹의 성립 이후 특히 현저하
게 나타났다. 한편 유년학교에서는 독일어·불어·러시아어만을 가르
쳤고, 영어·중국어는 중학교를 거쳐 육군사관학교에 입학[18]한 사람
들이 주로 습득했다. 한편 군사 연구를 위해 외국에 파견되는 장교는
육군대학교의 졸업 성적 상위자[19]로 한정되었는데,[20] 평균적으로 유
년학교 출신자의 비율이 더 높았다.[21] 그 결과 이들이 파견된 국가는

원인일 것이다. (原註)

18 육군사관학교(예과)는 육군유년학교 졸업자 또는 채용시험 합격자에게 입학 자격이 부
여되었고, 후자는 주로 중학교(舊制) 4년 정도를 마친 경우가 보통이었다. (譯註)

19 육군대학교의 졸업 시 수석首席 1인과 차석次席 이하 5인, 합계 6인에게는 「御賜」라는
각인이 있는 군도軍刀가 하사되었고, 이들을 「恩賜組」라고 호칭했다. (譯註)

20 러일전쟁 이후 성적 상위약 10여 명 정도가 졸업 후 2~3년간 희망하는 외국에 유학할 기
회를 부여받았다. 黑野耐(著)/최종호(譯), 『참모본부와 육군대학교』(논형, 2015), 66면
참조. (譯註)

21 著者는 京都1中을 중퇴한 후 오사카유년학교를 거쳐, 육군사관학교에 입학했다. 졸업
석차는 육사 제37기 보병과: 59등, 육대 제46기: 차석으로, 러시아어를 전공했다. 秦郁
彦(編), 『日本陸海軍総合事典』(東京大学出版会、2005)、128、280、587頁。(譯註)

언어의 관계로 獨·佛·露의 비중이 높았고, 이들 중 다수가 귀국 후 요직에 임명되었다. 반면 美·英의 경우 상대적으로 소수에 불과했다. 결과적으로 이는 육군 중앙부의 미국과 영국에 대한 잘못된 인식을 초래한 유력한 원인이 되었다.

국력의 판단 1940년 겨울 무렵 육군 통수부는 1941년 봄 무렵 美英과 전쟁을 개시하거나 회피하는 두 가지 경우를 전제로, 육군성 정비국整備局에 일본의 국력 추이에 관한 검토를 의뢰했다.

이에 정비국이 내린 결론의 요점은 다음과 같았다.

1) 전쟁을 개시하는 경우

선복船腹의 손해를 억제할 수 있는 경우, 철광석과 경금속의 공급은 1943년 무렵에는 회복될 가능성이 있다. 희소금속Rare metal과 비철금속은 확보할 방법이 없으므로, 개전 3년차 이후에는 상당한 부족이 예상된다. 그 시점에는 액체연료 역시 비슷한 상태가 될 것이다. 한편 선복의 손해가 확대되는 경우, 석탄 수송량의 감소로 인해 산업 전반이 위축될 가능성이 높다.

2) 전쟁을 회피하는 경우

美英이 일본과의 경제 관계를 단절하면, 일본의 물적 국력은 현저히 감퇴될 것이다. 특히 액체연료의 결핍은 치명타가 될 것이다.

그 후 1941년 7월의 南部佛印 진주로 인해 미국과 일본의 관계가 악화되자, 육군 통수부는 '11월 1일 對美英 개전'이라는 상정을 제시하면서, 정비국에 국력의 재검토를 요청했다. 그 결론은 美英蘭으로부터의 경제적 압박이 지속되는 상황에서는 은인자중隱忍自重하더라도 희망적 미래를 예상하기 어렵고, 전쟁을 개시하면 2년 후에는 산업·경제의 영역에서 어떠한 확신도 가질 수 없다는 절망적인 것이었다.

액체연료 1941년 봄 무렵 육군과 해군의 액체연료 저장량과 중일전쟁에 따른 연간 수요량과의 관계는 다음과 같다.

종류별	저장량	수요량
항공휘발유	약117만 kℓ	약15만 kℓ
보통휘발유	약83만 kℓ	약8만 kℓ
등유	약32만 kℓ	약1만 kℓ
경유	약32만 kℓ	약0.4만 kℓ
중유	약443만 kℓ	약105만 kℓ
기계유	약36만 kℓ	약15만 kℓ

일본이 경제적으로 고립된 상태에서 중일전쟁이 계속되는 것으로 가정하면, 2년 후에는 액체연료 저장량이 항공휘발유: 약80만 kℓ, 중유: 약230만 kℓ으로 감소할 것으로 예상되었다. 그리고 이 수량만으로 본격적인 전쟁에 돌입하면 육군과 해군의 항공 작전은 약 1년, 해상결전은 약 반년 정도밖에 유지할 수 없다는 계산이었다.

이러한 전망은 육군 수뇌부가 주장한 「ジリ貧論」의 근거가 되었다.[22] 그리고 이 「ジリ貧論」이 개전론자들의 핵심적인 논거가 되었던 사실은 주지하는 것과 같다.

육군 군비 지상 병력은 1937년 말: 24개 사단, 1938년 말: 34개 사단, 1939년 말: 39개 사단, 1940년 말: 50개 사단, 1941년 말: 51개 사단으로 매년 증가 추세를 보였다.

전차부대는 1937년부터 증강에 착수하였고, 1941년 4월에는 기갑본부機甲本部가 신설되었다. 그 사이 노몬한 사건의 경험 등을 감안하여, 제1차 정비목표를 10개 전차사단 정도로 하자는 의견도 있었다. 하지만 태평양전쟁 전까지 단 하나의 전차사단도 편성하지 못했다.

---

22 'ジリ貧(지리힌)'이란 조금씩 또는 서서히 빈곤 또는 빈핍하게 되는 것을 나타내는 표현이다. 일본어의 'ジリジリ'란 느리지만 일관된 방향성을 가지고 나아가는 모양을 의미한다. 급격하게 상황이 악화된다는 의미의 'ドカ貧(도카힌)이라는 반의어도 있다.(譯註)

항공 병비兵備는 1937년의 54개 중대를 1938년부터 1942년에 걸쳐 일거에 142개 중대로 확장한다는 계획이 수립되었다. 그런데 1939년에는 1943년 말까지 162개 중대로 확장한다는 내용으로 변경되었다. 한편 비행중대의 수는 1938년 말 : 70개, 1939년 말 : 94개, 1940년 말 : 116개, 1941년 말 : 133개로 순차적으로 증가되었다.

육군 軍備에서 육군 당국이 가장 고심한 부분은 군수 공업력의 확충 문제였다. 이를 위해 육군성은 1937년 봄 '군수품 공업 5개년 계획' 및 '중요산업 5개년 계획'을 입안하여 실행했다. 그리고 중일전쟁의 발발을 계기로 이 계획은 궤도에 올랐다. 즉 1940년 말에는 중일전쟁의 소요를 감당하면서도, 여력을 對蘇 戰備에 융통할 수 있게 되었고, 특히 포탄의 비축량이 증가되었다. 한편 태평양전쟁 개전 직전 육군의 연간 병기 생산능력은 비행기 : 3,500기, 전차 : 1,200량 이었다.

야마시타 시찰단 1940년 말부터 1941년 6월에 걸쳐 야마시타 토모유키山下奉文 중장을 단장으로 하는 군사시찰단이 독일과 이탈리아를 방문했다. 그 보고의 요점은 다음과 같다.

(1) 육군 軍備는 항공과 기계화에 중점을 두어야 하고, 특히 항공 병비는 질과 양 모두 최우선적으로 정비되어야 한다.

(2) 지상 軍備의 근간은 중형中型 전차로 구성된 부대에 두고, 기타 부대에도 기계화를 진행하여 지상 軍備 전반에 기동력과 방호력을 확보하여야 한다.

(3) 낙하산 부대를 조속히 편성하고, 그 운용 방법을 연구하여야 한다.

(4) 기타 생략.

(5) 결론적으로 현재와 같은 일본 육군의 시대착오적인 軍備로는 소련이나 미국을 상대로 한 작전은 생각하기 어려우므로, 은인자중하여 전쟁을 회피하면서 軍備의 근대화를 추진하여야 한다.

육군 당국은 이 보고에 기초하여 항공 병비를 중시하기로 결정하고, 전력의 충실 및 낙하산 부대의 창설과 운용의 연구 등을 실시했다. 하지만 야마시타 시찰단의 결론과는 달리, 이는 결과적으로 미국과의 개전을 상정한 준비 시책이 되었다.

남방작전의대책 작전의 방식과 전장의 지형에 적합하지 않은 軍備로는 효과적인 전력의 발휘를 기대할 수 없다. 작전계획과 軍備는 동전의 양면과 같고, 그 일체화가 강하게 요구되는 이유가 여기에 있다.

종래 육군의 軍備는 혹한의 기후로 인구가 희박하고, 교통이 불편한 대륙의 환경에서 소련을 상대로 한 기동작전을 상정한 것이었다. 이는 경쾌한 화력장비, 대규모 보급기관, 다수의 마필馬匹 사용 등을 그 특징으로 했다.

반면 멀리 바다로 격절隔絶된 지역에서의 육상 작전에는 지속적인 보급에 한계가 있으므로, 화력과 기동력을 갖춘 특수부대를 편성할 필요가 있다. 식민지를 보유한 열강은 이러한 부대를 운용하고 있었지만, 일본에는 존재는커녕 연구조차 전혀 진행되어 있지 않았다. 그런데 남방의 정세가 긴박하게 변화되자, 한랭지에서의 작전을 상정한 군대를 개편하여, 열대의 해양 방면에 배치하는 미봉책을 택할 수밖에 없었다. 이는 당시의 상황에서 불가피한 선택이었다. 하지만 개전 이후 병력이 충분함에도 불구하고 전력의 발휘가 미흡하거나, 보유하고 있는 다수의 군마를 주체하지 못하는 등의 사태가 발생했다. 이는 당시의 조치가 적절하지 못했다는 증거이다.

제12절 미일 교섭의 결렬

육군중앙부의동향 대본영(참모본부)은 통수권의 독립을 배경으로 강력한 발언권을 지니고 있었다. 대본영에서 스기야마 참모총장은 허

수아비와 같은 존재로, 실질적인 지도력은 제1부(작전)가 장악하고 있었다. 제1부는 통수의 비밀을 무기로 참모본부의 다른 부서인 총무부, 제2부(정보), 제3부(운수·통신) 등을 상대로 비밀주의로 일관하며, 독선적으로 행동했다. 제1부가 美英을 상대로 한 개전의 원동력이 되었다는 것은 당시 대본영 참모들의 공통된 견해이다.

육군성은 군무국軍務局을 중심으로 움직였다. 현물現物을 대상으로 하는 업무의 성격상 육군성의 업무 처리나 사물의 판단 방식은 대본영에 비해 보다 구체적이고 실제적이었다. 한편 軍備의 물적 측면을 담당한 육군성 정비국 등에는 개전에 대한 불안감이 저류에 존재했다.

토죠 육상陸相은 내부의 통제를 위해 노력했고, 이 점에서 만주사변 이후 가장 성공적인 육상이었다는 평가가 있다. 이 무렵 부내에는 황도파와 통제파 등의 파벌항쟁은 자취를 감추었지만, 육사 동기생 상호 간의 우정이 공무公務에까지 영향을 미치는 새로운 경향이 나타났다. 특히 육사 제25기(타나카 신이치田中新一 제1부장, 무토 아키라武藤章 군무국장, 토미나가 쿄지富永恭次 인사국장)의 발언과 행동이 부내의 주목을 끌었다. 그 외 제29기, 제34기, 제35기 등의 움직임도 종종 화제에 올랐다.

토죠 육상은 2·26 사건 이후 천황이 육군에 대해 품고 있던 불신감을 불식시키기 위해 노력했다. 토죠는 육군에 관한 문제는 대소大小를 막론하고, 3단계로 준비하여 상주했다. 먼저 연구 문제의 요지를, 다음으로 중간 경과보고를, 마지막으로 성안成案을 보고하는 방식이었다.

토죠 육상의 주장 1941년 10월에 접어들자 중국에서의 철병을 원칙적으로 승인하여 미일교섭을 성립시키려는 코노에 수상의 견해와, 이를 대륙 정책의 전면적 후퇴로 보아 반대하는 토죠 육상의 견해가 격렬하게 대립했다. 토죠 육상은 코노에 수상에게 "사람은 때에 따라 키요미즈의 무대에서 눈을 감고 뛰어내리는 결의[23]가 필요하다"고 말하며, 개전의 결의를 촉구했다.

양자의 의견 대립은 결국 제3차 코노에 내각을 총사직으로 이끌었다. 그리고 후계 내각의 수반으로는 강경론자인 토죠 육상이 임명되었다.

국력의 재검토 조각組閣 후 토죠 수상은 기존의 행보에 구속됨이 없이, 美英蘭의 일본에 대한 무역금지정책이 일본의 국력에 미치는 영향을 다시 검토하도록 기획원企劃院[24]에 지시했다. 특히 인조석유의 생산을 촉진하여 위기에서 벗어날 수 있는지 명확히 하도록 요구했다.

이에 대해 스즈키 테이이치鈴木貞一 기획원 총재는 연간 석유 수요량이 520만 톤이라는 전제에서 검토한 결과, 자급체제의 조속한 확립은 기대하기 어려우며, 가령 강권強權을 발동하여 진행하더라도 최소한 7년 이상이 소요될 것이라고 보고했다.

개전의 결정 한편 일본은 미국과의 교섭을 계속하면서도, 동시에 작전 준비를 진행하는 화전和戰 병행의 자세로 임하게 되었다. 그런데 미국의 11월 26일자 제안[25]은 ① 남경국민정부의 부인, ② 중국으로부터의 철병, ③ 삼국동맹의 부인 등을 요구하는 것으로, 일본은 이를 도

---

23 '키요미즈의 무대에서 눈을 감고 뛰어 내린다淸水の舞台から目をつぶして飛び降りる'는 것은 큰 결심을 하고, 이를 과감하게 실행하는 것을 의미하는 관용어구이다. 쿄토京都의 키요미즈데라淸水寺의 무대舞台에서 뛰어 내려 상처가 없으면 소원이 성취되고, 사망하면 성불成佛한다는 말이 있어 몸을 던지는 사람이 끊이지 않았다는 것을 유래로 한다. (譯註)

24 기획원은 물자동원과 산업정책의 입안을 통한 국가총동원체제의 확립을 위해 1937년 10월 내각 직속으로 설치된 기관이다. (譯註)

25 미국의 국무장관 코델 헐Cordell Hull의 이름을 딴 이른바 'Hull note'로, 정식명칭은 「합중국과 일본국 간 협정의 기초 개략Outline of Proposed Basis for Agreement Between the United States and Japan」이다. (譯註)

저히 용인할 수 없다는 결론에 도달했다. 결국 12월 1일 열린 어전회의에서 美英蘭을 상대로 한 개전이 결정되었다.

일본 정부는 개전을 결정했지만, 전쟁의 종결에 관한 성안은 가지고 있지 못했다. 물론 「대영미란장전쟁 종말 촉진에 관한 복안對英米蘭蔣戰爭終末促進に關する腹案」(1941년 11월 15일 대본영정부연락회의 결정)이라는 것이 완성되어 있었다. 하지만 이는 일본의 일방적인 희망을 나열한 작문에 불과했다.

일본은 결국 '키요미즈의 무대에서 눈을 감고 뛰어내렸다'.

제2장

남방작전의 준비

제1절 전투서열의 하령

남방작전 준비의 개시 1941년 9월 6일 열린 어전회의에서는 '일본은 자존자위^{自存自衛}를 완수하기 위하여 美英蘭을 상대로 전쟁을 불사하기로 결의하고, 대략 10월 하순을 목표로 전쟁 준비를 완정^{完整}한다'는 결정을 내렸다. 이에 따라 대본영은 남방작전 준비에 착수했다. 그 주안점은 작전 계획의 재검토, 작전 병력의 정비와 이에 수반된 병력 배치의 변경, 항공 및 해운 시설의 신·증설, 병참^{兵站} 준비, 선박의 징용^{徵用} 및 의장^{艤裝}(다수의 인마를 실을 수 있도록 선내의 구조를 변경) 등이었다. 대부분의 준비는 10월 말까지 완료되었다.

전투서열 대본영은 11월 6일 남방군의 전투서열[1]을 하령^{下令}했다. 그 개요는 다음과 같다.

남방군(총사령관 : 테라우치 히사이치^{寺內壽一} 대장)

---

1   전투서열이란 전시 또는 사변이 발생한 경우 천황이 명하는 부대의 편조^{編組}로, 이에 의해 통솔의 관계를 규정하는 것이다.(原註)

(1) 제14군(사령관 : 혼마 마사하루^{本間雅晴} 중장)

제16, 제48사단, 독립혼성제65여단

(2) 제15군(사령관 : 이다 쇼지로^{飯田祥二郎} 중장)

제33, 제55사단(일부 缺)

(3) 제16군(사령관 : 이마무라 히토시^{今村均} 중장)

제2사단, 독립혼성제56여단

(4) 제25군(사령관 : 야마시타 토모유키^{山下奉文} 중장)

근위사단^{近衛師團}, 제5, 제18사단

(5) 제21사단

(6) 제3비행집단

전투기 4개 전대, 경폭격기 3개 전대, 중폭격기 3개 전대, 정찰기 1 개 전대

(7) 제5비행집단

전투기 2개 전대, 경폭격기 3개 전대, 중폭격기 2개 전대

(8) 기타

제2절 작전계획의 요지

작전계획의 변천 미국에 대한 일본 육군의 평시 작전 계획은 제1차 세계대전 이후 매년 조금씩 구체화 되었다. 그 핵심은 필리핀 공략으로, 약 3개 사단을 사용하여 링가옌만^{Lingayen Gulf}, 바탕가스^{Batangas}, 라몬만^{Lamon Bay}에 상륙한다는 내용이었다.

영국에 대해서는 1937년의 평시 작전 계획부터 홍콩과 싱가포르를 공략하여, 동아시아에 소재한 영국의 근거지를 복멸시킨다는 계획이 추가되었다.

그 후 약간의 개정을 거쳐 1941년에 美英蘭을 상대로 하는 종합적

인 작전 계획이 책정되었다.

작전계획의 요지 대본영이 1941년의 평시 작전 계획을 기초로 태평양전쟁을 위해 새롭게 수립한 작전 계획의 요지는 다음과 같다.

1) 남방작전

(1) 작전목적 : 동아시아에서의 美英蘭의 주요 근거지를 복멸시키고, 남방 요역要域을 점령·확보한다. 점령을 기도할 지역은 필리핀, 괌, 홍콩, 英領말레이, 버마, 자바, 수마트라, 보르네오, 셀레베스, 비스마르크群島, 蘭領티모르 등이다.

(2) 작전방침 : 육군과 해군이 긴밀하게 협동하여 필리핀과 英領말레이를 향해 동시에 작전을 개시하고, 가급적 신속하게 작전목적을 달성한다.

(3) 작전지도요령

① 말레이를 향한 선견先遣병단의 상륙 및 필리핀에 대한 공습으로 작전을 개시한다. 그 후 항공 작전의 성과를 이용하여 주력이 필리핀에 먼저 상륙하고, 이어 말레이에 상륙하여 신속히 양 지역을 공략한다. 이와는 별도로 작전 초기에 괌, 홍콩, 英領보르네오의 요지要地를 점령하는 한편, 태국과 인도지나를 안정시킨다.

그 사이 비스마르크群島, 蘭領보르네오, 셀레베스 등의 요지를 신속하게 점령한다. 한편 말레이 작전의 추이에 따라 남부 수마트라의 요지를 점령하며, 자바를 향한 작전 준비와 함께 자원요역資源要域을 확보한다. 동시에 말루쿠群島Maluku Islands와 티모르섬의 요지를 점령한다.

② 자바 작전에서는 항공기지의 정비 추세에 따라 네덜란드군 항공세력을 제압하면서 자바를 공략한다. 한편 싱가포르 점령 후에는 적시適時에 북부 수마트라 요역을 점령한다.

③이상의 작전 중 미 태평양함대 주력의 움직임에 대응하여 연합
함대가 요격 배치로 전환하거나, 또는 소련이 일본을 상대로 개
전하는 등의 사태가 발생하더라도 필리핀과 말레이 작전은 계속
수행하되, 가급적 신속하게 작전목적의 완수를 도모한다.

④상황의 추이에 따라 남부 버마의 항공기지를 탈취하는 한편,
버마 처리를 위한 작전을 실시한다.

(4)사용 병력

본 작전에 사용하는 육군 병력은 사단 11개,[2] 전차연대 9개, 비
행집단飛行集團 2개, 그 외 군 직할부대를 기간으로 한다. 병단의 구
분 및 사용 방면은 다음과 같다.

①남방군

제14군 : 필리핀 방면

제15군 : 태국 및 버마 방면

제16군 : 蘭印 방면

제25군 : 말레이 방면

남방군 직할 : 제21사단, 독립혼성제21여단, 제3, 제5비행집단

②제23군(지나파견군 예하, 1개 사단 기간) : 홍콩 방면

③남해지대南海支隊[3,4](대본영 직할, 3개 보병대대 기간) : 괌, 비스마
르크諸島방면

---

2   남방군의 9개 사단, 제23군의 1개 사단, 제56사단(11월 27일에 큐슈에서 남방군의 전
투서열로 편입됨)으로 합계 11개 사단이 된다. (原註)

3   지대는 특별한 임무에 기초하여 독립되어 행동하는 일시적인 파견대를 말한다. (原註)

4   지대의 규모는 다양했는데, 1개 보병연대를 기간으로 여기에 특과부대特科部隊를 배
속시켜, 소장인 보병단장步兵團長이 지대장이 되는 경우가 많았다. 전투서열 또는 대명
大命으로 편성되는 격격이 높은 지대도 있었다. 秦郁彦(編), 「日本陸海軍総合事典」
(東京大学出版会、2005)、739頁。(譯註)

(5)작전 개시

　작전 개시일은 별도로 지시한다. 다만 개전 전에 미일교섭이 성공하면 작전을 중지한다.

(6)홍콩 작전요령

　말레이 방면 선견병단의 상륙 또는 공습이 확인된 후, 제23군의 일부 병단과 제2견지함대遣支艦隊를 기간으로 한 부대가 홍콩섬을 공략한다. 홍콩섬 공략을 마친 병단은 蘭印 공략을 위해 전용될 예정이다.

(7)괌, 비스마르크諸島 작전요령

　남해지대와 제4함대를 기간으로하는 부대는 먼저 괌을 공략한다. 이어 남해지대는 라바울을 점령하여 항공기지를 확보한 후, 파라오 부근으로 전진轉進한다.

(8)항공 작전

①작전방침

　육군 항공부대는 해군 항공부대와의 긴밀한 협동으로, 개전 벽두 美英蘭군의 항공기지를 공습하여 제공권을 획득한다. 이후 항공부대는 상륙작전을 지원하고, 그 후에는 지상작전에 협력한다.

②작전지도요령

ⓐ육군 항공작전의 중점은 말레이 방면으로 한다.

ⓑ지상작전의 추이에 따라 대만 남부의 항공기지를 필리핀으로, 南部佛印의 기지를 말레이 방면으로 추진推進한다.

ⓒ항공작전은 새벽에 연합군 주요 항공기지를 일거에 급습하여, 그 세력을 봉쇄하는 방법으로 진행한다.

ⓓ상륙선단의 엄호는 주로 육군 항공부대가 수행한다.

(9)병참

①南部佛印을 남방작전 전반의 병참 주지主地로, 대만을 중계보급

기지로, 광동지구를 보조 중계보급기지로 한다.

②남방작전을 위한 병참부대는 在滿 부대를 전용하여 충당한다.

지나파견군의 병참부대는 전반 예비로 공치控置한다.

③남방군에 필요한 1회전會戰 분량의 작전용 자재를 상륙작전과

동시 또는 추후에 수송한다.

④남방자원의 전력화에 노력한다. 특히 중국에서는 철저한 현지

자활自活을 도모한다.

2) 남방작전 발동에 따른 중국 작전

해군과 협동하여 현재의 전략태세를 유지하면서, 중국에 있는

美英 등의 세력을 소탕하고, 정략政略을 병용한 중경重慶에의 압박

을 통해 장개석 정권의 굴복을 촉진한다.

남방작전의 발기發起 후, 소련군이 만주로 침입하려는 움직임을 보

이는 경우, 필요한 병력을 적시에 만주 방면으로 추출·전용한다.

3) 남방작전 발동에 따른 소련에 대한 방위조치

소련과는 대체로 현재의 태세를 유지하며 경계를 철저히 하는

동시에, 방위를 강화하여 전쟁의 발생을 방지한다. 미국과 소련

이 제휴하거나 혹은 소련군 단독으로 일본에 도전해 오는 경우,

기회를 놓치지 않고 중국 및 일본 본토의 양 방면에서 필요한 병

단을 추출·전용하여, 신속하게 극동 소련령의 항공세력을 격파

한다.

제3절 개전 직전의 태세

연합국의 병력 1941년 6월 무렵 연합국의 병력에 관한 대본영의 판단은 다음과 같았다.

兵種\지역	지상 병력	비행기	해군 병력	비고
말레이	약 80,000명	약 200기	인도양 以東에 ⓐ: 항모 2척 ⓑ: 수상기모함 4척 ⓒ: 전함 4~6척 ⓓ: 순양함 39척 ⓔ: 구축함 35척 ⓕ: 잠수함 50척	이외에 ⓐ: 인도 약 50만 명/약 200기 ⓑ: 호주 약 35만 명/약 250기 ⓒ: 뉴질랜드 약 10만 명/약 100기
버마	약 35,000명	약 50기		
보르네오	약 3,500명			
홍콩	약 19,000명	약 10기		
필리핀	약 163,000명	약 160기		
괌	약 1,800명			
蘭印	약 70,000명	약 300기		
합계	약 372,000명 (그중 정규병 약 22만 명)	약 700기		

개전일의 결정 12월 1일 대본영은 개전일을 12월 8일로 결정했다. 그리고 테라우치 남방군 총사령관, 하타 슌로쿠畑俊六 지나파견군 총사령관, 남해지대장(호리이 토미타로堀井富太郞 소장)에게 12월 8일부터 각 작전행동을 개시하도록 명령했다.

개전일의 결정에는 ① 일본과 미국의 해군 세력이 1942년 3월[5] 이후 일본[6] 측에 불리하게 되는 점, ② 약 5개월이 소요될 것으로 예상된 남방제1단작전南方第一段作戰의 대부분을 북방에서 일본군이 작전하기

---

5 군령부 제1과(작전) 수석부원 카미 시게노리神重德 중좌는 1940년 10월 28일 참모본부 작전과에 1942년 4월 중순경 일본의 함정 보유량(배수량 기준)은 미국의 75%에 달할 것이라는 취지로 발언했다. 野村實、『太平洋戰爭と日本軍部』(出川出版社、1983)、285頁。(譯註)

6 1941년 말 기준 일본 해군이 보유한 함정은 배수량: 130만 1,000톤, 총마력: 895만 4,000마력이었다. 野村實、『太平洋戰爭と日本軍部』(出川出版社、1983)、311頁。(譯註)

에 유리한 1942년 봄까지 마치려고 했던 점, ③ 개전 시기의 지연이
연합국 측에 전비 강화의 여유를 주게 되는 점, ④ 말레이의 1월과 2
월의 기상 상황이 상륙작전에 적합하지 않은 점, ⑤ 주로 월령月齡 등의
관계에서 8일 전후가 상륙작전에 적당한 점 등이 고려되었다.

개전 직전의 태세 남방군의 개전 직전의 태세는 대략 다음과 같았다.

① 第14군 : 선견대는 대만과 팔라우Palau섬, 군 주력은 대만과 아마
미오시마奄美大島

② 第15군 : 근위사단(제15군 사령관의 지휘하에 태국으로 진주할
예정)주력은 南部佛印, 군사령부와 제55사단은 佛印, 제33사단은
華中

③ 제16군 : 사카구치지대坂口支隊는 팔라우섬, 그 외는 주로 일본 본토

④ 제25군 : 선견대는 해남도海南島, 그 외는 화남華南

⑤ 카와구치지대 : 華南

⑥ 제3비행집단 : 약 430기, 南部佛印

⑦ 제5비행집단 : 약 150기, 대만

⑧ 남방군총사령부 : 사이공

제3장

남방제1단작전의 성공

제1절 작전 경과의 개요

1941년 12월 8일 새벽, 일본 해군의 진주만 공습으로 태평양전쟁
이 시작되었다. 미국의 허를 찌른 이 공습으로 미 해군의 태평양함대
는 큰 손해를 입었다. 그 결과 일본 육군의 남방제1단작전南方第一段作戰
은 미 해군의 움직임에 대한 염려 없이 순조롭게 시작되었다.

제1기 제1단작전은 시기적으로 3기로 구분되었다. 제1기의 핵심은
말레이 작전과 필리핀 작전으로, 동아시아에 소재한 미국과 영국의
근거지를 복멸하는 것이 주목적이었다.

태국 방면에서는 외교 교섭을 통해 12월 8일 제15군이 태국 영내
로 진입하였고, 다음 날인 12월 9일 방콕에 진주를 마쳤다.

말레이 방면에서는 항공격멸전航空擊滅戰[1]과 상륙작전을 동시에 실

---

1 항공격멸전이란 적의 비행장을 급습 공격하여, 항공 전력을 무력화시키는 전투 방법을
   의미한다. 防衛庁防衛研修所戦史室、『戦史叢書(52)陸軍航空の軍備と運用<1>-
   昭和十三年初期まで-』(朝雲新聞社、1971)、291頁。(譯註)

시할 계획으로, 항공격멸전의 성과와 관계없이 상륙을 감행할 예정이었다. 12월 8일 제25군의 선견 병단은 계획대로 항공부대와 긴밀하게 협력하여, 말레이반도 해안의 싱고라^{Singora}와 코타바루^{Kotabaru}에 상륙했다. 12월 10일 해군의 항공부대가 말레이 해전에서 영국 해군의 동양함대 주력을 괴멸시켰으므로, 제25군 주력은 안심하고 상륙할 수 있었다. 싱가포르를 목표로 쾌속 진격을 개시한 제25군 주력은 12월 28일 이포^{Ipoh}, 12월 31일 쿠안탄^{Kuantan}을 각 탈취했다. 그리고 여세를 몰아 1942년 1월 31일 조호르^{Johore}를 점령했다. 이후 2월 8일 싱가포르섬에 상륙하여, 2월 15일에는 이를 완전히 점령했다. 항복한 영국군은 약 10만 명이었다.

말레이 작전과 구상을 달리하여 필리핀 작전은 먼저 항공격멸전을 실시하고, 그 성과를 이용하여 선견대가 비행장을 점령한 후, 이어 주력이 상륙하는 정공법을 택할 계획이었다. 육군과 해군 항공부대에 의한 항공격멸전의 성과, 선견대의 상륙과 비행장 점령, 제5비행집단의 비행장 진출 등으로 작전은 순조롭게 진행되었다. 제14군 주력은 12월 22일 링가옌만, 12월 24일 라몬만에 각 상륙했다. 이어 1942년 1월 2일 마닐라시를 점령했다.

한편 12월 25일 무렵부터 미군 주력이 마닐라에서 바탄^{Bataan}과 코레히도르^{Corregidor} 방면으로 이동하고 있다는 첩보가 있었다. 하지만 제14군사령부는 별다른 주의를 기울이지 않았고, 결국 마닐라 점령 후의 바탄 공격 과정에서 일련의 실태失態[2]를 연출하고 말았다. 정글 지대를 교묘하게 이용하여 깊은 종심을 확보한 바탄 방면의 미군 기지에 대한 제14군의 공격은 지지부진했다. 이에 제4사단(상해^{上海}) 및 보병

---

2   바탄반도의 졸전拙戰이 원인이 되어 제14군 사령관 혼마 마사하루 중장은 1942년 8월, 참모장 마에다 마사미前田正實 중장은 1942년 12월 각 예비역에 편입되었다. (譯註)

포步兵砲부대를 증원받은 제14군은 4월 3일부터 바탄을 향한 총공격을 개시했다. 이후 4월 9일까지 바탄반도 전역을 공략하고, 5월 7일에는 코레히도르를 점령했다. 필리핀 방면의 포로는 약 5만 3,000명으로, 그중 미군은 약 9,500명이었다.

홍콩 방면의 제23군(작전병단은 제38사단)은 1941년 12월 12일 구룽시九龍市를 점령하고, 12월 14일부터 홍콩에 대한 총공격을 개시하여 12월 25일 이를 공략했다. 항복한 영국군은 약 1만 1,000명이었다.

보르네오 방면의 카와구치지대(지대장 : 카와구치 키요타케川口清健 소장, 3개 보병대대 기간)는 12월 16일 미리Miri 방면에 상륙하여 유전지대를 점령했다. 이후 방향을 돌려 12월 25일 쿠칭Kuching, 다시 방향을 바꾸어 12월 31일 브루네이Brunei를 각 점령했다.

제15군의 사카구치지대(지대장 : 사카구치 시즈오坂口静雄 소장, 3개 보병대대 기간)는 먼저 보르네오 동해안에서 작전을 실시했다. 이후 1942년 1월 11일 타라칸섬Tarakan Island, 1월 24일 발릭파판Balikpapan을 각 점령했다.

제16군의 일부 부대는 1942년 1월 31일 암본섬Ambon Island, 2월 9일 셀레베스섬의 마카사르Makassar 및 보르네오섬의 반자르마신Banjarmasin을 각 점령했다.

제2기 제1단작전의 제2기에서는 자바 작전과 남부 버마 작전이 실시되었다. 특히 석유자원지대를 점령하는 자바 작전은 남방 작전의 핵심이었으므로, 대본영은 작전을 신중히 계획했다. 한편 1941년 12월 하순 테라우치 남방군 총사령관의 진언을 받아들여, 대본영은 자바 작전의 실시를 약 1개월 앞당기도록 했다.

작전 구상은 말레이 공략에 이어 수마트라 남부 지역에 항공기지를 추진·정비하는 한편, 보르네오와 셀레베스의 양 방면에서 순차적으로 기지를 전진시켜 蘭印군의 항공 병력을 제압한 후, 동쪽과 서쪽에서 동시에 상륙하여 섬을 공략한다는 것이었다. 공략을 담당하는 병단인 제16군에는 제38, 제48사단이 추가로 배속되었다.

현지의 제공권은 일본군이 확보하고 있었다. 육군 낙하산부대는 1942년 2월 14일 수마트라의 팔렘방에 강하降下했다. 호기를 포착한 제38사단은 낙하산부대와 협동하여, 2월 17일 팔렘방을 점령했다. 그 사이 일본 해군은 자바 해전, 발리섬Bali Island 해전, 수라바야Surabaya 해전에서 연합국의 해군을 격파하여, 자바로 향하는 제16군의 항로의 안전을 확보했다.

3월 1일의 바타비아Batavia 해전에서 일본 해군은 미 해군의 잔존 함대를 격파했다. 같은 날 제16군의 각 부대는 자바섬 서북단의 아우랑 곶 부근, 바타비아 동쪽 패트롤 부근, 수라바야 서북쪽 케라간 부근에 각 상륙했다. 이후 3월 5일 바타비아, 3월 7일 수라바야를 각 점령했고, 3월 9일 蘭印군의 항복으로 작전은 일단락되었다. 항복한 蘭印군은 약 9만 3,000명, 美英濠군은 약 5,000명이었다.

대본영은 援蔣루트 차단을 위해 버마 점령은 일각도 유예할 수 없다고 보았다. 하지만 작전 병력의 여유가 없었으므로, 다른 방면의 작전이 정리되기를 기다릴 수밖에 없었다. 그런데 말레이 작전이 순조롭게 진행되었고, 이에 대본영은 1942년 1월 22일 테라우치 남방군 총사령관에게 해군과 협동하여 버마 요역을 공략하도록 명령했다. 그런데 대본영에는 버마 작전의 종말선終末線에 대한 명확한 구상이 없었다. 한편 버마 공략에는 제15군(제33, 제55사단 기간)을 투입하고, 상황에 따라 제56사단을 증원할 예정이었다.

제3기 남부 버마 방면의 항공기지가 정비되자, 제1단작전은 제3기에 접어들었다. 버마 작전을 담당한 제15군은 1942년 3월 7일 랭군

Rangoon 부근에서 英印군 주력을 격파하고, 다음 날인 8일 랭군을 점령했다. 이어 버마 중부의 각지를 전전한 제15군은 5월 13일 칼레와 부근에서 약 2만 명의 英印군 주력을 격멸했고, 이를 끝으로 버마 작전은 대략 종결되었다.

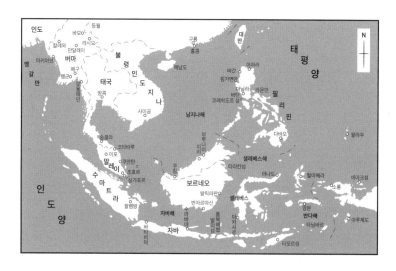

그 사이 태평양 방면에서는 남해지대가 1941년 12월 11일 괌, 해군 부대[3]가 12월 23일 웨이크섬Wake Island을 각 점령했다. 뒤이어 남해지대와 해군 부대는 1942년 1월 23일 비스마르크諸島Bismarck Islands에 상륙했다. 2월 20일에는 동방지대東方支隊(지대장: 이토 타케오伊東武夫 소장, 3개 보병대대 기간)가 티모르섬에 상륙했다.

이렇게 남방군의 제1단작전은 육군 통수부의 예상대로 5월 중순까지 일단락되었다.

---

3   카지오카 사다미치梶岡定道 해군 소장을 지휘관으로 한 웨이크섬 공략 부대는 제6수뢰전대水雷戰隊의 주력과 해군육전대海軍陸戰隊 2개 중대를 기간으로 했다.(譯註)

제2절 작전 성공의 원인

성공의 원인 제1단작전의 성공은 ① 수송선이 격침되지 않을 것, ② 연합군의 방해를 피해 무사히 상륙할 것, ③ 연합군 지상 병력을 격파할 것이라는 3개의 조건이 충족되어야 하고, 이를 위해 제해권과 제공권의 획득이 필수적이라는 것이 입안 단계에서의 판단이었다. 이러한 측면에서 일본 해군의 진주만 공격과 그 후의 활약에 의한 동아시아 해역의 신속한 제해권 획득은 제1단작전을 성공으로 이끈 최대의 요인이었다.

육군과 해군의 항공부대가 긴밀하게 협력하여, 작전 기간 동안 제공권을 확보할 수 있었던 것 역시 성공의 주요한 요인이었다. 제해권의 획득도 항공부대의 협력에 기인한 부분이 컸다. 여기서 간과할 수 없는 것은 기습적인 개전 방식이 제해권과 제공권의 획득을 용이하게 하였다는 사실이다. 연합군의 지상 병력이 열세인 상황에서, 상륙한 일본 육군은 각지의 전장에서 병력을 집결하여 수적 우세를 발휘한 것에 불과했다.

당시 미군은 본국에서 동아시아의 전장으로 병력을 파견할 준비를 갖추고 있지 못했다. 따라서 일본군은 다른 염려 없이 당면한 연합군을 간단히 정리할 수 있었다. 동아시아에는 연합군의 정예 병력이 배치되어 있지 않았고, 제1단작전 기간 중에 결전決戰은 발생하지 않았다. 하지만 연합군 주력을 상대로 한 전투는 언젠가는 피할 수 없었다. 이러한 의미에서 제1단작전의 성공은 영속성과 종국성을 결여한 것이었다.

제4장
제1단작전 말기의 대본영

제1절 전쟁지도의 문제

일부의 평화론 싱가포르의 함락 직후, 육군 부내의 일각에서는 이 기회를 이용하여 영국을 상대로 강화를 시도하자는 의견이 대두했다. ① 일본의 국력과 지리적 위치의 한계로 인해 영국과 미국에 치명적 타격을 가할 능력은 없다는 점, ② 겨울을 지나게 된 독소전에서 소련군이 회복 조짐을 보임과 함께 불패의 태세를 확립하기에 이른 점 등을 감안하면, 상당한 전과를 거둔 이 시기에 관대한 조건을 제시하여 타협강화妥協講和를 시도하여야 한다는 취지였다. 하지만 이는 소수의 견에 불과했고, 대다수는 별다른 관심을 보이지 않았다.

이 시기 민간 영역에서는 일본의 주선으로 독일과 소련의 강화를 실현하여, 독일이 영국과의 전쟁에 전념할 수 있도록 하자는 의견도 있었다. 한편 1942년 2월 주소駐蘇 대사로 취임한 사토 나오타케佐藤尚武의 외교적 수완에 희망을 품는 소리도 들렸다. 하지만 독일군의 초여름 공세에 큰 기대를 걸고 있던 육군 통수부는 북방 문제 해결을 위한 호기가 도래하기를 기다리고 있었으므로, 일본의 중개에 의한 독일과 소련의 단독강화론에는 귀를 기울이지 않았다.

전쟁지도의 대강 1942년 3월 7일 개최된 대본영정부연락회의에서 「금후 취할 전쟁지도의 대강今後採ルヘキ戰爭指導ノ大綱」이 결정되었다.[1] 이에 따르면 영국을 굴복시켜 미국의 전의를 상실시키기 위해 ① 이미 확보한 전과를 계속 확충하여 장기불패長期不敗의 태세를 준비하고, ② 중요 자원의 개발과 이용을 촉진하여 자급자족의 태세를 확립함과 동시에 전력의 증강에 노력하는 것이 전쟁지도의 주안점이 되었다.

그런데 이와 관련하여 육군 통수부 내에는 적지 않은 이견이 존재했다. 그 요지는 전쟁의 제2단계에서는 전과를 확장하는 대신, 신속하게 점령지역에 견고한 방벽防壁을 구축하고, 이어 국방자원의 조속한 전력화를 통해 증강된 전력(주로 비행기)으로 제3단계에서 예상되는 美英군의 반격을 파쇄해야 한다는 것이었다. 이는 당시 참모본부 제2부 내에서 유력한 견해였다.

제2절 작전지도의 문제

제1단작전 종료 이후의 작전 진행과 관련하여, 대본영은 1942년 2월부터 3월에 걸쳐 연구를 거듭했다.

반격의 시기와 규모 제2단작전의 입안에서 가장 중요한 요소는 美英군이 반격에 나설 시점과 규모를 예측하는 것이었다.

참모본부 제2부는 미군의 반격 시점을 1943년 이후로 예상했다.

---

1 일본은 태평양전쟁 과정 중 전쟁의 추이와 현황, 인적·물적 조건 등을 고려하여 향후의 전쟁지도의 방안에 대한 정부·대본영 차원의 계획인 「今後採ルヘキ戰爭指導ノ(基本)大綱」을 4회에 걸쳐 책정했다. 그 연월일은 ① 제1회: 1942. 3. 7. ② 제2회: 1943. 9. 30. ③ 제3회: 1944. 8. 19. ④ 제4회: 1945. 6. 8.이다. (譯註)

그 논거는 ① 진주만에서 큰 타격을 입은 미 해군 태평양함대의 재건까지 적어도 1년 이상이 소요될 것이라는 해군 측의 판단을 그대로 신용한 점, ② 유럽 방면에 병력을 집중한 미군이 동아시아 방면에서는 소수의 병력으로 작전을 수행할 것으로 예상한 점 등이었다. 그런데 반격에 사용될 병력의 규모는 판단의 근거가 될 만한 자료가 없었으므로 예측이 어려웠다. 일부에서는 해병사단 數個 정도로 예상했다.

결과론적으로 이는 지나치게 낙관적인 판단이었다. 미군은 1942년 후반기부터 반격을 시작했다. 미군의 반격이 예상보다 일찍 시작된 것은 진주만을 공격한 일본 해군이 하와이의 조선·수리시설, 저유貯油설비 등을 파괴하지 못했기 때문이다. 한편 육군은 전반적으로 미군의 반격에 관한 관심이 희박했다. 이는 ① 불침항모인 도서島嶼의 방어력을 높게 평가하는 해군의 견해를 신뢰한 점, ② 해군이 자신들의 방위담당 구역인 태평양의 작전에 육군이 개입하는 것을 극도로 꺼렸던 점 등에 기인한 것이었다.

하와이 작전 이 무렵 해군은 하와이 공략 작전의 실시를 강력히 주장했다. 이에 육군과 해군의 작전부가 연구를 거듭한 결과, 현존 전력으로는 실행이 불가능하다는 결론에 도달했다. 결국 육군의 반대로 하와이 작전의 준비는 보류되었다.

외곽요지작전 하와이 공략에 이어 쟁점으로 부상한 것이 외곽요지작전이었다. 이는 제1단작전으로 획득한 점령지역의 외곽에서, 새로운 전략요점을 점령 또는 제압하여 방어태세를 강화하고, 상황에 따라 이를 공세의 거점으로 이용하는 것을 목적으로 했다. 육군 통수부가 작전 대상으로 검토한 곳은 알류샨, 피지, 사모아, 뉴칼레도니아, 동부 뉴기니, 코코스Cocos, 인도 동부, 콜롬보, 실론Ceylon 등이었다. 한편 해군 통수부는 호주 공략을 주장했다. 이에 대해 육군 통수부는 호주 공략은 ① 공세의 한도를 넘어서는 점, ② 지속적인 보급이 어려운 점, ③ 작전을 위해 필요한 10여 개 이상의 사단을 염출할 여유가 없는 점 등을 이유로 해군의 안에 반대했다.

이처럼 육군과 해군의 작전 구상이 대립한 것은 용병에 관한 사상의 차이에서 기인한 부분이 크다. 해군에는 육군과 같은 병참보급선兵站補給線이 없다. 작전에 필요한 식량과 탄약을 함정에 탑재하여 목표지점으로 항해하면 되므로, 추송追送 보급이 필요하지 않다. 따라서 전세가 불리하면 쉽게 후퇴할 수 있다. 반면 육군은 지상 작전을 위한 병력의 증가에 따라 병참 보급선도 확대되므로, 한번 결정된 작전 방향을 간단히 변경할 수도 없다. 따라서 대규모의 작전을 발동하기 위해서는 보급 능력에 대한 검토가 선행되어야 하고, 작전 방향의 결정에도 숙고가 필요하다. 결국 육군과 해군의 의견이 일치한 것은 뉴칼레도니아, 피지·사모아, 포트모르즈비Port Moresby의 공략 작전 및 알류샨 작전이었다. 이들 작전의 세부적인 사항은 제6장에서 설명한다.

한편 1942년 5월 상순, 대본영이 판단한 연합군 병력의 규모는 다음과 같다.

	지상 병력	비행기	장래의 예상
미국 본토	약 180만 명 (약 43개 사단 정비 완료)	약 2,500기	1942년 연말 무렵까지 약 200만/약 6,000기
알래스카, 알류샨	육군과 해군 약 8,800명	약 150기	
하와이	육군 약 3,5000명	약 400기	
미드웨이섬	육군과 해군 약 1,700명	약 50기	
사모아	해군 약 750명	약 20기	
피지	美英군 약 7,500명	약 20기	
뉴칼레도니아섬	미군, 드골군 3,000명	약 10기	
호주	약 35만 명 (10개 사단)	약 500기	미군 약 1.5~2개 사단이 호주와 뉴질랜드에 파견 중
뉴질랜드	약 7만 명 (3개 사단)	약 250기	
인도	약 50만 명 (영국군 7개 사단, 인도군 23개 사단)	약 350기	
실론섬	1~2개 사단		

제3절 정세의 판단

정세의 판단 1942년 하순 무렵 육군 통수부의 정세 판단은 다음과 같았다.

남방군의 작전지역 전반에서 치안이 회복되고 있으며, 군정의 실시도 순조롭게 진행 중이다. 한편 대본영의 당면한 기도는 남방의 방위 및 자활태세의 신속한 확립과 함께 훈련의 향상, 병력의 정리, 중요 국방자원의 취득 등을 통해 국력과 전력을 제고하는 것이다. 전쟁목적을 달성하기 위해서는 중국과 영국을 굴복시키고, 이를 통해 미국의 전의를 상실시켜야 한다. 한편으로 소련에 대한 대비도 중요하다. 따라서 향후의 작전 순서·시기·방법 등은 국력과 주변 정세를 함께 고려하여 진행해야 한다.

심리적 이완 이러한 정세 판단은 美英군의 반격에 대한 고려가 충분하지 않은 상황에서, 제1단작전 종료 후 숨을 돌릴 여유를 갖겠다는 생각에서 나온 것이었다. 즉 남방에는 소수의 병력만을 남기고, 나머지 대부분은 본토로 귀환시키려 했던 것이다. 여기서 남방에 주둔시킬 병력의 규모가 쟁점이 되었다. 이에 대해 육군성은 약 21개 대대로 충분하다고 주장했지만, 대본영은 지나치게 적다고 반대했다. 여기서 육군 중앙부가 "승리한 후에 투구의 끈을 조여 매라"는 격언과는 완전히 반대의 태도를 보이고 있던 점을 확인할 수 있다.

중부 태평양을 향한 미군의 반격이 격렬해지던 1944년 초순 무렵, 토죠 육상은 "1942년 한 해를 아무런 시책도 없이 허송세월한 것은 매우 아쉬운 일이다"라고 주변에 술회했는데, 이는 만시지탄^{晩時之歎}이었다. 이러한 제1단작전 이후 육군 중앙부의 심리적 이완은 그 후의 전황에 큰 영향을 미쳤다.

심리적 이완의 징후는 남방군에서도 찾을 수 있었다. 제1단작전이 종료되자 남방군은 대본영의 승인을 받아, 총사령부의 정보과情報課를 작전과作戰課에 병합시켰다. 이러한 정보 경시는 연합군의 전투력에 대한 경멸감의 표현이었을 뿐 아니라, 또한 美英군의 대규모 반격이 미구未久에 개시될 것을 전혀 예상하지 못했다는 유력한 증거이기도 하다. 남방군총사령부의 정보과는 1944년 2월 6일 부활했다.

제4절 육군 병력의 정리

육군 통수부는 제1단작전 이후의 육군 병비兵備에 대해 육군성과의 협의를 거쳐, 다음과 같은 방침을 확정했다.

정리의 방침 남방 각지에는 외곽요지로의 작전 실시에 필요한 병력만을 남기고, 그 외에는 주력을 본토로 복원復員시키는 한편, 일부를 만주와 중국으로 전용한다.

만주에서는 독일군의 작전 경과에 따라 적시에 협력할 수 있는 태세를 준비한다. 중국에서는 남방작전 성공의 여세를 몰아 重慶에 대한 압박을 강화한다. 계획의 대요大要는 다음과 같다.

1) 남방 방면

점령지의 군정 실시에 관한 체계를 정비한다. 근위사단, 제4, 제5사단을 본토로 복원시키고, 제33사단은 중국, 제16사단은 만주로 각 전용한다(실제로는 제4사단의 본토 복원만이 실시됨).

제14군을 대본영 직할로 한다(6월 27일 실시).

2) 중국방면

제33사단을 남방에서 중국으로 전용한다(실시되지 않음). 화북에 전차사단 1개를 신설한다. 제59, 제60, 제68, 제69, 제70, 제71사단을 신설한다.

3) 만주 방면

방면군사령부 2개, 군사령부 1개, 기갑군機甲軍사령부1개, 전차사단 2개를 신설한다.[2] 고참병을 제대시켜 군의 세대교체를 도모한다.

4) 본토 방면

제52사단을 복원시킨다(실시되지 않음).

5) 항공 관계

남방 방면에 제3항공군사령부(약 5개 비행단을 통솔)를 신설하여, 인도와 중국을 향한 진격 작전 및 수마트라와 자바 등 요지의 방공작전을 담당하도록 한다.[3]

제5절 남방군의 방어태세 확립

대본영은 1942년 6월 29일 테라우치 남방군 총사령관에게 다음과 같은 요지의 명령을 내렸다.

(1) 대본영은 전쟁 완수를 위해 남방 요역을 안정적으로 확보하여, 자급自給 필승의 태세를 확립함과 동시에 정세에 부합하는 작전을 준비한다.

(2) 남방군 총사령관은 해군과 협동하여, 다음과 같은 사항에 준거하여 남방 요역을 안정적으로 확보하는 동시에 외곽요지 작전을 준비한다.

---

2 대본영은 1942년 7월 4일, 제1방면군(사령관: 야마시타 토모유키 중장, 사령부: 모란 강牧丹江), 제2방면군(사령관: 아나미 코레치카阿南惟幾 중장, 사령부: 치치하얼), 제 2군(사령관: 코즈키 요시오上月良夫 중장, 사령부: 연길延吉), 기갑군(사령관: 요시다 신吉田悳 중장, 사령부: 사평가四平街)의 편조를 하령했다. (原註)

3 제3항공군(사령관: 오바타 히데요시小畑英良 중장, 사령부: 싱가포르)의 전투서열은 1942년 7월 10일 하령되었다. (原註)

① 버마, (舊)英領말레이, 수마트라, 자바, (舊)英領보르네오의 방위를 완수함과 동시에 군정의 신속한 정착에 노력한다.

② 태국과 인도지나의 방위에 협력한다.

③ 버마, 인도지나, 태국 방면에서 중국을 향한 압박을 계속한다.

④ 인도와 중국을 향한 항공 진격 작전을 실시한다.

이 외에도 대본영은 남방군에 대해 다음과 같은 사항을 실시하도록 지도했다. ① 싱가포르를 중심으로 인도지나, 태국, 버마, 말레이, 수마트라, 자바, 필리핀에 항공기지를 설치하고, ② 항공 병력의 수리 및 보급을 위한 시설을 확충하며, ③ 군의 현지 자급을 강화하여 본토로부터의 보급량을 줄이도록 한다.

제5장

중국 방면의 작전(Ⅰ)

이 장에서는 태평양전쟁 개시부터 1942년 말 무렵까지 중국 방면의 작전(홍콩 공략작전은 제외)을 설명한다.

대본영의 입장 육군 통수부는 태평양전쟁을 중일전쟁의 연장선에서 파악하여, 중국 전선이 남방으로까지 확대된 것으로 인식했다. 즉 태평양전쟁의 수행이 결국 중일전쟁의 처리로 직결된다고 생각했던 것이다. 따라서 남방제1단작전이 종료되자, 그 전과를 이용하여 장개석 정권을 굴복시켜야 한다는 결론에 이른 것도 당연한 귀결이었다.

제1절 중국의 전력에 관한 판단

1942년 초봄 무렵, 중국의 전력에 대한 육군 통수부의 판단은 다음과 같았다.

(1) 중국군의 총병력은 약 300만 명으로 추산된다. 그중 장개석 정권이 장악한 중앙군은 약 120만 명(직계直系 약 65만 명, 방계傍系 약 55만 명)으로 총병력의 약 40%를 점하고 있다. 한편 지방 군벌 중 가장 강력한 것으로 평가되는 사천四川군의 병력이 약 32만 명

이므로, 병력 구성의 측면에서도 장개석의 통솔력은 확고한 것으로 볼 수 있다. 다만 중국군의 전체적인 인적 소질이나 장비 등은 불량하다.

중국 공군은 개전 당시 약 600기의 비행기를 보유하고 있었으나, 현재는 공세로 나설 수 있는 전력은 거의 없다. 1941년 말에 도착한 미국 항공의용대(1개 전투기 대대)가 활동의 중심이다.

(2)援蔣루트의 차단으로 물자의 부족이 극심하다. 적자 재정으로 인해 4월 중순 법폐法幣[1]의 가치는 전전戰前의 약 1/40까지 저하되었고, 인플레는 악화 일변도에 있다. 그러나 이를 과대평가하여 중국의 붕괴가 임박했다고 보는 것은 지나치게 단순한 예측이다. 향후 자급자족을 가능하게 할 경제체제의 확립을 위한 강력한 정치력의 발휘가 예상되고, 결국 국민당 정부에 대한 민중의 신뢰도가 관건이 될 것이다.

(3)태평양전쟁의 개시로 항일 의식이 제고되었고, 중국 민중 일반은 미국과 영국이 최종적으로 승리할 것으로 확신하고 있다. 이것이 중국의 전력에서 가장 강력한 측면이다.

제2절 중일전쟁 처리에 관한 복안

1942년 4월 상순 무렵, 중일전쟁 처리에 관한 복안을 수립한 대본영은 이를 하타 슌로쿠 지나파견군 총사령관에게 내시內示[2]했다. 그 요

---

1 법폐는 국민정부가 유통시킨 법정화폐이다. 1935년 11월 3일의 폐제幣制 개혁을 통해 국민정부는 정부계 은행이 발행한 은행권(불환지폐)을 중국의 법정화폐로써 유통시키기 시작했다. 법폐의 발행으로 500년에 걸친 은본위제가 막을 내렸지만, 대량 발행에 따른 하이퍼 인플레가 유발되기도 했다. 법폐는 1948년 8월 19일의 폐제 개혁으로 새롭게 금원권金円券이 발행되기까지 13년간 사용되었다.(譯註)
2 내시內示란 정식 결정을 통보하기 전에, 비공식적으로 통지하는 것을 말한다.(譯註)

지는 다음과 같다.

1) 방침

전반의 정세 특히 소련과의 상황이 허락하는 경우, 남방작전의 성과를 이용하여 중일전쟁의 해결을 도모한다.

다만 이것이 곤란한 경우, 현 태세를 유지하면서 버마 방면으로 부터의 압박을 통해 장개석 정권의 점진적인 굴복을 촉진한다.

2) 요령

(1) 현 단계에서는 중일전쟁의 해결을 위해 중국 항전 무력의 파쇄, 점령지 민심의 장악과 치안의 숙청肅淸, 정략지도政略指導, 경제 압박 등에 의한 항전 의지의 좌절 등에 중점을 둔다. 버마를 경유하는 援蔣루트를 차단한 후에는 중국군 주력 병단의 파쇄를 지향한다.

(2) 중일전쟁의 조속한 처리를 기도하는 경우의 시책은 다음과 같다.

① 작전요령

다른 정면에서 數個 사단을 중국으로 추출·전용하여, 중경 방 면으로 대규모 작전을 실시한다.

이때 작전의 궁극적인 목적은 중국군의 항전력抗戰力을 파쇄하 는 것이다. 다만 직접적인 목표를 사천 평지의 점령을 통한 경제 적인 붕괴의 야기와, 항전력의 골간인 중앙군의 격멸 중 어느 쪽 으로 할 것인지에는 추가적인 연구가 필요하다.

② 작전시기

援蔣루트 차단과 남방작전 성공의 효과가 중국에 크게 작용할 시점이 적당할 것이다. 남방작전이 일단락되어 병력 운용에 여유 가 생기는 외에, 소련과의 정세가 비교적 안정될 필요가 있으므 로, 1942년 가을 이후가 될 것이다.

3) 기타

장기전을 상정하여 점령지역 내의 치안을 확보하며, 경제 건설에 노력한다. 한편으로 점령지역 외부와의 철저한 봉쇄·차단을 실시하면서, 정략을 병용하여 장개석 정권의 쇠망을 촉진한다. 치안확보를 위해 청향공작淸鄕工作(치안 상태가 양호한 마을을 만드는 공작)을 확장하여, 민심의 장악과 민생의 안정을 도모한다.

제3절 절공작전

작전의 동기 1942년 4월 18일 미국의 B-25 육상폭격기 16기가 불시에 토쿄를 폭격했다. 조사 결과 항공모함에서 이륙한 이들 폭격기는 착함着艦이 곤란하여, 계획적으로 華中 방면의 비행장으로 도피한 것으로 확인되었다. 육군 통수부는 유사한 책동을 봉쇄할 가장 유효적절한 방법은 미군기가 착륙할 수 있는 비행장을 소멸시키는 것으로 판단했다.

이에 대본영은 華中 방면의 여수麗水, 공주瀛州, 옥산玉山 등의 비행장에 대한 공략을 결의했다. 그리고 4월 21일 하타 지나파견군 총사령관에게 빠른 시일 내에 작전을 개시하여 절강성 방면의 중국군을 격파하고, 주요 근거지를 복멸하도록 명령했다. 당시 중국 공군의 비행장은 구주衢州, 여수, 금화金華, 용유龍游(이상 절강성), 길안吉安, 공주, 남성南城, 수천遂川, 옥산(이상 강서성), 형양衡陽, 주주株州, 지강芷江(이상 호남성) 등에 있었다.

작전의 구상 이 작전은 절공작전浙贛作戰으로 명명되었다. 절浙은 절강성, 공贛은 강서성의 약칭이다. 작전의 구상은 절공선浙贛線(항주~장사) 철도의 연선 지구를 중심으로, 동쪽에서 서쪽으로 진격하는 제13군(사령부: 상해) 주력과 서쪽에서 동쪽으로 진격하는 제11군(사령부:

한구漢口) 일부가 중국군을 협격挾擊하여 격파하고, 금화, 옥산, 여수 등의 비행장을 점령한다는 것이었다.

작전의 경과 제13군(사령관 : 사와다 시게루澤田茂 중장, 제15, 제22, 제70, 제116사단 등 34개 보병대대 기간)은 5월 15일 절동浙東 방면의 중국군 제9군과 제88군에 대해 총공격을 개시했다. 5월 19일 이후에는 혼란에 빠져 후퇴하는 중국군을 동양강東陽江 하반河畔에서 대파하고, 5월 29일 금화를 공략했다.

한편 제11군(제3, 제34사단 등 26개 보병대대 기간)은 5월 31일부터 작전을 개시하여, 6월 2일에는 진현進賢(남창南昌의 동남쪽)을 점령했다. 이렇게 제13군과 제11군이 동서에서 절공선 연선 지구를 협격할 수 있는 태세를 확보했다.

그 후 제13군과 제11군은 무주撫州, 구주, 숭인崇仁, 강산江山, 옥산 등을 점령하고, 7월 1일에는 서로 연결되었다.

한편 별도의 부대가 7월 1?일 온주溫州(미국의 잠수함이 출입하고 있다는 정보가 있었음)를 공격하여 점령했다.

대본영은 7월 18일 지나파견군에 절강성 방면의 작전을 종료한 후에도 금화 부근의 요역을 확보하도록 명령했다.

제4절 중경작전의 중지

작전의 준비 대본영은 1942년 9월 3일 지나파견군에 重慶 작전(고고五號작전으로 호칭)을 준비하도록 명령했다. 이는 9월부터 준비에 착수하여, 가을 무렵 전반적인 정세를 확인한 후 실시 여부를 결정할 예정이었다. 작전 개시는 1943년 봄 이후로 예상되었다.

작전의 중지 그런데 1942년 후반기부터 태평양전쟁의 중심이 과달카날섬 방면으로 옮겨졌다. 미군은 과달카날 방면에서 반격을 개시하여, 일본군을 압박하기 시작했다. 대본영은 미군의 반격이 본격적으로 시작된 것으로 판단했고, 과달카날섬의 공방전이 향후의 작전 지도에 큰 영향을 미칠 것으로 예상했다. 이에 대본영은 12월 10일 지나파견군에 重慶 작전의 준비를 중지하도록 지시했다.

성격의 변화 미군의 본격적인 반격의 시작된 이상, 태평양전쟁이 단순히 중일전쟁의 연장선에 있다는 개전 초기의 발상에는 전면적인 수정이 필요하게 되었다. 더 이상 중국 전선에서 태평양전쟁 승리의 열쇠를 찾을 수는 없었다. 즉 중국 전선의 성격이 태평양전쟁의 주작전장主作戰場(일차적인 전장)에서 지작전장支作戰場(부차적인 전장)으로 전환된 것이 명확해진 것이다.

이렇게 중국 전장에 대한 육군 통수부의 관점은 크게 변화되었다.

제6장

포트모르즈비, 미드웨이, 알류샨 작전

육군과 해군 통수부 간에 뉴칼레도니아, 피지·사모아, 포트모르즈비 및 알류샨으로의 외곽요지작전의 실시에 대해 의견이 일치했던 것은 앞에서 설명한 것과 같다.

미드웨이 작전 실시의 경위 4월 18일 토쿄에 대한 B-25 폭격기의 공습을 계기로, 해군 통수부는 연합함대 사령장관의 진언에 따라 미드웨이 작전을 실시하기로 결정했다. 그리고 육군 통수부에 피지·사모아 작전에 앞서 미드웨이 작전을 진행하겠다는 의향을 전달했다.

이에 육군과 해군의 양 통수부는 논의를 거쳐, 피지·사모아 작전에 앞서 미드웨이 작전과 알류샨 작전을 동시에 실시하기로 결정했다.

제1절 포트모르즈비 작전

작전 구상 포트모르즈비 작전은 외곽요지작전의 시작이었다. 작전 구상은 여러 차례 변경되었는데, 최초의 구상은 美濠군의 병력 증강에 앞서 남해지대가 포트모르즈비 부근에 상륙하여 공략한 후, 신속하게 항공기지를 정비한다는 것이었다.

공략의 단념 남해지대를 실은 수송 선단은 1942년 5월 4일 라바울을 출항하여, 포트모르즈비를 목표로 남하했다. 그런데 5월 7일 산호해 珊瑚海 해전이 벌어지자, 수송 선단은 서둘러 북쪽으로 도피했다. 해전의 결과 제4함대가 상당한 손해를 입었으므로, 해상을 통한 남해지대의 포트모르즈비 공략 시도는 단념할 수밖에 없었다.

제17군의 편성 대본영은 5월 18일 제17군(사령관 : 햐쿠타케 하루요시 百武晴吉 중장)의 전투서열을 하령했다. 군이라는 명칭이 무색하게 제17군의 전력은 數個 보병연대 정도에 불과했다[보병제35여단(보병제114연대 缺), 남해지대, 아오바지대 靑葉支隊[1](보병제4연대 기간), 보병제41연대 기간]. 제17군의 임무는 해군과 협동하여 뉴칼레도니아, 피지·사모아의 각 요지와 포트모르즈비를 공략하는 것이었다.

작전의 구상 작전목적은 뉴칼레도니아, 피지·사모아의 요지를 공략하여 美濠 간의 연락을 차단하고, 이를 통해 美濠군의 반격 기도를 봉쇄하는 것이었다. 사용 병력은 육군이 제17군 주력(9개 보병대대 기간), 해군이 제2함대와 제1항공함대를 각 기간으로 한 부대로, 7월 초

1 　보병제4연대의 주둔지인 센다이성 仙台城의 아칭雅稱인 아오바성 靑葉城에서 유래한 명칭이다. (譯註)

순 무렵 작전을 개시할 예정이었다.

작전의 중지 이러한 작전 구상에 기초하여 육군은 준비를 진행했다. 하지만 연합함대의 미드웨이 작전 실패로 인해, 7월 11일 대본영은 뉴칼레도니아, 피지·사모아 작전의 중지를 명령했다. 이는 ① 미드웨이 작전에서 연합함대가 입은 손해가 심대했던 점, ② 미드웨이 작전을 통해 島嶼 공격의 어려움을 인식하게 된 점, ③ 수에즈 운하로 향하는 독일군의 작전에 책응策應하기 위해 서인도양 작전의 강화가 필요하다는 의견이 대두되기에 이른 점 등에 기인한 것이었다.

제17군의 구상 대본영은 7월 11일 제17군의 임무에서 뉴칼레도니아, 피지·사모아 작전을 삭제했다. 그리고 해군과 협동하여 포트모르즈비를 공략·확보함과 함께, 적시에 동부 뉴기니의 요지를 점령하는 내용의 새로운 임무를 부여했다.

이 새로운 작전에서 육군은 제17군의 주력(6개 보병대대 기간), 해군은 제8함대 및 제25항공전대를 기간으로 한 병력을 사용하게 되었다. 육군은 부나Buna와 코코다Kokoda고개 방면에서 진격하여 신속하게 포트모르즈비와 그 부근 비행장을 공략하고, 해군은 美濠 항공부대의 격파, 美濠 함대의 제압 및 육군의 작전에 대한 직접적인 협력 등을 담당하게 되었다.

포트모르즈비 작전의 개요 그 무렵 육군의 일부 부대는 스탠리Stanley산맥(포트모르즈비의 북쪽에 솟아있는 산맥)의 도로 정찰을 위해 출동해 있었다. 그런데 제17군은 정찰 결과의 보고를 기다리지 않고, 7월 중순 무렵 남해지대를 부나 방면으로 상륙시켜 포트모르즈비로 진격하게 했다.

험난한 지형, 밀림, 질병, 배고픔 등과 싸우면서 스탠리산맥을 답파한 남해지대의 행군 과정은 몹시도 험난했다. 남해지대는 약 2개 대대

규모의 호주군을 격파하고, 포트모르즈비의 목전까지 진출했다. 하지만 보급은 전무했다.

결국 제17군은 8월 18일 남해지대의 전진을 중지시키고, 이어 9월 23일 부나 부근으로 후퇴하도록 명령했다. 남해지대의 제1선 부대는 9월 25일 스탠리산맥에서 후퇴를 개시했다. 남해지대는 호주군의 추격 등에 시달리면서도, 10월 하순 무렵 코코다, 이어 11월 하순에는 부나 부근에 도착했다.

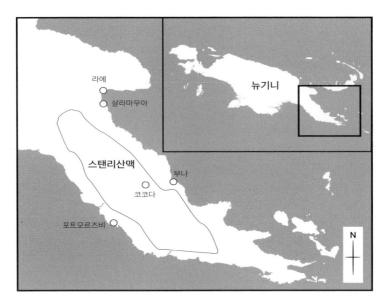

제17군의 임무 변경 그 무렵 과달카날섬에서 전투가 발발했다. 8월 13일 제17군(이치키지대 배속)은 동부 뉴기니에서의 작전을 계속하는 한편, 해군과 협동하여 과달카날섬을 탈환하라는 명령을 받았다. 하지만 제17군은 과달카날섬 작전만으로도 힘에 부친 상태로, 뉴기니 방면까지 돌아볼 여력은 없었다.

제18군의 편성 이에 대본영은 11월 16일 동부 뉴기니의 작전을 담당할 제18군(사령관: 아다치 하타조^{安達二十三} 중장, 남해지대, 야마가타

지대山縣支隊 기간)의 신설을 명령했다. 제18군의 임무는 라에, 살라마우아Salamaua, 부나 부근의 작전거점을 확보함과 동시에 뉴브리튼섬과 뉴기니에서 작전과 연락을 위한 비행장을 증설·정비하여 항공 작전을 강화하고, 향후의 작전을 준비하는 것이었다.

이렇게 동부 뉴기니 작전의 초점은 부나, 라에, 살라마우아 방면으로 전환되었다.

제2절 미드웨이 작전

작전목적 미드웨이 작전은 미드웨이섬(쿠레환초Kure Atoll를 포함)을 공략하여, 하와이 방면에서 일본 본토로의 미군의 기동작전을 봉쇄함과 동시에, 공략 시에 출현할 가능성이 있는 미 기동함대를 격파하는 것을 목적으로 했다.

작전의 개요 해군의 요청에 따라 육군은 이치키지대一木支隊(지대장: 이치키 키요나오一木淸直 대좌, 1개 보병대대 기간)의 참가를 결정했다. 이에 5월 초순 이치키 지대장에게 해군 부대와 협력하여, 미드웨이를 공략하도록 명령했다.

연합함대 주력의 지원을 받아, 이치키지대와 해군의 제2연합특별육전대는 공략부대로서, 6월 7일을 기해 미드웨이섬에 상륙할 계획이었다.

한편 미드웨이섬 부근의 미군은 이일대로以逸待勞하고 있었다. 이로인해 일본 해군의 항모 세력은 미드웨이섬 근해에서 치명적인 타격을 받았다. 이치키지대가 상륙을 실시하기도 전에 이미 승패는 결정되었던 것이다.

이에 이치키지대는 서둘러 괌섬으로 퇴각했고, 연합함대의 지휘에서 벗어나 대본영 직할부대가 되었다. 그 후 이치키지대가 과달카날섬으로 전진轉進하게 된 것은 앞에서 설명한 것과 같다.

작전 실패의 영향 미드웨이 작전의 실패는 사소한 방심에 기인한 것이었다. 하지만 그 영향은 중대했고, 태평양에서의 일본군의 작전은 근저根底부터 크게 흔들리게 되었다. 일본의 국력으로 대형 항모의 재건과 우수한 탑승원의 양성은 일조일석一朝一夕에 가능한 것이 아니었다. 따라서 항모 세력의 조기 회복은 기대하기 어려웠고, 결국 일본 해군의 우위는 영구적으로 상실되었다.

항모 세력의 현격한 감소는 제공권의 상실로 이어졌고, 이는 곧 제해권의 확보가 불가능하다는 것을 의미했다. 이렇게 남태평양 방면에서 일본군이 제공권과 제해권을 획득할 가능성은 사라졌다. 1942년 후반기부터 남태평양 방면의 일본군이 점점 불리하게 된 것은 당연한 일이었다.

미드웨이 패전의 영향은 몹시 컸다.

제3절 알류샨 작전

소련에 대한 영향 대본영은 알류샨 작전의 실시가 소련에 미칠 영향을 검토했고, 그 결론은 다음과 같다.

(1) 일본군이 소련을 공격하지 않는 한, 일본과 소련 간에 전투는 벌어지지 않을 것이다.

(2) 미군기가 소련 영토에 불시착하는 등의 문제가 일어날 가능성은 있다.

(3) 소련 영토에 미국의 군사기지가 설치되는지 감시해야 한다. 이러한 사태는 日蘇중립조약 위반에 해당한다는 일본 측의 견해를 사전에 소련에 명시할 필요가 있다.

작전 구상 대본영은 알류샨 작전을 파괴 작전 정도로 그칠지, 아니면 지속적인 점령까지도 염두에 둘 것인지에 대해 심의를 거듭한 결과, 후자를 선택했다. 그리고 일본 본토를 향한 미군의 진격 거점을 탈취하는 것을 작전목적으로 결정했다. 한편 알류샨 작전은 기후와 기상을 고려할 필요가 있었다. 애투Attu, 키스카Kiska 방면은 농무濃霧, 추위, 폭풍 등으로 인해 3, 4, 5, 9, 10월의 다섯 달 이외에는 대규모 병단의 작전이 어려운 것으로 알려져 있었기 때문이다.

육군은 알류샨 작전에 북해지대北海支隊(지대장 : 호즈미 마츠토시穂積松年 소좌, 1개 보병대대 기간)를 파견했다. 북해지대의 임무는 해군부대와 협력하여 에이댁섬Adak Island, 키스카섬 및 애투섬을 공략하는 것이었다.

작전행동의 개요 북해지대는 별다른 저항을 받지 않고, 1942년 6월 7일 키스카섬, 다음 날인 6월 8일 애투섬에 각 상륙했다. 에이댁섬에는 상륙하지 않았고, 그 임무는 6월 25일 해제되었다.

대본영은 10월 24일 북해지대의 병력을 증강하면서 북해수비대北海守備隊(사령관 : 미네키 토이치로峯木十一郎 소장, 3개 보병대대 기간)로 개칭하고, 제5함대 사령장관의 지휘를 받도록 했다.

미군의 반격 미군은 1942년 8월 말 무렵 에이댁섬, 이어 1943년 2월 경에는 암치카섬Amchitka Island(키스카섬 근방)에 각 항공기지를 건설했다. 한편 1943년 3월 26일 소련령 코만도르스키예섬Komandorskie Island 부근에서 해전이 발발했는데, 쌍방 모두 손해는 경미했다.

그로부터 약 한 달 반이 지난 5월 12일, 우세한 해군과 항공부대의 지원을 받는 약 1개 사단 규모의 미군이 애투섬에 상륙을 개시했다.

애투섬 전멸 대본영은 애투섬에 대한 증원과 탈환을 검토했다. 하지만 제공권과 제해권을 확보할 수 없는 상황에서 적극적인 조치에 나서기는 어려웠다.

고립무원의 애투섬 수비대 약 1,200명은 과병寡兵으로 분전奮戰했다. 하지만 병력과 화력장비의 격차가 현격한 상황에서, 미군의 함포艦砲 사격까지 가세하여 손해가 속출했다. 수비대장 야마사키 야스요山崎保代 대좌는 5월 29일 밤, 잔존병력을 이끌고 총공격에 나섰으나 전멸했다.

작전의 전환 이에 앞서 5월 20일 궁중宮中에서 대본영회의가 개최되었다(출석자: 육군과 해군의 총장·차장·작전부장·작전과장, 육군과 해군의 대신, 시종무관장侍從武官長). 천황이 임석한 가운데 북방작전의 전환에 대해 심의를 거듭했다.

그 결과 제공권과 제해권을 상실한 상황에서의 島嶼작전은 자멸 이외에는 별다른 길이 없음을 확인하고, 키스카 부대의 철수를 결정했다. 이에 같은 날 히구치 키이치로樋口季一郞 북방군北方軍 사령관에게 서부 알류샨의 부대를 철수시키라는 명령을 내렸다.

키스카섬 철수 이에 해군 함정을 이용한 키스카섬 철수 작전이 계획되었다. 철퇴는 미군의 방해를 피해 순조롭게 진척되었고, 7월 31일과 8월 1일 이틀 동안 전원이 파라무시루섬幌筵島에 도착했다.

이를 계기로 대본영은 치시마千島의 방비를 강화하기 시작했다.

제7장

과달카날섬 작전

제1절 작전의 발단

1942년 8월 7일 미군이 과달카날섬과 툴라기섬Tulagi Island에 상륙했다. 이때 과달카날섬에는 해군육전대海軍陸戰隊 수백 명과 인부 약 2,000명이 비행장을 건설하고 있었다. 그런데 육군 통수부는 미군이 상륙한 당일에야 해군이 과달카날섬에서 비행장을 건설하고 있다는 사실을 처음으로 알게 되었다.

섬의 가치 상륙한 미군의 규모는 1개 해병사단으로, 곧 일본군이 건설 하던 비행장을 점령했다. 비행장이 완성되어 일본군의 항공부대가 활동을 개시하면, 뉴헤브리디스New Hebrides諸島와 뉴칼레도니아섬은 물론 멀리 호주, 뉴질랜드까지 위협에 놓이게 되므로, 선제적으로 제압에 나섰던 것으로 보인다.

대본영의 조치 미군이 상륙했다는 보고를 접한 대본영은 8월 10일 이치키지대와 아오바지대(제14군 사령관의 지휘하에 훈련 중)를 햐쿠타케 하루요시 제17군 사령관의 지휘 아래로 편입시켰다. 이어 8월

13일 제17군에 포트모르즈비 작전을 계속하는 한편, 과달카날섬과 툴라기를 탈환하도록 명령했다.

제17군에는 천 수백km나 떨어져 있는 포트모르즈비와 과달카날섬 두 곳의 작전 임무가 동시에 부여되었다. 이는 제17군 이외에 과달카날섬 방면에 즉시 투입할 수 있는 부대가 없었을 뿐 아니라, 과달카날섬 탈환에 관한 대본영의 예상이 지나치게 낙관적이었기 때문이다.

제2절 해전의 경과

해군의 활동 과달카날섬 근해에서는 여러 차례의 해전이 벌어졌다. ① 제1차 솔로몬 해전(8월 8일 밤)은 일본 해군의 기습이 성공하여 큰 전과를 거두었다. ② 제2차 솔로몬 해전(8월 24일)은 항공모함 상호 간의 전투로 쌍방 모두 피해를 입었다. ③ 사보섬Savo Island 해전(10월 11일 밤)은 미 해군이 기선을 제압하여 일본 해군의 손해가 컸다. ④ 남태평양 해전(11월 12일~14일 각 밤)에서는 일본 측이 전체적으로 큰 전과를 거두었다. 이외에 일본 해군은 미군 상륙지점 부근의 교란 및 미군 진지에 대한 함포사격 등을 여러 차례 실시했다.

해전의 양상 이들 해전의 대부분은 야전夜戰이었다. 제공권과 제해권을 확보할 능력이 부족한 일본 해군이 주로 야간에 행동했기 때문이다. 한편 제공권과 제해권을 장악하지 못한 상황에서 과달카날섬으로의 일본군의 보급·수송은 빈번히 두절되었고, 결국에는 아사자가 발생하기에 이르렀다.

제3절 작전의 경과

제1차 공격 이치키지대 주력은 8월 18일 밤 과달카날섬에 상륙했다. 괌섬에 주둔하고 있던 중 수송능력에 한계가 있는 구축함으로 급히 이동하여, 병기와 탄약을 소량 밖에 휴행携行할 수 없었던 이치키지대의 화력장비는 극히 빈약했다. 8월 20일 밤부터 다음날인 21일 아침에 걸쳐 이치키지대는 비행장을 공격했다. 하지만 공격 준비의 부족과 미군의 우세한 포병화력 및 전차의 역습으로 인해 괴멸적인 손해를 입었다. 한편 8월 21일에는 미군의 전투기 약 30기가 과달카날섬 비행장에 진출했다.

제17군의 증강 대본영은 8월 29일 자바에 주둔하고 있던 제2사단(사단장: 마루야마 마사오丸山政男 중장)을 제17군의 전투서열에 편입시켰다. 그리고 포트모르즈비 작전이 제1순위, 솔로몬 탈환 작전이 제2순위이던 제17군의 기존 임무에서 솔로몬 탈환 작전을 제1순위로 변경했다.

제2차 공격 카와구치지대川口支隊[제2사단의 3개 보병대대(=아오바지대) 배속]의 주력은 9월 4일까지 과달카날섬에 도착했다. 카와구치지대의 주력(약 5개 보병대대)과 이치키지대의 잔여 병력(약 100명)은 9월 13일 밤 비행장을 향해 제2차 공격을 개시했다. 카와구치지대의 과감한 돌격으로, 전투 개시 후 몇 시간 동안은 전선에서 피아가 뒤섞인 혼돈상태가 되었다. 카와구치지대의 일부 병력은 비행장의 일각까지 돌입했으나, 미군 예비부대의 전선 투입과 치열한 포화砲火로 인해 별다른 전과를 거두지 못했다. 결국 제2차 공격 역시 실패로 끝났다.

공격요령의 개선 그동안의 공격 방식을 검토한 육군 통수부는 9월 18일 작전 요령을 개정했다. 기존의 작전은 불충분한 병력으로 서둘러 공격을 개시한 문제가 있었다. 따라서 이후에는 이러한 졸속주의를 버리고, 증원 병력의 도착을 기다려 주도면밀한 공격 준비를 마친 후, 육군과 해군의 모든 전력을 통합적으로 발휘하는 정공법을 택하기로 했다.

제3차 공격 제2사단은 10월 상순부터 순차적으로 과달카날섬에 상륙했다. 햐쿠타케 제17군 사령관도 10월 8일 라바울을 출발하여 과달카날섬에 도착했다. 그리고 충분한 공격 준비를 마치고, 10월 24일부터 제2사단을 주체로 한 병력이 비행장에 대한 제3차 공격을 개시했다.

공격은 격렬했고, 특히 야간에는 더욱 치열한 전투가 전개되었다. 하지만 항공병력과 포병 기타 화력의 격차는 너무나도 현격했다. 결국 10월 26일에 이르러 일본군은 공격을 단념할 수밖에 없었다. 일본군은 이 짧은 기간의 공격에서 약 2,200명의 병력을 상실했다.

쓰라린 체험 3회에 걸친 지상 전투에서 일본군은 미군의 지상화력의 엄청난 위력을 충분히 체험했다. 해상 수송 도중 다수의 수송함이 격침당한 일본군은 많은 병기를 손실했다. 반면 완전한 장비를 갖추고 상륙하여 보급도 순조로웠던 미군의 경우 경·중기관총 보유 수량은 일본군의 최소한 6~7배 이상이었고, 사용 탄약량은 비교조차 할 수 없었다.

여러 선에 걸쳐 다층적으로 구축된 미군 진지에 대한 야습에서는 해가 뜨기 전까지 진지 전부를 돌파하지 못하면, 새벽 이후 엄청난 화력에 직면하여 심대한 손해를 입는 고통스러운 경험이 반복되었다.

결국 제공권과 제해권을 확보하지 못한 상태에서 島嶼에서의 전투는 승리의 가능성이 없다는 것을 절감하게 되었다.

보급난 제3차 공격이 실패한 후 얼마 지나지 않아 제1선에서는 아사자가 속출했다. 제공권과 제해권을 장악하지 못한 일본군의 보급·수송이 지속되지 못했기 때문이다. 공복에 더하여 거의 전원이 과달카날섬 열fever(설사와 38℃ 정도의 발열 증상)과 말라리아에 시달렸고, 사태는 전혀 낙관할 수 없었다.

9월 17일에 제17군의 전투서열에 편입되었던 제38사단(사단장: 사노 타다요시佐野忠義 중장)의 일부가 11월 10일 과달카날섬에 도착했고, 그 후 잔여 부대도 축차적으로 도착했다. 하지만 11월 14일에는 마지막 희망이던 보급수송선 11척(우량 선박) 모두가 미 육군 항공부대의 공습으로 침몰당했다. 병력의 증가에도 불구하고, 보급·수송은 지속되지 않았다.

이에 대본영은 11월 15일 제17군에 당분간 현 태세를 유지하도록 명령했다.

11월 18일 무렵부터 미군은 해안 방면에서 공격을 개시했다. 전장에 갓 도착한 제38사단이 힘겹게 이를 저지하여, 일본군과 미군은 11월 26일 무렵부터 서로 대치하는 상태가 되었다.

과달카날섬으로의 보급·수송은 이후에도 미군의 방해로 두절되었다. 12월 3일 밤 구축함 8척에 의한 식량의 보급·수송에 성공했지만, 이는 과달카날섬 주둔 병력 소요량의 1주일분에 불과했다. 각 부대는 1일 식량 배급량을 기준량의 1/3~1/6까지 줄일 수밖에 없었고, 영양실조나 기타 질병으로 쓰러지는 병사가 속출했다.

일본군 항공부대 그 사이 일본군의 항공부대는 미군의 증원 저지, 비행장 기습, 진지 폭격 등을 반복적으로 실시했다. 하지만 제공권을 장악하지 못한 상황에서는 게릴라적인 행동밖에는 펼칠 수 없었고, 그 전과도 경미했다. 일본과 미국의 항공 병력의 격차는 날이 갈수록 커질 뿐이었다.

미군의 병력 과달카날섬에 상륙한 미군의 지상 병력은 최초에는 1개 해병사단이었다. 그 후 9월 말 약 1개 사단, 10월 중순 무렵 병력 불상^{不詳}의 병단, 11월 초순 역시 병력 불상의 병단이 상륙하여, 합계 약 3개 사단이 되었다.

제8방면군의 신설 남태평양 방면에서 미군의 반격이 거세지자, 대본영은 육군 작전을 전반적으로 통할統轄할 필요성을 인식했다. 이에 1942년 11월 16일 제8방면군(사령관 : 이마무라 히토시今村均 중장,

제17, 제18군 기간)의 전투서열을 하령했다.

제8방면군의 임무는 해군과 협동하여 먼저 솔로몬群島(과달카날섬 방면)를 공략하고, 이어 뉴기니의 요지를 확보하여 추후의 작전을 준비하는 것이었다. 해군은 연합함대 대부분을 동원하여 제8방면군의 작전에 협력하게 되었다.

대본영은 12월 23일 제8방면군의 전투서열에 제41사단(중국 주둔)과 제20사단(조선 주둔)을 편입시켰다. 이와 동시에 제17군에 제6사단, 제18군에 제51사단을 각 전투서열에 추가했다.

제4절 작전방침의 변경

선박의 징용 솔로몬 방면으로 향하는 수송선의 침몰이 격증하자, 이에 육군 통수부와 육군성은 1942년 11~12월 무렵 작전용 선박의 징용문제를 둘러싸고 격렬한 논쟁을 벌였다.

육군 통수부는 과달카날섬을 반드시 확보해야 한다고 주장했다. 과달카날섬에서의 철퇴는 미군의 반격에 기세를 더해주게 되어, 향후 일본군의 태세 정비가 어렵게 되리라는 것이 논거였다. 따라서 작전용 선박 약 30만톤을 증징增徵하여 과달카날섬으로의 수송을 계속해야 한다며, 육군성의 결단을 촉구했다.

이에 대해 육군성은 현 단계에서 가장 중요한 것은 국력과 전력의 신속한 증강이라고 주장했다. 그리고 작전용 선박을 증징하면 민수용 선박이 감소하고, 이는 국력과 전력의 증강을 방해하는 결과가 된다며 강하게 반대했다. 따라서 이 기회에 과달카날섬에서 과감하게 철퇴하는 방법으로, 전략요선戰略要線에서 태세를 재정비하여야 한다고 보았다.

육군 통수부와 육군성은 빈번하게 교섭했지만, 결론에 이르지 못했다. 일부에서는 주먹이 오가는 사태마저 벌어졌다.[1,2] 토죠 육상과 타나카 신이치田中新一 참모본부 제1부장(작전) 사이에 격론이 벌어지기도 했다.[3] 결국 토죠 육상의 결단으로 선박 증징은 이뤄지지 않게 되었다. 이로 인해 타나카 제1부장과 핫토리 타쿠시로 제2과장(작전)은 동시에 교체되었다(신임 제1부장 : 아야베 키츠쥬綾部橘樹 소장, 제2과장 : 사나다 죠이치로眞田穰一郎 대좌).[4]

작전방침의 변경 12월 31일 궁중에서 대본영회의가 개최되었다(출석자: 육군과 해군의 총장·차장·작전부장·작전과장, 육군과 해군의 대신, 시종무관장). 천황이 임석한 이 회의에서 향후의 작전지도에 관한 책안策案이 연구되었다. 1시간 45분간 계속된 회의에서 다음과 같

---

1   1942년 12월 5일 22:00경 사토 켄료佐藤賢了 군무국장이 타나베 모리타케田邊盛武 참모차장의 관사를 방문하여 정부의 입장을 설명하자, 그 결정에 불만을 품은 타나카 신이치 작전부장이 느닷없이 주먹으로 사토의 좌측 뺨을 때렸고, 이에 사토도 역시 주먹으로 응수했다는 것이 이 사건의 전말이다. 전후戰後 두 사람이 술을 마시던 중, 타나카가 사토에게 "나는 한 대밖에 때리지 않았는데, 너는 세 대나 때렸다"고 하자, 사토가 "내 부드러운 손으로 세 대를 때리는 것보다, 당신의 한 대가 훨씬 아팠소"고 응수했다고 한다. 佐藤賢了, 『佐藤賢了の証言』(芙蓉書房、1976)、315~316頁。(譯註)

2   이에 대해 사건이 20:00경 벌어졌고, 타나베 차장이 곧 울음을 터트릴 것 같은 표정으로 두 사람을 말렸다는 기록도 있다. 上法快男(編)、『東條英機』(芙蓉書房、1980)、384頁 (稻葉正夫 執筆部分)。(譯註)

3   1942년 12월 6일 심야, 총리대신 관저를 방문한 타나카는 대화중 토죠를 매도罵倒했다. 이때 타나카가 토죠를 향해 "바보 녀석バカヤロー"라고 외쳤다는 것이 일반적인 인식이지만, 타나카 본인의 주장으로는 "바보 놈들馬鹿者共"이라고 했다고 한다. 田中新一、『田中作戦部長の証言』(芙蓉書房、1978)、413頁。맥락상 전자는 토죠 한 사람에 대한 감정적 비난에 그치는 것이지만, 후자라면 토죠, 키무라 헤이타로木村兵太郎 차관을 포함한 육군성 일반의 정책에 대한 비판으로 읽힐 여지가 있기 때문으로 보인다. (譯註)

4   타나카는 위의 '바카야로 소동'이 있은 다음날인 12월 7일 남방군총사령부부南方軍總司令部付로, 핫토리는 12월 14일 육군대신 비서관으로 각 전임되었다. 한편 핫토리는 약 10개월 후인 1943년 10월 20일 다시 제2과장에 임명되는데, 이는 토죠의 정실인사 情實人事의 실례로 거론된다. (譯註)

은 새로운 작전방침이 결정되었다.

(1)솔로몬群島 방면에서는 과달카날섬 탈환 작전을 중지하고, 1월
하순부터 2월 상순에 걸쳐 과달카날섬의 부대를 철수시킨다. 뉴조
지아섬New Georgia Island, 이사벨섬Isabel Island 以北의 솔로몬群島는
확보한다.

(2)뉴기니 방면에서는 신속히 라에, 살라마우아, 마당Madang, 웨와크
Wewak 등의 작전거점에 전력을 증강하고, 스탠리산맥 이북의 동부
뉴기니의 요역을 공략하여, 이후의 작전을 준비한다. 부나 부근의
부대는 상황에 따라 살라마우아 방면으로 철수하여 필요한 지점
을 확보한다.

이렇게 포트모르즈비에서 과달카날섬을 잇는 제1선을 후퇴시키게
되었다. 하지만 라바울을 중심으로 하는 솔로몬群島의 요충과 라에,
살라마우아, 마당 등을 중심으로 하는 동부 뉴기니의 요역을 작전거
점으로써 확보한다는 기존의 방침에는 변화가 없었다. 다만 작전방
침의 변경으로 일본군이 공격하고 미군이 수비하는 기존의 양상이 정
반대로 바뀌었다는 점에 중대한 의의가 있다.

육군성의 발언권 증대 작전용 선박 증징 문제에서 토죠 육상이 조금도 물러서지 않았던 것은 나름의 이유가 있었다. 토죠는 종래 육군에서 통수권 독립의 의미가 지나치게 광의廣義로 해석되어 온 것을 반성하면서, 작전제일주의에 편중된 통수부의 요구가 작전과 국무의 조정을 저해한다는 점을 인식하게 되었다.

이에 토죠 육상은 통수부의 요구를 억제하여 국무와 작전의 긴밀화를 시도하였다. 토죠 육상의 이러한 발상은 이후 육상과는 별개인 육군대장 토죠 히데키의 인격私幣으로 참모총장에 취임하는 것으로 발전하게 된다.

요컨대 1942년 말에 이르러 통수와 국무의 조정은 곤란한 단계에 접어들었고, 통수부가 그동안 결정적인 국면에서 전가의 보도로 활용한 '통수상의 요구'도 필경畢竟 그 광채를 잃고 말았다. 이를 계기로 전쟁지도에 관한 육군성의 발언은 한층 더 중량감을 가지게 되었다.

제5절 과달카날섬에서의 철퇴

철퇴 준비 대본영은 1943년 1월 4일 이마무라 제8방면군 사령관에게 「남태평양 방면 작전 육해군중앙협정」을 시달했다.

그 요점은 과달카날섬의 부대를 1월 하순부터 2월 상순 무렵까지 철수시키고, 육군 부대는 북부 솔로몬群島 방면의 방비를, 해군 부대는 뉴조지아섬과 이사벨섬 방면의 방비를 각 담당한다는 것이었다.

1월 상순 무렵 제8방면군은 과달카날섬의 육군과 해군 병력을 약 2만 명으로 산정했다. 다만 열악한 식량 사정에서 제1선 부대는 인원을 더 많게 보고하는 경향이 있었으므로, 정확한 숫자를 확인하는 것은 곤란했다. 한편 도상연습을 통해 병력의 철수를 검토한 결과, 제공권과 제해권이 확보되어 있지 않은 상황에서 철수 가능한 병력은 약

5,000명 정도로 예상되었다. 그리고 잔여 병력은 수송 도중 선박의 침몰로 전사하거나 또는 섬에 남아 미군에게 격멸당할 가능성이 높고, 최악의 경우 철수 전에 아사할 것이라는 결론에 도달했다. 하지만 제8방면군은 여러 가지 선택지를 고려하면서, 전원의 철수를 위해 마지막까지 최선을 다했다.

철수 일본 해군의 구축함은 2월 1일부터 8일 사이에 3회에 걸쳐 과달카날섬의 병력을 부겐빌섬Bougainville Island으로 옮겼다. 철수는 미군의 방해를 받지 않고 순조롭게 진행되었다. 철수에 성공한 육군과 해군 병력은 합계 1만 1,813명이었다. 이렇게 일본군은 개전 이래 처음으로 방어 태세로 전환하게 되었다.

제6절 과달카날섬 실패의 원인

과달카날섬의 일본군에서는 다수의 아사자가 발생했다. 이는 일본군이 능력의 한계를 넘어선 작전을 시도했기 때문이다. 따라서 작전 실패의 책임은 무모한 작전을 감행한 대본영이 부담해야 한다.

작전 실패의 첫 번째 원인은 남방제1단작전의 종료 이후, 대본영이 공세종말점攻勢終末點을 충분히 고려하지 않았던 점에 있다. 특히 태평양 방면에서 해군 통수부가 하와이나 호주를 공략한다는 등의 국력의 한계를 초월한 작전의 실시를 주장했던 것 역시 공세종말점에 대한 인식을 결여하고 있었기 때문이다. 남태평양 방면에서도 라바울에서 멈출 것인지 아니면 과달카날섬까지 나아갈 것인지를 사전에 확정할 필요가 있었다. 그런데 태평양 방면은 해군이 방위를 담당하고 있었으므로 방침을 확립하지 못하고 있던 사이, 해군육전대의 국지적인 전투에 말려든 육군은 대규모 병력을 과달카날섬에 투입할 수 밖에 없었다. 이후 육군과 해군은 심대한 희생을 치르고 나서야 후방의 수비를 강화할 필요성을 인식하게 되었다.

작전 실패의 두 번째 원인은 보급이 지속되지 못했던 점에 있다. 구축함으로 육군 병력을 급파하는 상황에서 병기의 휴행이 극도로 제한되었고, 이치키지대의 비행장 공격 실패는 이에 기인한 부분이 크다. 반면 일본군의 비행장을 점령한 미군은 이를 기반으로 제공권과 제해권을 획득하여 일본군의 보급·수송을 완전히 두절시켰다. 이러한 상황에서는 아무리 용감한 군대라도 대응할 방법이 있을 리 없다. 미군의 각 사단은 매일 수백 톤의 보급을 받은 반면, 일본군은 드물게 수십 톤 정도의 보급을 받는 것에 그쳤다. 장병들의 공복, 질병과 함께 탄약·병기·식량 등의 결핍은 전력을 급속히 저하시켰다. 이는 결국 일본의 국력 부족이 원인이었다. 환언하면 일본군에게는 과달카날섬에서의 전투 그 자체가 근본적으로 무리였던 것이다.

제7절 남태평양 방면의 전황

중부 솔로몬 중부 솔로몬群島 방면에서는 문다Munda의 비행장(뉴조지아섬의 서남단)과 콜롬방가라섬Kolombangara Island의 비행장이 미군의 폭격과 포격의 목표가 되었다.

과달카날섬에서 부겐빌섬으로 철수한 제38사단은 1943년 2월 말 무렵 라바울로 이동했다. 제8방면군의 직할 병단이 된 제38사단은 이후 라바울과 뉴아일랜드섬New Ireland Island의 수비를 담당하게 되었다.

한편 과달카날섬에서 전력의 대부분을 상실한 제2사단은 재편성을 위해 3월 6일 필리핀으로 이동하라는 명령을 받았다.

결국 제17군은 제6사단(사단장 : 칸다 마사타네神田正種 중장)을 기간으로 한 소규모의 군으로 전락하고 말았다.

미군은 6월 30일 렌도바섬Rendova Island과 나사우만Nassau Bay(뉴기니) 및 다른 두 곳의 섬에 동시에 상륙을 개시했다. 렌도바섬에 상륙한 약 2개 사단 규모의 미군은 항공기의 폭격과 함포사격의 지원을 받으며, 문다 비행장을 향해 공격을 개시했다. 문다 비행장을 수비하던 남동지대南東支隊는 선전했지만, 8월 4일에는 비행장이 함락되었다.

콜롬방가라섬을 지나친 미군은 8월 15일 벨라라벨라섬Vella Lavella Island에 상륙했다. 벨라라벨라섬의 점령으로 중부 솔로몬군도 방면의 전투는 막을 내렸고, 전장은 부겐빌섬으로 옮겨졌다.

동부 뉴기니 동부 뉴기니 방면에서는 11월 20일 무렵부터 부나 부근에서 전투가 시작되었다. 태평양전쟁 중 가장 고전했다는 아이첼버거Eichelberger 중장(전후戰後 일본 주둔 제8군 사령관)의 회고처럼 전투는 치열하게 전개되었다. 초기에 일본군은 견고한 진지에서 美濠군의 접근을 저지했다. 하지만 그 후 보급이 두절된 일본군은 병력이 증강된 美濠군에 축차적으로 포위되었고, 전황은 낙관할 수 없었다.

이에 아다치 제18군 사령관은 11월 26일 야마가타지대(지대장: 야마가타 츠유오山顯栗花生 소장, 3개 보병대대 기간)를 부나 부근으로 증파했다. 몇 차례에 걸쳐 부나 부근에 상륙한 야마가타지대는 축차적으로 전투에 참가했지만, 불리한 상태를 만회할 수는 없었다.

12월 말 무렵, 전황은 절망적으로 변했다. 제18군의 명령에 따라 야마가타지대는 1943년 1월 20일 무렵부터 라에, 살라마우아 방면으로 후퇴를 개시했다.

한편 1월 5일 제51사단의 일부가 라바울에서 라에로 이동했다. 이 부대는 상륙 후 와우Wau 부근의 연합군을 공격했으나 실패로 끝났다. 한편 라에로의 병력 증파가 필요하게 되자, 라바울의 제18군사령부와 제51사단의 주력이 라에로 이동을 개시했다. 하지만 3월 3일 댐피어 해협Dampier Strait에서 미군기 약 130기의 공격을 받아 수송선 전부가 격침당했다.

이에 앞서 해군은 1943년 1월 제20사단과 제41사단의 주력을 웨와크로, 5월 하순까지 두 사단의 잔여 병력과 군 직할부대를 한사Hansa 방면으로 각 수송했다.

4월이 되자 대본영은 뉴기니에서 작전 중인 제6비행사단의 병력을 증강했다. 여기에 호북濠北(당시 티모르섬 일대의 호칭) 방면에서 작전 중이던 제7비행사단과 일본 본토의 제1정진단挺進團(낙하산부대)을 전용轉用하여, 이들 항공 병력으로 동부 뉴기니의 베나베나Benabena 부근의 미군 항공기지의 탈취를 기도했다.

대본영은 7월 28일 제4항공군(사령관: 테라모토 쿠마이치寺本熊市 중장, 제6비행사단, 제7비행사단 기간)의 전투서열을 하령하고, 제8방면군으로 전속轉屬시켰다. 하지만 이 시점에서 미국의 항공 전력은 일본에 비해 크게 우세한 상황이었으므로, 베나베나 공략 작전은 중지할 수밖에 없었다.

한편 제18군은 라에, 살라마우아를 확보하는 것조차 곤란하게 되었다. 이에 8월 31일 대본영은 제18군에 라에, 살라마우아에서 철수하여, 마당에 부대를 집결시켜 전비를 강화하도록 명령했다. 한편 美濠군은 9월 11일 살라마우아, 9월 16일 라에를 각 점령했다.

제8장

독일 및 이탈리아와의 협동

이 장에서는 주로 육군과 관계된 獨伊와의 협동에 관한 사항을 일괄하여 기술한다. 육군 통수부가 獨伊와의 협동을 진지하게 고려했던 시점이 1942년부터 1943년 초순 무렵까지의 기간이었기 때문이다.

제1절 공동전쟁계획의 결여

이른바 「갖지 못한 나라持たざる國」인 日獨伊 3국은 공동의 전쟁계획을 수립하여 힘을 결집할 필요가 있었다. 하지만 그러한 계획은 존재하지 않았다.

1941년 11월 15일의 대본영정부연락회의에서 결정된 「對美英蘭蔣전쟁 종말 촉진에 관한 복안」에 의하면 '獨伊와 제휴하여 먼저 영국의 굴복을 도모한다'는 방침 아래, ① 일본은 영국 본국으로부터 호주와 인도의 이탈을 획책하며, ② 獨伊에 대해서는 수에즈 작전 등의 실시, 인도에 대한 시책, 영국 봉쇄의 강화 및 영국 본토로의 상륙을 기대하고, ③ 日獨伊 3국의 공동 목표로 인도양을 통한 제휴, 해상작전의 강화, 물자의 영국 유입 근절 등의 항목을 들고 있었다. 하지만 이는 獨

伊 측과의 논의를 거치지 않은 일본만의 구상으로, 일종의 작문作文에 불과했다.

제2절 불충분한 작전 협력

獨蘇 개전 직전인 6월 6일, 히틀러 총통은 오시마 히로시大島浩 駐獨 일본대사에게 소련에 대한 개전 결의를 알렸다. 하지만 일본의 참전을 희망하는 의사표시는 없었다. 그 후 7월 2일 駐日 독일대사를 통해 참전을 요청하는 의사를 전달해 왔다.

이즈음 日蘇중립조약의 성립을 기화로 일본 육군이 관동군의 일부를 중국 전장으로 전용하여 重慶 작전을 실시하려 했고, 이를 중지한 후 關特演을 통해 소련과의 전쟁의 호기를 노리고 있었던 것 등은 모두 앞에서 설명한 것과 같다.

그 후 일본은 무대를 남방으로 옮겨 태평양 전쟁을 개시했다. 이에 유럽에서 독일 v. 蘇英美, 태평양에서 일본 v. 美英中蘭이라는 구도가 형성되어, 양국의 힘은 완전히 분산되었다.

협동작전의 구상 개전 후 日獨伊 3국의 공동작전에 관한 대본영의 구상은 ① 잠수함 작전으로 美英에 대해 선박 건조량을 상회하는 손해를 가하고, ② 일본 육군과 독일 육군의 작전 지역을 확장하여 서로 연결한다는 두 가지였다.

1942년 1월 18일 조인된 日獨伊 군사협정은 동경東經 72°선(인도 봄베이의 서쪽을 통과)을 작전지경作戰地境으로 했는데, 이는 대체로 잠수함 작전의 담임 해역을 염두에 둔 것이었다.

인도 진격 코카서스와 이집트 양 방면에서 수에즈 운하를 향하여 분진합격分進合擊을 시도하는 내용의 1942년 독일군의 작전계획에 육군 통수부는 큰 기대를 걸었다. 그리고 독일군의 작전에 책응策應하기 위해 육군 통수부는 인도로의 진격 작전을 고려했다(니쥬이치고작전 二十一號作戰). 이는 인도에서 日獨 양군의 작전지역을 연결하여, 제휴 관계를 더욱 공고하게 한다는 구상에 기초한 것이었다.

독일군과의 작전 협력이라는 견지에서 육군 통수부가 지상 작전을 구상한 것은 이때가 처음이자 마지막이었다.

독소화평안 소련에 대한 독일의 승리라는 육군 통수부의 기대는 태평양 전쟁 개시 후에도 지속되었다. 하지만 얼마 지나지 않아 독일군의 진격은 지지부진한 상태에 빠졌고, 한편으로 미군의 일본에 대한 반격도 강렬해졌다. 이에 육군 통수부는 1943년 초순 무렵부터 일본이 중개하는 독일과 소련 간 화평의 실현을 은근히 기대하게 되었다.[1] 이는 美英 타도를 위해 日獨이 힘을 모아야 한다는 발상에 기초한 것이었다.

연락 비행의 실시 등 日獨 양군의 공동작전에 관한 주요한 움직임은 이상과 같았으나, 구체적인 성과는 전혀 없었다. 다만 광의廣義의 작전 협력으로 정보나 기술의 교환, 전략물자의 교류, 주재 무관의 전장 견학 등이 실시되었다. 한편 유럽과 아시아를 잇는 연락 비행의 계획이 비교적 구체적으로 진행되었다. 그런데 독일이 선정한 항로는 소련 상공을 통과하는 것이었으므로, 일본은 日蘇중립조약의 원칙에서 이를 반대했다. 그러나 결국 1943년 7월 초순, 첫 번째 비행기가 싱가포르를 이륙하여 크리미아반도로 향했다. 하지만 이는 도중에서 행방불명이 되었다.[2]

---

1 1943년 11월 하순 오시마 대사는 본국 정부의 훈령에 따라 처음으로 獨蘇 화평에 관한 독일 당국의 의향을 타진했다. 이에 대해 독일 당국은 전혀 고려하지 않고 있다고 회답했다.(原註)

2 이 비행기는 싱가포르를 이륙하고 몇 시간 후 연락이 두절되었다. 항공사고에 의한 추락인지 아니면 격추된 것인지는 여전히 불명확하다. 有末精三, 『有末精三回顧錄』(芙蓉書房出版、1974)、17頁。(譯註)

한편 이탈리아에 비밀을 알리는 경우, 美英 측에 누설될 위험성이 컸으므로, 日獨 양국은 모두 이탈리아에 대한 경계를 늦추지 않았다.

제3절 오카모토 사절단의 파견

경위와 임무 1943년에 접어들자 대본영은 駐獨 대사관의 오시마 대사와 육군 무관이 보고하는 독일에 관한 정보가 지나치게 편향적이라고 생각하게 되었다. 이에 정부와의 협의를 거쳐 오카모토 키요토미岡本清福 육군 소장(개전 당시 참모본부 제2부장)을 단장으로 하는 사절단(단원 : 코타니 에츠오甲谷悅雄 육군 대좌, 오노다 스테조小野田捨三 해군 대좌, 요사노 시게루與謝野秀 외무서기관)이 1943년 3월 1일 토쿄를 출발, 시베리아를 경유하여 독일에 파견되었다.[3]

사절단의 임무는 독일의 전쟁 수행 능력에 관한 검토 및 일본의 현재 상황의 전달의 두 가지로 한정되었고, 獨蘇 화평에 관한 부분은 출발 직전 사절단의 임무에서 삭제되었다.

보고의 요지 사절단은 8월 5일 타전한 전보에서 시찰의 결론을 보고했다. 이 보고에는 전반적으로 조건부條件附 기술記述이 적지 않았지만, 그 요점은 독일의 국력은 사절단이 일본에서 예상한 것보다 훨씬 취약한 상태로, 향후 당면한 한계(예컨대 인력 부족, 군수공업능력의 저하, 액체연료의 부족 등)를 극복하지 못하는 이상, 독일의 승리는 기대하기 어렵다는 것이었다.[4]

마침 그때 오룔Oryol 방면을 향한 독일군의 초여름 공세가 실패하여,

3　견독이연락사절단遣獨伊連絡使節團은 소련에서 중립국인 터키를 거쳐 베를린에 도착했다.(譯註)

4　육군 통수부가 독일이 전쟁에 승리할 가망이 없다는 판단에 이르게 된 것은 1944년 6월 프랑스에 美英의 제2전선이 구축되고, 뒤이어 벌어진 히틀러 암살미수사건(7·20사건)을 전후로 한 시점이었다.(原註)

소련군이 작전의 주도권을 확보했다. 이에 육군 통수부의 독일에 대한 인식은 비관적으로 변했다.

대본영은 1943년 10월 15일 제2부(정보) 소속의 제16과(獨伊)를 제5과(소련) 내의 반班으로 격하시켰다. 그리고 독일의 국력에 대해 제3자적 시각에서 객관적인 검토를 시작했다. 하지만 이는 너무 늦은 것으로, 마치 배가 난파된 후에야 황급히 등대에 불을 켜는 것과 같았다. 독일에 대한 과도한 믿음은 일본 육군이 범한 커다란 실수였다.

제9장

남부 태평양 전선의 후퇴

제1절 반격 판단의 재검토

1943년 9월 8일, 이탈리아가 항복했다. 이를 계기로 대본영은 일본을 향한 美英군의 반격 시기 등에 관한 재검토를 실시했다. 그 요지는 다음과 같다.

1) 병력 판단

	항공제1선기	지상사단	해상병력
북동 방면	약 300기	약 2~3개	數隻의 함선으로 구성된 부대
중부 태평양 방면	약 200기		항모 약 6척, 특설항모 약 10척, 전함 약 15척, 잠수함 약 80척,
남동 방면	약 1,300기	약 10개	기타 호주에 數隻의 함선으로 구성된 부대
남서 방면 (인도양 방면)	약 600기	약 10개	영국함대를 주축으로 항모 1척, 특설항모 2척, 전함 4척, 순양함 10척, 잠수함 약 15척
계	약 2,400기	약 23개	
비고	이탈리아의 항복으로 적어도 항모 4~5척, 특설항모 數隻, 전함 2~3척, 순양함 數十隻을 동아시아로 파견할 수 있을 것으로 판단		

2) 반격 기도에 관한 판단

美英군은 1943년 후반기부터 1944년에 걸쳐 라바울, 수마트라, 버마 방면에서 연계하여 공세를 취할 것으로 판단된다.

라바울 공략 후, 미군은 남양위임통치령南洋委任統治領[1]과 필리핀 방면으로 공세를 취할 것으로 보인다. 그 사이 치시마千島와 반다해Banda Sea(셀레베스섬 동쪽의 바다) 방면에서도 공세를 시도하여, 해상교통을 파괴하고 일본 본토를 향한 폭격을 강화할 가능성이 있다. 현재 미군의 항공모함 세력으로는 중부 태평양 방면에서의 대규모 반격은 어려울 것이지만, 1943년 연말 무렵 길버트諸島, 나우루섬Nauru Island 혹은 오토리시마大鳥島Wake Island, 미나미토리시마南鳥島Marcus Island로의 상륙을 시도할 가능성이 있다.

제2절 전쟁지도대강의 변경

1943년 9월 30일 열린 어전회의에서 「금후 채택할 전쟁지두의 대강今後探ルヘキ戦争指導ノ大綱」이 결정되었다. 기존의 방침과 비교할 때, 새로운 방침에는 다음과 같은 차이점이 있었다.

(1) 기존에는 '장기불패長期不敗의 정전政戰 태세 정비'를 목적으로 했지만, 앞으로는 올해와 다음 해 사이에 戰局의 대세를 결정하여 필승의 전략태세를 확립하는 것을 목적으로 한다.

(2) 기존에는 영국을 주적으로 삼았지만, 앞으로는 미국으로 변경하고 이를 격멸하기 위한 항공 세력의 신속한 정비를 우선으로 한다.

---

1 남양위임통치령은 제1차 세계대전의 승전국인 일본이 베르사이유 조약에 의해 위임통치를 시작한 기존의 독일령으로, 마리아나제도(미국령인 괌은 제외), 팔라우, 캐롤라인제도, 마셜제도가 포함되었다. 당시에는 이 지역을 내남양內南洋이라고 불렀다. 한편 외남양外南洋은 내남양 이외의 미크로네시아, 멜라네시아, 해역동남아시아Maritime Southeast Asia 등을 지칭한다. (譯註)

(3) 절대확보요역絶對確保要域을 처음으로 명확하게 결정하고, 여기에
　치시마, 오가사와라, 내남양內南洋(중부와 서부), 서부 뉴기니, 순다,
　버마를 포함시킨다.

(4) 동아시아 각국과의 결속을 보다 강화한다.

제3절 작전지도방침의 변경

작전지도방침 1943년 9월 15일 대본영은 다음과 같은 작전지도방침
을 결정했다.

(1) 중·남부 태평양 방면에서는 일본의 점령지로 공격해오는 미군
　을 격파하여, 가급적 지구持久에 노력한다. 한편 반다해 방면에서
　캐롤라인諸島 방면에 걸쳐 방비를 완성하여, 공격해오는 美濠군
　에 타격을 가한다.

(2) 남서 방면에서는 현재의 점령지를 반드시 확보한다. 이를 위해
　특히 버마, 안다만諸島Andaman Islands와 니코바르諸島Nicobar
　Islands(두 諸島는 말레이반도 서쪽에 위치), 수마트라 방면으로 공
　격해오는 美英군을 철저하게 격파한다.

(3) 중국 방면에서는 현재의 점령지를 확보하면서, 重慶 정부에 대
　한 압박을 강화하여 그 전의戰意를 분쇄한다. 북방에서는 소련과의
　분쟁을 피한다(기타 생략).

중요한 개정 새로운 작전지도방침의 가장 큰 변화는 그동안 많은 희
생을 치르며 확보해온 동부 뉴기니, 북부 솔로몬群島, 마셜群島를 잇
는 지역을 포기하고, 반다해 방면에서 캐롤라인諸島를 잇는 선을 절
대확보요역으로 새롭게 설정한 것이다.

새로운 작전지도방침에 따라 대본영은 9월 30일 테라우치 남방군
총사령관에게 濠北 방면에서 반격 작전의 준비를, 이마무라 제8방면

군 사령관에게는 공격해오는 美濠군을 상대로 지구 태세의 유지를 각 명령했다. 각 방면의 작전 준비는 1944년 봄 무렵까지 개략적인 부분을 결정한 후, 1944년 안에 완성하도록 지시했다.

이렇게 남태평양 방면의 당면한 중요과제는 ① 북부 솔로몬群島와 뉴기니 방면의 지구작전, ② 절대확보요역의 방비 강화, ③ 濠北 방면의 반격 작전 준비의 3개로 압축되었다.

제4절 북부 솔로몬군도와 뉴기니 방면

미군의 상륙 북부 솔로몬群島 방면의 미군은 1943년 10월 27일 모노섬Mono Island(쇼틀랜드섬Shortlands Island의 서남쪽)에, 11월 1일 부겐빌섬 토로키나Torokina 부근에 각 상륙했다. 병력의 규모는 명확하지 않았지만, 양방면을 합하여 1개 사단 전후로 판단되었다.

당시 부겐빌섬의 병력은 제17군[제6사단, 제4남방수비대南方守備隊 (3개 대대) 기간]과 해군 부대를 합하여 약 3만 5,000명 정도였다.

미군의 해상 수송을 차단하기 위해 일본군은 6회에 걸친 공중전을 전개했지만, 결국 실패로 끝났다. 이후 11월 8일과 11일에는 추가로 합계 1개 사단 이상의 상륙을 허용하고 말았다.

역상륙 전법 한편 제17군은 역상륙逆上陸이라는 새로운 전법을 시도했다. 미군이 구축한 교두보를 정면에서 공격하여 격파하는 것은 불가능했으므로, 야음夜陰을 틈타 미군의 상륙지점에 역으로 상륙하여 배후에서 공격한다는 것이었다. 하지만 이 새로운 시도는 실패로 끝났다.

토로키나 부근에 교두보를 확보한 미군은 제17군을 추격하지 않았다. 그리고 항공기지를 조성한 후 라바울을 폭격하기 시작했다.

그 후 제17군은 1944년 3월 8일부터 토로키나 부근의 미군 진지를 공격했다. 하지만 3월 중순 무렵 공격은 벽에 부딪혔고, 3월 하순에는 이를 단념하게 되었다. 이후 제17군은 사경자활自耕自活하며 반격의 기회를 모색하던 중, 종전을 맞이했다. 종전 시의 병력은 약 3만 명이었다.

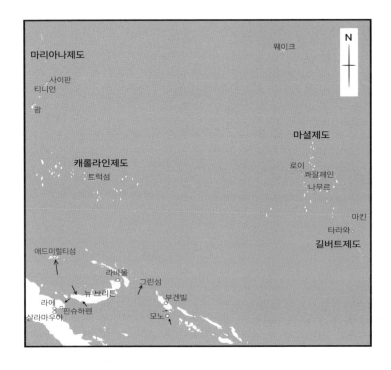

뉴기니 방면 앞에서 설명한 것처럼 뉴기니 방면에서는 1943년 9월 중순 무렵 美濠군이 라에, 살라마우아를 각 점령했다.

개구리뜀 전법 9월 22일 핀슈하펜Finschfafen(댐피어해협 서쪽)에 상륙한 美濠군은 10월 2일 이를 점령했다. 10월 중순과 11월 하순에 실시된 제20사단의 반격은 실패로 끝났다.

이즈음 美濠군은 섬을 하나하나 공격하여 점령하는 것이 아니라, 개구리가 뛰는 것처럼 해상기동을 통해 일본군의 방비가 취약한 지점만을 노려 상륙하는 전법을 취했다.

핀슈하펜에 이어 1944년 1월 2일 미군은 사이돌Saidor에 상륙했다.

제18군 사령부 및 제20, 제51사단은 휴온반도Huon Peninsula에 주둔했고, 이들 병단의 보급기지는 마당에 있었다. 그런데 사이돌은 이 두 지점의 중간에 해당한다. 이 때문에 약 1만 4,000명의 일본군은 마당으로 후퇴할 수밖에 없었다.

험난한 살라와켓Salawaket 고개를 넘는 과정에서 다수의 아사자가 발생했다. 후퇴는 비참함 그 자체였다.

뉴브리튼섬 라바울이 있는 뉴브리튼섬의 전황도 긴박감이 흘렀다. 1943년 11월 5일부터 라바울을 향해 폭격을 개시한 미군은 주로 일본군의 함선을 노렸다.

미군은 12월 15일 뉴브리튼섬 서부의 메르쿠스곶Cape Merkus에 상륙했다. 일본군은 여기서도 역상륙 전법을 시도했지만, 미군에 약간의 손해를 입히는 것에 그쳤다. 메르쿠스곶 부근에서 격전이 진행되던 도중, 뉴브리튼섬 서부 툴루부Tuluvu(=Cape Gloucester) 부근에도 미군 부대가 상륙했다. 툴루부 수비대는 분전했지만, 상륙한 미군을 격파할 수는 없었다.

1944년 2월 15일 새로운 미군이 라바울 동남 120해리에 있는 그린섬Green Island에 상륙했다. 마침 미군 기동함대가 트럭섬Chuuk Islands을 공습하고 있었으므로, 해군의 기지항공대는 라바울을 떠나 후방으로 이동했다.

이어 2월 29일 미군은 애드미럴티섬Admiralty Island에 상륙하여 점령했다. 이를 통해 미군의 B-29가 트럭섬을 폭격할 수 있게 되었다.

제5절 중부 태평양의 작전

방비의 강화 대본영은 1943년 4월 무렵부터 중부 태평양 방면의 방비를 강화하기 시작했다. 4월 12일 길버트諸島와 미나미토리시마,

이어 6월 12일 오토리시마에 각 육군 수비대를 파견하여 해군 지휘관의 지휘를 받게 했다.

해군이 수비를 담당한 태평양 해역의 島嶼 방비에는 미흡함이 역력했다. 육군은 과거 여러 차례에 걸쳐 해군 측의 주의를 환기했지만, 이 시점에 이르러서야 이러한 조치가 시행되었다.

앞에서 설명한 것처럼 1943년 9월에 캐롤라인諸島가 절대확보요역에 포함되었다. 이에 대본영은 10월 20일 본토에 있던 제52사단을 트럭섬으로 파견하여, 연합함대 사령장관의 지휘를 받게 했다.

미군의 상륙 이 무렵 중부 태평양 방면에서 반격을 개시한 미군은 길버트諸島를 첫 번째 목표로 선정했다. 1943년 11월 21일 타라와Tarawa에 해병대 1개 사단, 마킨Makin에 육군 1개 사단이 각 상륙했다. 두 섬의 수비대는 완강히 저항했고, 특히 타라와에서는 해병사단에 상당한 손해를 입혔다. 하지만 미군의 연속적이고 강렬한 포격과 폭격으로 인해 손해가 격증했고, 결국 11월 25일 전멸했다.

콰잘레인 미군의 두 번째 반격목표는 마셜제도의 콰잘레인Kwajalein이었다. 이틀간에 걸친 엄청난 포격과 폭격 후, 1944년 2월 1일 미군은 상륙을 개시했다. 미군의 상륙 병력은 약 2개 사단이었다. 과병寡兵의 콰잘레인 수비대는 선전善戰했지만, 미군의 막대한 철량鐵量에는 별다른 대응 방법이 없었다. 2월 6일 수비대는 전멸했다.

병력의 남방 전용 1944년 2월 10일 대본영은 남만주 요양遼陽에 주둔하는 제29사단에 사이판섬으로의 이동을 명령했다. 이는 在滿 병력을 남방으로 전용하는 신호탄이었다. 이와 동시에 제14사단에도 이동 명령이 내려졌다.

이때까지 在滿 사단의 목적은 전력을 과시하여 극동 소련군의 유럽 전선 파견을 억제하는 것이었다. 하지만 미군의 반격이 시작된 중부 태평양 방면의 해군 전력이 극히 빈약한 상황에서, 在滿 사단의 추출·전용은 더 이상 피할 수 없는 일이었다.

트럭섬 공격 1944년 2월 17, 18일 이틀에 걸쳐 강력한 미군 기동부대는 연합함대의 본거지인 트럭섬을 공격했다. 처음에는 항공모함에 탑재된 함재기艦載機가 공습해 왔다. 하지만 일본 해군의 기지항공대가 이륙할 수 없게 되자, 미군의 전함이 섬에 접근한 후 함포 사격으로 큰 손해를 입혔다. 2월 23일에는 또 다른 기동부대의 함재기가 사이판섬과 티니안섬을 공습하여, 역시 일본군에 큰 손해를 입혔다.

미군 기동부대의 트럭섬 공습에 대해 육군 통수부는 크게 당황했다. 미드웨이섬에서 미군이 島嶼기지가 난공불락이라는 점을 증명했던 것처럼, 이번에는 일본 해군이 트럭섬에서 완강히 저항할 것으로 기대했기 때문이다.

예상과 달리 트럭섬은 공습은 물론 함포 사격까지 당하게 되었다. 이는 일본과 미국의 해군에 현격한 실력 차이가 존재한다는 증거였다. 따라서 항공 전력의 증강 이외에 戰局의 호전을 기대할 방법이 없다는 것은 모두에게 명약관화했다.

제31군의 신설 트럭섬이 공습을 받고 있던 1944년 2월 18일, 대본영은 제31군(사령관: 오바타 히데요시小畑英良 중장, 제29, 제52사단 기간)의 전투서열을 하령했다. 연합함대 사령장관의 작전지휘를 받는 제31군은 중·서부 캐롤라인, 마리아나, 오가사와라 방면의 육상 작전을 담당하게 되었다. 1943년 9월 15일 캐롤라인諸島가 절대확보요역으로 결정된 후, 거의 5개월이 지나서야 겨우 그 실행에 착수한 것이다.

이처럼 방비 조치가 지연된 것은 ① 해군 측이 육상 전투에 별다른 관심이 없었을 뿐 아니라, ② 태평양 방면은 해군이 수비를 담당하는 구역이라는 나와바리縄張り 의식 등에 기인한 것이었다.

제6절 호북 방면의 정황

병력의 전용 대본영은 1942년 12월 무렵부터 濠北 방면의 병력을 증강했다. 그런데 濠北 방면의 방비 강화와 중부 태평양 방면의 작전 준비는 밀접한 관련을 맺게 되었다. 따라서 양 방면의 방비를 종합적으로 담당할 강력한 통수 조직이 필요하게 되었다.

이에 대본영은 1943년 10월 22일 만주에 있던 제2방면군 사령부(사령관: 아나미 코레치카 대장)와 제2군 사령부(사령관: 테시마 후사타로豊嶋房太郎 중장)에 濠北으로의 이동을 명령했다.

제2방면군(사령부 : 다바오Davao → 마나도Manado)은 제2군(제3, 제36사단 기간, 후에 제3사단을 대신하여 제35사단이 편입)과 제19군(사령관: 키타노 겐조北野憲造 중장, 제5, 제46, 제48사단 기간)을 기간으로 했다. 제2방면군의 임무는 해군과 협동하여 조속히 반격 작전을 준비하고, 공격해오는 美濠군을 격파하여 濠北 방면의 요역을 확보하는 것이었다. 여기서 제2방면군이 확보할 제1선은 서부 뉴기니의 요역과 아루Aru, 타님바르Tanimbar, 티모르, 소순다의 각 요지였다.

앞에서 설명한 것처럼 대본영은 1944년 2월 10일 만주의 제14사단을 濠北 방면으로 파견하여, 제2군의 전투서열에 편입시켰다. 그런데 중부 태평양 방면의 상황이 긴박하게 되자 3월 20일 급히 제14사단을 파라오섬으로 파견하여, 제31군의 전투서열로 편입시켰다. 제14사단의 일부는 후에 펠렐리우섬Peleliu Island에서 선전하게 된다.

제10장

통수와 국무의 조정

제1절 토죠 대장의 참모총장 친보

과감한 인사 토죠 히데키 대장은 1944년 2월 21일 참모총장에 친보親補[1]되었다. 이에 대해 육군성 당국은 육군대신이 참모총장을 겸임하는 것이 아니라, 육군 대장 토죠 히데키의 인격人格[2]으로써 참모총장에

---

1   친보親補란 천황이 특정한 관직에 親히 補任한다는 의미이다. 육군과 해군의 관제官制에서 관아官衙·부대部隊의 長으로 '親補한다'고 규정된 직을 친보직親補職이라고 했다. 육군의 경우 군사참의관, 육군대신, 참모총장, 교육총감, 항공총감, 군사령관, 사단장, 시종무관장 등이 이에 해당되었다. 秦郁彦(編)、『日本陸海軍総合事典』(東京大学出版会、2005)、744頁。(譯註)

2   '군부대신 현역무관제'에 따라 육군대신의 보임 자격은 현역 육군 대·중장으로 한정되지만, 국무대신의 일원인 육군대신은 문관文官의 신분을 지니는 것으로 보았다. 따라서 문관인 육군대신이 무관武官인 참모총장을 겸임하는 것은 통수권의 독립을 침해한다는 결론에 이른다. 반대로 참모총장이 육군대신을 겸임하는 것은 군인의 정치 관여가 된다. 이에 대한 대응 논리는 본문에도 등장하는 것처럼 문관인 육군대신이 무관인 참모총장을 겸임하는 것이 아니라, 육군대신과는 별개인 육군 대장의 인격人格으로 참모총장에 취임하여, 양자가 이위일체二位一體가 된다는 것이었다. (譯註)

취임하는 것이라고 설명했다.[3] 이와 동시에 참모차장 2인제가 실시되어, 고급참모차장高級參謀次長에 우시로쿠 준後宮淳 대장이 임명되었다. 이는 1890년 3월 참모본부가 독립한 이래 초유의 일이었다.

토죠 육상이 이처럼 전례가 없는 일을 상주하여 재가裁可를 받아 실행에 옮기게 된 것은, 통수부의 과도한 작전상 요구로 인해 정략이 전략에 끌려가는 것은 물론, 국력의 운용·유지가 어렵게 된 것에 있었다. 한편 직접적인 동기는 미 기동부대의 트럭섬 공격을 접하며, 항공전력을 긴급히 증강할 필요성을 통감했기 때문이다. 이러한 조치를 통해 통수와 국무의 긴밀화를 도모하여, 항공기를 획기적으로 증산하는 것이 목표였다.

인사에 대한 비판 육군 부내에는 이러한 인사가 ① 통수권의 독립을 문란紊亂하게 할 우려가 있고, ② 토죠 수상이 모든 권한을 행사하여 막부幕府의 쇼군將軍과 같은 존재가 되며, ③ 수상 겸 육상의 직무로 다망多忙한 상황에서 참모총장에까지 취임하는 것은 통수의 사무화事務化를 초래하는 문제가 있다는 등의 비판이 있었다. 반면 대본영 내부의 사무 처리가 매우 신속해졌다는 점에서 지지하는 목소리도 적지 않았다.

참모차장 2인제 2명의 참모차장을 두는 이 제도는 참모총장에 대한 보좌의 임무를 중시하여, 통수의 강화를 도모하는 것을 목적으로 했다. 하지만 이를 실현할 능력을 구비한 인재를 찾는 것은 어려운 일이

---

3 토죠는 육군대신과 참모총장의 지위의 분별을 위해 노력했다. 예를 들어 육군대신 집무실에서 부하로부터 보고를 받던 중 그 내용이 군령에 관한 사항일 경우, "잠깐 기다려라. 그것은 참모총장의 직무이니, 참모총장실로 가자"고 하며 같은 건물의 위층에 있는 참모총장 집무실로 올라가 참모식서參謀飾緒를 붙인 후 "그럼 보고해라"고 했다고 한다. 반대로 군정에 관한 사항은 "그건 육군대신 쪽이다"라고 하며, 참모식서를 떼어내고 아래층의 육군대신 집무실로 내려가 보고를 받았다고 한다. 半藤一利/保阪正康, 『総点検·日本海軍と昭和史』(毎日新聞社、2014)、324頁。(譯註)

었다. 실제로 부내에서는 우시로쿠 대장의 참모차장 임명은 적재적소로 보기 어렵다는 평가가 압도적으로 강했다. 우시로쿠 대장과 토죠 대장은 육사의 동기생으로, 우정에 기초한 정실情實인사라는 시각도 있었던 점에서 결코 바람직한 것은 아니었다.

우시로쿠 참모차장은 육군 전반의 작전지도보다 島嶼에서의 전술적 승리를 위한 미군 전차의 격파 방법에 더 많은 관심을 기울였다. 그리고 정교한 대전차병기를 제조할 국력과 시간적 여유가 없으므로, 폭탄을 품고 전차로 뛰어드는 전법을 채택할 수밖에 없다고 강조했다. 그 결과 육탄전법이 주축이 된 대전차전법이 제정되었다.

제2절 항공기의 증산

전투기 중점주의 1943년 후반기 육군성 당국은 1945년 말까지 비행중대 500개를 정비하는 내용의 계획을 수립했다. 이 무렵부터 육군항공에서는 전투기의 증산을 강하게 요망하기 시작했다. 이는 전투기와 폭격기를 조합한 항공 전력의 투사라는 기존의 관점에서, 전투기를 주축으로 하여 제공권의 장악을 우선한다는 발상으로 전환한 결과였다.

1944년 3월 28일 우시로쿠 참모차장이 항공총감航空總監[4]을 겸무하게 되었다. 우시로쿠 항공총감과 토죠 참모총장은 나카지마 비행기 제

---

4 항공총감은 육군 항공병의 교육에 관한 사항을 관장하는 항공총감부航空總監部의 장長이다. 친보직인 항공총감은 예하의 학교를 관할했는데, 군정·인사에는 육군대신, 작전·동원에는 참모총장, 교육(전문교육 제외)에는 교육총감의 각 구처區處를 받았다. 이처럼 항공총감의 권한에는 상당한 제한이 존재했으므로, 육군의 3장관長官인 육군대신, 참모총장, 항공총감과 병립되는 지위에 이르지는 못했다. 한편 본토 결전에 대비하여 비행학교들이 부대로 개편되었고, 항공총감부도 1945년 4월 18일 폐지되었다. 그리고 항공총감부의 조직을 토대로 작전군인 항공총군航空總軍이 신설되었다. 秦郁彦(編)、『日本陸海軍総合事典』(東京大学出版会、2005)、732~733頁。(譯註)

작소^{中島飛行機製作所}가 설계에 착수한 「후가쿠^{富嶽}」의 생산에 큰 관심을 보였다. 후가쿠는 태평양을 횡단하여, 미국 본토를 폭격하기 위한 장거리 폭격기였다. 그런데 이는 ① 완성까지 적어도 5~6년이 필요한 점, ② 거대한 기체[5]가 다량의 자재를 필요로 하는 점, ③ 전투기 중점주의의 실현을 저해할 수 있는 점 등으로 일본의 현상에는 맞지 않다는 군수성 당국의 반대에 봉착했다. 결국 계획은 중지되었다.

군수성의 신설 정부는 비행기 증산을 위해 1943년 11월 1일 군수성^{軍需省}을 신설했다. 그런데 군수성은 생산만을 담당했고, 항공 기술의 연구는 제외되었다.

육군과 해군은 동일한 발동기^{發動機}(=엔진)를 사용하여 생산성을 증대시킬 수 있음에도 불구하고, 소수의 서로 다른 부품을 사용하는 등으로 대량생산을 저해한 경우가 적지 않았다. 따라서 군수성이 육군과 해군의 항공 기술에 관한 업무까지 총괄하지 않는 이상, 대량생산 시스템의 철저한 확립은 기대하기 어려웠다. 하지만 육군과 해군 모두 이를 단행할 열의를 보이지 않았다.

한편으로 군수성은 육군과 해군이 대립하는 새로운 무대가 되었다는 인상조차 있었다.[6]

---

5   후가쿠의 계획상 제원을 B-29와 비교하면 다음과 같다. 전장全長: 45m(B-29: 30.18m), 전폭全幅: 65m(B-29: 43.04m), 폭탄 탑재량: 20t(B-29: 9t), 항속거리: 19,400km(B-29: 7,271km), 6발엔진(B-29: 4발엔진). (譯註)

6   군수성은 總動員局, 航空兵器總局, 器械局, 鐵鋼局, 輕金屬局, 非鐵金屬局, 化學局, 燃料局, 電力局으로 구성되었다. 한편 비행기 생산을 총괄하는 航空兵器總局에는 총무국, 제1국, 제2국, 제3국이 있었고, 그 간부진은 航空兵器總局長官: 엔도 사부로 육군 중장, 총무국장: 오니시 타키지로 해군 중장, 제1국장: 하라다 사다노리 육군 소장, 제2국장: 타다 리키조 해군 기관機關중장, 제3국장: 쿠보타 요시오 해군 기관소장, 제4국장: 오타 테루 육군 경리經理소장이었다. 이처럼 조직의 인적 구성에서부터 육해대등陸海對等이 철저하게 준수되었으므로, 양자의 이해관계를 조정하는 것은 처음부터 지난至難했다. (譯註)

증산대책 비행기의 대량생산을 저해한 요인에는 숙련공과 알루미늄의 부족 등도 있었다. 정부는 이러한 문제점을 해결하기 위해 필사적으로 노력했지만, 실효성 있는 대책을 찾기는 어려웠다. 1944년 4월 1일부터 7월 말 무렵까지 주요 항공기 생산 공장에 시종무관侍從武官이 파견되었다. 한편 4월 10일에는 육군항공기술연구소에 천황이 행차했다. 이어 8월 14일에는 천황이 후지하라 긴지로藤原銀次郎 군수대신에게 항공 병기 증산에 관한 '말씀お言葉'을 내리기도 했다. 하지만 이는 모두 지엽적인 대책에 불과했다.

비행기의 생산량 비행기의 생산량(육군기와 해군기의 합산)은 1944년에 접어들어 1월: 1,815기, 2월: 2,060기, 3월: 2,711기, 4월: 2,296기, 5월: 2,314기, 6월: 2,857기로 증산 일로를 걸었다. 특히 6월의 생산량은 태평양전쟁 기간 중 월산月産 최고기록이었다.

하지만 이러한 1944년 전반기의 생산량은 육군과 해군의 요구에 크게 미달하는 것이었다. 1944년도의 요구량은 육군: 3만 2,000기, 해군: 2만 6,000기였다. 하지만 합계 5만 8,000기의 생산은 처음부터 가망이 없었으므로, 군수성 당국은 일단 5만기를 1944년도의 노력 목표로 삼으려 했다.

생산기의 배분 문제 그러자 이번에는 5만기의 배분을 두고 육군과 해군이 격렬하게 대립했다. 육군과 해군은 모두 위의 요구 수치를 주장하며 양보하지 않았고, 사무 당국 간의 교섭으로는 문제 해결의 실마리가 보이지 않았다. 이에 천황으로부터 호양互讓의 정신에 기초하여 원만히 해결하라는 말씀이 있었다.

육군과 해군의 대신·총장은 2월 10일 아침부터 모여 양보를 통한 마지막 접근을 시도했다. 그리고 오후 늦게 겨우 육군: 2만 7,120기, 해군: 2만 5,130기로 정리되어, 군수성은 그 합계인 5만 2,250기를

1944년도의 노력 목표로 삼게 되었다.[7]

제3절 선박 문제

문제의 중대성 선박의 손해는 급격히 증가했다. 육군·해군·민간의 선박 상실 총량은 1942년 : 약 80만 톤에서 1943년 : 약 160만 톤으로 격증했다. 이를 신조 선박량과 차감하여 계산하면 1942년도 : 약 46만 톤 순감소, 1943년도 : 약 49만 톤 순감소였다(개전 전 상실량 예상은 제1년도 : 약 80만 톤, 제2년도 : 약 60만 톤).

1944년에 들어서도 선박의 상실은 1월 : 약 29만 톤, 2월 : 약 38만 톤, 3월 : 약 34만 톤으로 증가 추세를 보였다. 결국 선박의 호위가 중요한 문제가 되었다.

선박의 호위 수송선박의 호위는 육군과 해군이 체결한 협정에 따라 해군이 담당했다. 하지만 해상 작전에 여념이 없던 해군은 선박 호위에까지 신경을 쓰지 못했다.

육군의 선박 관계자들은 승리를 위해 가장 중요한 요소가 선박 수송의 확보라고 확신했고, 제1차 세계대전 당시의 영국 해군과 같이 연합함대 주력이 선박 호위에 나서야 한다고 강조했다. 그리고 해상 작전을 위해서는 불침항모不沈航母인 島嶼기지와 항공모함에서 이륙하는 항공기가 적의 선박을 격침시키고, 그 사이 선박 수송의 확보를 통한 항공기의 증산으로 항공 병력의 증가를 도모해야 한다고 주장했다.

1943년 11월 1일 해군은 해상호위총사령부海上護衛總司令部를 신설했

---

7 항공기를 생산하려면 해외에서 선박으로 자재를 수송해야 한다. 그런데 선박의 침몰로 자재가 부족하게 되었고, 비행기의 증산은 어려워졌다. 비행기가 부족하면 선박의 호위가 곤란하고, 선박의 침몰은 가속화되었다. 결국 비행기의 생산은 더욱 감소했다. 그야말로 선박 침몰과 비행기 생산의 악순환 관계였다. 여기에도 육군과 해군의 대립을 더욱 격렬하게 하는 요소가 있었다. (原註)

다. 하지만 선박 상실량은 전혀 감소하지 않았다. 결국 육군은 전시급조선戰時急造船의 건조, 수송용 잠수함 및 호위용 특수선(상선 등을 개조한 특설항모의 일종)의 건조, 대잠수함용 레이더의 생산, 수송선의 대잠수함용 화포 탑재 등 독자적인 손모損耗 대책을 세우기에 이르렀다.

선박손모대책연구회 1944년에 들어서자 선박의 손실에 대한 대책은 더욱 중요한 문제가 되었고, 육군과 해군은 공동연구를 계속했다. 그리고 3월 17일에는 천황의 어전에서 육군과 해군의 합동으로 선박손모대책연구회가 열렸다[육군의 출석자: 참모총장·참모차장·제1부장(작전)·제3부장(운수·통신)·제2과장(작전)·제10과장(철도·선박), 차관·군무국장·군사과장. 해군도 이에 상당한 직위자들이 참석]. 이러한 연구회는 전례가 없는 것으로, 선박 문제의 중대성을 여실히 나타내는 것이었다.

연구회는 2시간 30분간 계속되었다. 그 결과 육군은 선박부대의 증강(대발동정大發動艇을 사용하는 선박공병船舶工兵), 선박의 능률적 운용(예컨대 군수품의 용적 축소, 하역 소요 시간의 단축, 군수품에 대한 관리자 배치 등), 대잠對潛 경계 조치(주로 비행기를 사용), 해상기지의 방공 강화 등의 조치를 실시하게 되었다.

레이더의낙후 이에 앞서 1943년 6월 육군은 타마육군기술연구소多摩陸軍技術研究所를 신설했다. 이는 그동안 육군 부내에서 지상용과 항공용을 구분하여 별도로 연구를 진행하던 레이더[8] 연구조직을 통합한 것이었다. 한편 레이더의 조속한 실용화를 위해서는 육군과 해군의 연구기관을 통합할 필요가 있었지만, 여기서도 육군과 해군의 심각한 대립이 이를 저해했다. 실제로 육군은 수송선에 탑재할 대잠 레이더

---

8   原文에는 전파병기電波兵器로 표기되어 있다.(譯註)

를 독자적으로 연구·제작하고 있었다.

당시 육군이 사용 또는 연구하고 있었던 레이더의 성능은 다음과
같다.

항공용	시험제작착수	항공기 탑재용	ⓐ: 1.5m, ⓑ: 2kW, ⓒ: 100km(목표)/10~15km(시제기)
지상용	실용화	고정용	ⓐ: 8m, ⓑ: 50kW, ⓒ: 150~200km
		이동용 (자동차 탑재, 생산에 착수)	ⓐ: 3m, ⓑ: 30kW, ⓒ: 100km
대잠수함용	시험제작중	선박 탑재용	ⓐ: 10~30㎝, ⓑ: 10kW, ⓒ: 2km(목표)/400~500m(실제)

ⓐ: 파장波長, ⓑ: 출력, ⓒ: 탐지거리

육군의 작전 관계자 중에는 대잠 레이더의 성능 불량이 선박 손해
로 이어졌고, 이로 인한 보급의 실패가 패전의 한 원인이라고 생각하
는 사람들이 적지 않다.

대륙철도의 수송력 향상 해상 수송력의 저하를 보완하기 위해 육군은
대륙철도의 능력 향상에 힘을 쏟았다. 그리고 1944년 2월 10일 철도
부대의 대규모 개편과 증강을 실시했다. 이를 통해 관동군 야전철도
대野戰鐵道隊, 지나파견군 제1야전철도대(華北), 同 제2야전철도대(華
中), 남방군 야전철도대의 4개로 조직이 정리되었다.

제4절 작전 연락의 긴밀화

토죠 수상의 태도 토죠 육상은 육군 부내를 향해서는 언제나 준엄峻嚴
한 자세로 일관했지만, 수상의 입장에서 해군에는 매우 조심스러운
태도를 보였다. 이는 전쟁의 원활한 수행에는 육군과 해군의 협조가
필수적이라는 그의 신념에 기초한 것으로, 해군의 의향을 존중하고
세세한 부분까지 신경을 기울였다.

정례적 작전 연락 미 기동함대의 트럭섬 공습 등을 통해 토죠 육상은 해군의 태평양 방면 지상 방비의 취약성을 깨달았다. 그리고 그 주된 원인이 육군과 해군의 통수부 상호 간 이해 부족에 있다고 보았다. 이에 토죠와 시마다가 참모총장과 군령부총장에 취임하자, 토죠는 육군과 해군의 작전 협조를 보다 긴밀하게 하기 위한 조치를 시행했다. 즉 육군과 해군의 대신, 총장·차장·작전부장 이하 작전 관계자들이 정례적으로 궁내성宮內省에 모여 작전 연락을 실시하기로 한 것이다.

작전에 관한 업무 연락에 불편한 궁내성을 이용한 것은, 군에 대한 천황 친솔親率의 모습을 보이기 위한 것이라는 관찰도 있다. 하지만 그 주된 의도는 육군과 해군의 감정적 대립을 조금이라도 완화하기 위한 것이었다. 사실 육군에는 충분한 사무공간의 여유가 있었지만, 육군의 건물에서 개최되는 작전 연락에 해군이 감정적으로 동의하지 않을 것으로 생각했기 때문이다.

이러한 조치는 육군과 해군의 통수부 간의 신속한 사무적 연락과 원활한 의사소통에 크게 도움이 되었다. 결과적으로 작전·용병에 관련된 사항에 대해 보다 신속한 합의를 도출할 수 있게 되었다. 그리고 이후의 수뇌부 교체에도 불구하고, 이러한 작전 연락만은 종전 시까지 계속되었다.

제11장

중국 방면의 작전 (Ⅱ)

이 장에서는 1943년 1월부터 1945년 1월까지 중국 방면의 주요 작전을 설명한다.

중국 방면의 전략 일본군이 버마를 점령하자, 중국과 외부를 연결하는 통로는 인도의 아삼^Assam^ 지방에서 히말라야산맥을 넘어 운남雲南으로 이어지는 항공수송로만이 남았다. 이렇게 고립무원의 상황에 빠진 중국은 극심한 물자 부족에 시달리게 되었다.

한편 美英군의 기본전략은 먼저 독일을 격파하고, 이후에 태평양을 횡단하여 일본으로 향하는 것을 골자로 했다. 그런데 이 무렵부터는 중국으로의 원조에도 힘을 쏟기 시작했다. 즉 1943년 1월에 개최된 카사블랑카 회담 이후부터, 援蔣루트의 재개를 위한 버마 탈환을 준비하기 시작했고, 이와 동시에 히말라야를 넘는 항공 수송도 크게 증가했다.

1943년에 접어들자 중국 전장의 일본군의 작전 목표에는 중국군뿐만 아니라, 중국에서 활동하는 미 육군 항공대가 포함되었고, 점차 후자의 비중이 증가하게 되었다. 이것이 이 시기 중국 작전의 특징이었다.

제1절 뇌주반도의 작전

불인에 대한 조치 중국 정부와 프랑스 정부의 국교 관계가 악화되자, 1943년 초순 무렵부터 佛印을 향한 중국 공군의 공습이 격화되었다. 이는 중국군의 佛印진입을 위한 사전 행동으로 볼 여지가 있었다. 이에 육군 통수부는 1943년 1월 15일 佛印에 대한 조치에 수반된 작전의 준비를 결정했다.

그 요지는 ① 佛印 주둔 일본군에 대한 남방군의 증원 준비, ② 日佛 공동방위의 강화, ③ 광주만廣州灣 방면으로의 진주 준비, ④ 지나파견 군 예하 3개 보병대대의 해남도 대기 등이었다.

광주만 진주 대본영은 1943년 1월 30일 지나파견군에 해군과 협동하여 뇌주반도雷州半島의 요지를 공략·점거함과 동시에, 광주만의 프랑스 조차지로 진주하도록 명령했다.

지나파견군은 혼성제23여단에 이 작전을 수행하도록 했다. 혼성제 23여단은 2월 16일 뇌주반도의 동해안에 기습 상륙하였고, 이어 2월 21일 해군과 협력하여 평온한 상태에서 광주만의 프랑스 조차지에 진주했다.

제2절 새로운 임무

방침 달성의 수단 대본영은 1943년 2월 27일 지나파견군에 새로운 임무를 부여했다. 중일전쟁의 신속한 해결이라는 기존 방침에는 큰 변화가 없었지만, 이를 달성하기 위한 수단으로 ① 중국군의 계전의지繼戰意志 파쇄, ② 중국에 주둔하는 미 육군 항공대의 일본 본토 공습 방지라는 두 가지가 지나파견군의 임무가 되었다.

부분적 개정 다음과 같은 부분적 사항도 개정되었다. ① 지나파견군의 점거지역에 금화(대본영은 1942년 7월 28일 지나파견군에 금화의 확보를 명령)와 뇌주반도를 추가, ② 지나파견군의 임무에서 「치안治安」을 삭제하여 작전 준비에 전념한다는 취지를 명시, ③ 분산 배치된 주둔 병력을 축차적으로 집결시켜 군의 기동력을 확보, ④ 주요 자원지역·도시·교통선 주변의 안정을 도모, ⑤ 重慶에 대한 봉쇄의 완화 등이 그것이었다.

이와 함께 지나파견군총사령부 참모부의 과課가 4개에서 3개로 감축되었고, 총사령관 이하 군사령관의 행정통감권行政統監權이 폐지되어 중국 내정에 대한 군의 내면지도內面指導[1]가 사라졌다.

제3절 새로운 작전의 연구

1943년 여름 무렵 중국 정부는 궁핍의 나락에서 헤매고 있었다. 이러한 정세를 배경으로 육군 통수부는 상계선湘桂線(형양衡陽과 계림桂林을 잇는 철도), 월한선粵漢線(광동과 한구漢口를 잇는 철도), 경한선京漢線(북경과 한구를 잇는 철도)의 연선 요역을 공략하는 작전을 연구했다. 그리고 이 작전을 이치고작전一號作戰[2]으로 명명했다.

작전목적 이치고작전의 목적으로는 몇 개의 안이 있었다. ① 계림·유주柳州 지구를 점령하여, B-29의 일본 본토를 향한 폭격을 방지하는 안, ② 계림·유주 지구를 확보하여 美英군의 버마, 말레이 방면에 대한 반격에 대응하는 안, ③ 중국 대륙을 관통하여 佛印으로 연결되는 철도를 건설하려는 안, ④ 중국군의 섬멸을 기도하는 안 등이 그것이

---

1   내면지도란 군이 식민지 또는 점령지의 통치에 적극적으로 개입하는 것을 의미한다. (譯註)

2   이치고작전 중 경한작전은 그號作戰, 상계작전은 卜號作戰이 정식명칭이다. 일반적으로 사용되는 대륙타통작전大陸打通作戰은 이 작전의 통칭이다. 중국에서는 예상계회전豫湘桂會戰이라고 부른다. (譯註)

다. 검토의 결과 ①안으로 귀결되었다.

실시의 결의 대본영은 1944년 1월 24일 이치고작전의 실시를 결의했다. 그리고 같은 날 하타 지나파견군 총사령관에게 상계, 월한, 남부 경한선 연선 요역의 공략을, 테라우치 남방군 총사령관에게 작전에 대한 협력을 각 명령했다.

작전 구상 경한작전京漢作戰은 1944년 4월 무렵부터 제12군(4개 사단 기간)과 제5항공군의 일부가 華北에서 작전을 개시하여, 중국군을 격파하고 황하 이남의 남부 경한선 연선을 점령·확보하는 것을 목표로 했다. 약 1개월 반으로 예상된 작전이 종료되면, 병력은 후술하는 상계작전에 전용될 예정이었다.

상계작전湘桂作戰은 1944년 6월 무렵 제11군(7~8개 사단 기간)이 무한 지구에서, 7~8월 무렵부터 제23군(2개 사단과 2개 여단 기간)이 광동지구에서 각 작전을 개시할 계획이었다. 이후 중국군을 격파하여 계림·유주 부근을 공략한 후, 상계선과 월한선 연선의 잔존 중국군을 소탕하고, 이를 점령·확보한다는 것이었다. 한편 제5항공군은 먼저 항공격멸전을 실시한 이후, 적시에 지상 작전을 지원하는 임무를 부여받았다. 작전 기간은 약 5개월로 예상되었다.

한편 남방군은 버마와 佛印 방면에서 작전을 실시하여, 지나파견군의 작전에 협력하게 되었다.

제4절 작전 경과

경한작전 1944년 4월 18일 경한작전이 개시되었다. 제12군(사령관: 우치야마 에이타로內山英太郎 중장)은 중국군을 격파하며 전진했다. 그리고 5월 9일 남부 경한선이 완전히 개통되어, 예상보다 빨리 華北과 華中이 연결되었다.

상계작전 제11군은 5월 27일, 제23군은 6월 27일 각 행동을 개시했다. 제11군은 중국에 주둔하는 미 육군 항공대의 방해를 피해 전진을 계속했고, 6월 18일 장사長沙, 이어 6월 26일 미 육군 항공대의 전진 거점인 형양衡陽 비행장을 각 점령했다. 그런데 형양 시가지에서는 중국군이 격렬하게 저항했고, 8월 8일이 되어서야 겨우 시가지 전역을 점령할 수 있었다. 이후 제11군은 약한 달 정도에 걸쳐 태세를 정비했다.

제6방면군의 신설 8월 23일 상계작전의 통수를 담당할 제6방면군이 신설되었다. 제6방면군(사령관[3] : 오카베 나오사부로岡部直三郎 대장)의

---

[3]   제6방면군의 초대 사령관은 오카무라 야스지 대장으로 1944년 8월 25일부터 1944년 11월 22일까지 재직했다. 그리고 오카무라가 1944년 11월 23일 지나파견군 총사령관으로 전보되자, 그 후임으로 오카베가 임명되어 종전을 맞이했다. (譯註)

전투서열은 제11군(사령관 : 요코야마 이사무橫山勇 중장, 제3, 제13, 제34, 제40, 제58, 제116사단 기간), 제23군(사령관 : 타나카 히사카즈田中久一 중장, 제22, 제104사단 기간), 제34군(사령관 : 사노 타다요시 중장, 제39사단 기간) 및 제27, 제64, 제68사단이었다.

작전의 재개 8월 28일을 전후로 제11군은 작전을 재개했다. 제11군의 주력은 보급의 곤란을 극복하며 서남쪽으로 진격하여, 9월 6일 영릉零陵 비행장을 점령했다. 이어 광동 방면에서 서진하는 제23군과 연계하여, 11월 10일 계림·유주를 공략했고, 이렇게 작전목적을 달성했다. 한편 일부 병력은 11월 24일 미 육군 항공대의 마지막 거점인 남녕南寧을 점령했다.

제11군의 일부는 패주하는 중국군을 귀주성으로 추격했고, 12월 2일 귀주성 독산獨山을 점령했다. 그 사이 제11군의 주력은 축차적으로 주둔 태세로 이행했다.

남방군의 협력 佛印 국경 방면에서 대기 중이던 남방군의 일부는 11월 28일 일제히 국경을 넘어 남녕을 향해 돌진했다. 그리고 12월 10일 남녕에서 남하 중이던 지나파견군의 부대와 연결되었다.

월한작전 다음 작전의 무대는 남부 월한선 연선으로 옮겨졌다.

이에 앞서 9월 27일에 월한작전粤漢作戰을 위해 만주에서 제20군 사령부(사령관 : 반자이 이치로坂西一良 중장)가 전용되어, 제6방면군의 전투서열에 편입되었다. 그리고 제27, 제64, 제68, 제116사단을 통솔하게 되었다.

제23군의 일부는 1945년 1월 14일, 제20군은 1월 15일 각 행동을 개시하여, 1월 27일 낙창樂昌과 소주韶州의 중간에서 남북의 연결을 완료하여 월한선을 개통했다.

월한선의 개통으로 重慶과 복건성, 절강성, 강서성 등을 잇는 육상

교통망이 차단되었으므로, 그 정략적 의미는 컸다.

기타 작전 이들 작전의 진행과 병행하여, 일본군의 일부 부대는 동지나해의 일본 선박을 폭격하던 강서성과 복건성에 위치한 미군 비행장을 향해 진격했다. 그리고 1945년 1월 28일 밤 수천 비행장의 점령을 시작으로, 이 방면의 미군 비행장을 차례로 함락시켰다.

이에 앞서 미 잠수함의 중국 연안의 이용을 저지하기 위해, 제13군의 일부 병력은 1944년 9월 9일 온주溫州, 9월 14일 복주福州를 각 점령했다.

제5절 미군의 일본 폭격

미군의 공습 1944년 6월 16일 중국에 주둔하는 미 육군 항공대가 처음으로 키타큐슈를 폭격했다. 그리고 약 3주 후인 7월 8일에는 사세보, 다시 3주 후인 7월 29일에는 만주의 안산제철소鞍山製鐵所를 각 공습했다.

한편 사천성의 성도 비행장을 무대로 미 육군 항공대의 B-29가 활동했다. 7월 29일 이후 공습이 잦아졌고, 비행기의 숫자도 100기 전후로 증가하여 큐슈, 조선, 만주의 각 요지를 공격했다.

B-29의 존재 B-29의 출현으로 인해 상계작전의 가치는 저하되었다. 먼 길을 달려가 계림·유주 지구를 점령했지만, 미 육군 항공대의 일본 본토 폭격을 봉쇄한다는 작전목적을 달성할 수 없었기 때문이다. B-29와 같이 항속거리가 4,000마일을 넘는 원거리 중폭격기의 기지를 지상 작전으로 제압하는 것은 불가능했다. 여기서 비행기에 대항할 수 있는 수단은 비행기뿐이라는 평범한 진리를 다시 실감하게 된다.

한편 중국에 주둔하는 제5항공군(사령관 : 시모야마 타쿠마下山琢磨 중장)은 B-29의 일본 폭격을 사전에 방지하기 위해, 7월 7일 밤 소수의 비행기로 성도 비행장 등을 급습하여 다수의 B-29에 손해를 입혔다. 그 후에도 이와 같은 급습 폭격을 실시하여 다소의 전과를 거두었지만, B-29의 활동을 완전히 봉쇄할 수는 없었다.

이처럼 중국 주둔 미 육군 항공대의 B-29는 일본군의 큰 고민거리였다.[4,5]

---

4   마리아나 기지가 정비됨에 따라, 중국 기지의 B-29는 1945년 6월 마리아나로 이동했다.(原註)

5   중국 기지에서 이륙하는 경우 고공의 편서풍을 이용할 수 있다는 장점이 있었지만, 보급 등의 측면에서 마리아나제도의 기지를 이용하는 것이 보다 효율적이었기 때문이라고 한다. 木俣滋郎, 『陸軍航空隊全史』(潮書房光人新社、2013)、349頁。(譯註)

제12장

임팔 작전의 실패

제1절 작전 구상의 변천

인도 진격 작전안 개전 초기 대본영은 버마 작전의 중요성을 인식하면서도, 어느 선에서 작전을 마칠 것인지에 대한 명확한 구상을 품고 있지는 않았다. 그런데 당초의 예상과는 달리 단기간에 버마 전역을 점령할 수 있었고, 독일군이 1942년 초여름부터 코카서스와 북아프리카 양 방면에서 수에즈 운하를 향해 작전을 개시하자 이에 책응하여, 영국의 굴복을 촉진시키기 위해 육군 통수부는 인도를 목표로 한 진격 작전을 계획했고, 1942년 가을 이를 내용으로 하는 다이니쥬이치고작전第二十一號作戰이 제15군에 내시內示되었다.

그러나 第二十一號作戰은 병력의 부족, 군수품 등의 보급 능력 결여 및 독일군 작전의 차질 등으로 인해 구체적인 작전계획을 수립하지 못한 채 유야무야되었다.

방위방침의 입안 1943년 3월 5일, 대본영은 1943년도 작전계획을 책정했다. 버마 방면에서는 우기雨期가 끝나는 10월 무렵부터 버마 탈환을 시도할 것으로 예상되는 美英中군을 상대로, 방위에 전력을 다한다는 방침을 입안했다. 이는 노강怒江 以西 지역, 미치나Myitkyina, 카마인 Kamaing, 칼레와Kalewa, 강고Gangwa를 연결하는 선 내부의 지역, 아키아브Akyab 지역과 테나세림Tenasserim 지방을 유지하는 것을 내용으로 했다. 다만 확고한 방위를 위해 상황에 따라 인도의 동북 방면으로 진격하는 것까지도 고려했다. 이러한 방침에 따라 제15군은 축차적으로 방위태세로 이행했다. 마침 이 무렵 정글 전투의 훈련을 받은 영국군 제77여단이 칼레와 북방지구에서 친드윈강Chindwin River을 넘어 중부 버마로 잠입했고, 이어 일본군 방위선을 뚫고 운남 방면으로 돌진하려는 기세를 보였다.

버마 방위의 임무를 띤 제15군은 1943년 3월 중순부터 소탕전을 개시하여, 영국군을 국경 밖으로 구축驅逐했다. 하지만 그 과정에서 공군의 공중 보급을 활용한 영국군의 교묘한 전법에 크게 고전했다.

제15군의 적극 사상 그 무렵 제15군 사령관으로 취임한 무타구치 렌야 牟田口廉也 중장은 소탕 작전의 경험을 통해, 버마 서역西域의 방위태세를 확립하기 위해서는 英印군의 진출 예상 경로의 급소를 직접 제압하는 것이 필요할 것으로 판단했다. 그리고 이는 그의 신념으로 굳어진다.

대본영의 1943년도 작전계획은 방위제일주의防衛第一主義에 입각한 것으로, 1942년에 입안된 第二十一號作戰과는 관점을 달리했다. 하지만 무타구치 사령관의 구상에는 第二十一號作戰에서 유래한 인도 진격이라는 적극 사상이 저변에 존재하고 있었다.

버마방면군의 신설 대본영은 1943년 3월 17일 제15군의 상급 부대로 버마방면군을 신설했다. 버마방면군의 창설은 ① 작전 지휘, ② 바모Ba Maw를 수반으로 하여 출범한 버마 정부에 대한 내면지도, ③ 성립 예정인 인도 임시정부에 대한 정략적 지도 등을 모두 고려한 것이었다. 이에 따라 제15군은 버마 정부에 대한 내면지도라는 임무에서 해방되어, 작전에 전념할 수 있게 되었다.

정략적 요구 1943년 10월 21일 찬드라 보스Chandra Bose를 수반으로 하는 인도임시정부가 성립되었다. 찬드라 보스는 제15군의 인도 진격을 요망했다. 이때부터 버마의 서쪽을 향한 작전은 버마 방위의 연장선을 넘어, 인도의 일부 지방을 점령하여 인도임시정부의 깃발을 세운다는 정략적인 요구가 함께 작용했다. 이는 결국 임팔Imphal에 대한 공격으로 발전하게 된다.

병력증강 이러한 정세에서 대본영과 남방군은 버마 방면으로 병력의 증강을 계속했다. 그 결과 1944년 초순 버마방면군(사령관 : 카와베 마사카즈河邊正三 중장)은 제15군(사령관 : 무타구치 렌야 중장, 제15, 제31, 제33사단 기간)과 제18, 제56사단 및 독립혼성제24여단 등을 예하에 두고 있었다.

제2절 임팔작전의인가

1943년 4~5월 무렵부터, 제15군사령부에서는 인도를 향한 작전을 연구하기 시작했고, 그 와중에 무타구치 제15군 사령관의 의도에 의구심을 품은 오바타 노부요시小畑信良[1] 참모장이 교체되는 사건이 발생했다. 결국 작전 연구는 성공 여부에 대한 검토가 아닌, 작전의 실시를 전제로 진행되었다.

대본영의 우려 남방군과 버마방면군은 제15군의 임팔 작전을 위태롭

---

1   오바타 노부요시 소장은 치중병과輜重兵科의 장교로는 드물게 육군대학교를 졸업한 인물로, 육군 내에서 병참兵站의 권위자로 알려져 있었다. 1943년 3월 18일 제15군 참모장에 부임한 오바타 소장은 험준한 산악 지대를 넘어 병참선을 유지하는 것은 불가능할 것으로 판단했고, 이에 무타구치 사령관에게 작전의 중지를 진언했다. 그러나 이것이 무타구치의 역린을 건드린 결과가 되어, 부임 2개월 만인 5월 18일 경질되었다. (譯註)

게 보면서도 이를 승인했다. 여기에는 무타구치 제15군 사령관의 열의와 자신감이 크게 작용했다.

남방군은 1943년 2월 말 대본영에 임팔 작전(우고작전ウ號作戰으로 호칭)의 실시에 관한 의견을 구신했다. 이에 대한 대본영의 의문점은 다음과 같았다.

(1) 英印군이 남부 버마 연안으로 상륙할 가능성이 높은 상황에서, 우고작전의 실시가 대응조치에 차질을 초래하지 않을 것인가?

(2) 임팔 평지의 점령으로 방위지역이 확장되어, 추가적인 병력 소요가 발생하는 것은 아닌가?

(3) 일본군 항공 병력이 열세인 상황에서, 지상 작전에는 문제가 없는가?

(4) 후방 보급의 염려는 없는가?

이에 대해 남방군은 모든 사항에 대해 문제가 없다고 답변했다. 그러면서 작전의 성공으로 병력의 절약은 물론 버마 방위가 더욱 견고하게 될 것이라고 강조했다.

대본영의 인가 남방군의 회답을 신뢰한 대본영은 1944년 1월 7일 '남방군 총사령관은 버마 방위를 위해 적시에 당면한 적을 격파하고, 임팔 동북부에 있는 인도의 요역을 점령·확보할 수 있음'이라는 지시를 내렸다.

제3절 작전의 경과

작전 개시 전의 상황 1944년 1월 중순 무렵부터 버마 북쪽 국경 지역인 후콩계곡Hukaung Valley에서는 중국군 신편新編제1군(2~3개 師)이 제18사단(사단장 : 타나카 신이치 중장)을 공격하며, 카마인 방면으로 남하하고 있었다.

운남 방면에서는 적어도 10개 師로 판단되는 중국군이 노강怒江을 도하하여, 제56사단(사단장 : 마츠야마 유조松山祐三 중장)을 압박해 왔다.

해안의 아키아브 방면에서는 2개 사단 규모의 英印군이 반격해 왔으나, 제55사단(사단장 : 하나야 타다시花谷正 중장)이 격퇴했다.

한편 중부 버마 지구에서는 모가웅Mogaung, 카싸Katha 사이의 철도 연선과 그 동쪽 광범위한 지역에 3월 5~6일 이틀간 글라이더를 사용한 영국군 약 5,000명이 강하하여, 각지에 진지와 비행장을 구축하기 시작했다.

작전 구상 위와 같이 연합군의 반격이 한창이던 때, 우고작전이 개시되었다. 신속한 진격을 근본방침으로 삼은 제15군은 전반적으로 임팔 방면을 지향하면서도, 먼저 친드윈강 서쪽 지구의 英印군의 포착·격멸을 기도하고, 이어 신속하게 코히마Kohima 및 임팔을 점령하는 것을 목표로 했다.

작전 개시 제33사단(사단장 : 야나기다 켄조柳田元三 중장)은 먼저 친Chin 고지를 탈취한 후 남쪽에서부터 임팔로 돌진하기 위해, 제15군 주력에 앞서 3월 8일 행동을 개시했다.

3월 15일 임팔을 목표로 한 제15사단(사단장 : 야마우치 마사부미山内正文 중장)과 코히마를 목표로 하는 제31사단(사단장 : 사토 코토쿠佐藤幸德 중장)이 각 출동했다.

한편 인도국민군의 주력도 임팔을 목표로 제15군과 행동을 함께했다. 비행제5사단(약 100기)은 제15군 주력의 친드윈강 도하를 엄호했다. 다만 도하 이후에는 직접 지원은 실시하지 않는 것으로 결정되었다. 각 사단은 英印군 제17, 제32사단의 포착·격멸에는 실패했다. 하지만 3월 20일 무렵에는 이들 英印군 부대를 궤주潰走시켰으므로, 작전의 시작은 비교적 순조로웠다.

코히마 점령 제31사단은 험난한 지형을 뚫고, 4월 6일 마침내 코히마를 점령했다.

한편 제15, 제33의 양 사단도 4월 중순 무렵에는 임팔 시가지를 망견望見할 수 있는 지점까지 진출하여, 임팔 포위의 태세를 갖추었다.

제33군의 신설 대본영은 4월 11일 버마방면군의 예하에 제33군(사령관: 혼다 마사키本田政材 중장, 제18, 제56사단 기간)을 신설하여, 후콩계곡 및 운남 정면의 작전을 담당하게 했다. 이는 제15군이 배후에 대한 우려 없이, 우고작전에 전념할 수 있도록 하려는 취지였다.

임팔 공격의 차질 임팔 주변에 대한 제15, 제33사단의 포위 공격은 4월 상순 무렵 막다른 국면에 이르렀다. 英印군을 포위했지만, 격멸은 어려웠다.

임팔 평지의 英印군은 공중 보급을 받아 전력을 유지했다. 반면 진군 과정에서 절반 이상의 병력을 상실한 일본군은 탄약과 식량의 결핍으로 고진했다.

사단장의 파면 5월에 접어들자 버마 특유의 호우豪雨가 시작되었다. 이 무렵부터 무타구치 제15군 사령관의 작전지도에는 점차 초조감과 조급함이 나타났다. 한편 5월 16일 야나기다 제33사단장, 6월 10일 야마우치 제15사단장이 전의가 부족하다는 이유로 각 파면당했다. 하지만 이것이 戰局을 호전시킬 열쇠가 아님은 분명했다.

영인군의 회복 6월부터 일본군은 역으로 밀리기 시작했다. 질병, 공복, 탄약의 결핍, 대전차 병기의 결여, 제공권의 상실 등으로 일본군 전력이 격감한 반면, 英印군은 점차 전력을 회복했기 때문이다.

코히마를 탈환한 英印군(최초 2개 사단, 그 후 3.5개 사단)은 제31사단을 압박하기 시작했다. 그리고 6월 23일 무렵 코히마와 임팔을 연결하는 도로를 확보하고, 전차 부대를 선두로 임팔 방면으로 증원

군을 보냈다. 이렇게 임팔의 英印군은 지상에서도 보급을 받게 되었고, 강력한 증원부대를 확보하여 전세는 역전되었다.

제15군 사령관의 기도 이러한 상황에서 무타구치 제15군 사령관은 전력의 상당 부분을 상실하고 코히마에서 철수 중인 제31사단과, 역시 괴멸적인 타격을 입은 제15사단의 잔여 병력을 임팔 평지 동북쪽에 집결시켜, 임팔 점령을 위한 최후의 공격을 시도하려 했다.

제31사단장의 파면 한편 사토 제31사단장은 보급에 관한 제15군의 거듭된 약속 위반과 조령모개朝令暮改적인 작전지도에 크게 분노했다. 그러면서 사토 제31사단장은 제15군의 명령에 그대로 따르는 경우, 기아飢餓로 인해 사단 전체가 전멸할 것으로 판단했다. 이에 제15군사령부와의 무선 연락을 차단한 후, 사단 주력을 이끌고 친드윈강 강가의 식량 집적지를 향해 후퇴했다.

이때 사토 제31사단장은 버마방면군사령부로 보낸 전보에서, 제15군 수뇌부의 전술적 능력은 사관후보생 수준에도 미치지 못한다고 통렬하게 비판했다. 그 후 사토 제31사단장은 해임되어, 항명抗命의 혐의로 군법회의에 회부되었다. 하지만 현장의 실상을 파악하고 있던 다수의 막료는 사토에게 오히려 동정심을 품었다. 이렇게 작전에 참여한 사단장 3명이 모두 파면되는 전무후무한 사태가 벌어졌다.

작전 중지 무타구치 제15군 사령관과 카와베 버마방면군 사령관은 우기에 접어든 상황에서 우고작전이 성공할 가능성이 없다고 판단했다. 하지만 작전 중지라는 결단을 내리지는 못했다. 이는 저돌맹진猪突猛進은 가능하지만, 물러서서 후일을 도모하는 용기는 없었던 경직된 작전지도의 민낯을 그대로 드러낸 것이었다. 대본영 역시 용단을 내리지 못했고, 7월 4일이 되어서야 겨우 남방군에 우고작전을 중지하도록 지도했다. 결국 제15군에 퇴각 명령이 내려진 것은 7

월 8일의 일이었다.

비참한 퇴각 맹렬한 호우 속에 삼삼오오 장사진長蛇陣을 이룬 병사들은 질병과 기아로 신음하면서, 진창이 된 길을 비틀거리며 걸었다. 총기銃器는 버리더라도, 반합飯盒만은 손에서 놓지 않았다. 일본군 병사라고 하여 안심할 수 없는 장면이 곳곳에서 전개되었다. 여기에 英印군의 전차, 비행기, 낙하산 부대가 일본군을 앞질러 나가 퇴로를 차단한 상황이었으므로, 퇴각 과정은 매우 어렵고 비참했다.

북부 버마의 상황 이 무렵 제18사단 방면 역시 곤란한 상황에 빠져 있었다. 중국군은 패퇴하는 제18사단을 추격했고, 6월 16일 카마인에 돌입했다.

카마인 동쪽의 요충지인 미치나에는 5월 17일 美英군이 글라이더를 이용해 강하했다. 완전히 포위된 미치나에서는 약 2개월 반 동안 격전이 계속되었으나, 결국 농성부대 병력의 대부분이 사망한 8월 3일 함락되었다.

이에 앞서 버마방면군은 제18사단과 미치나 수비부대의 증원을 위해, 새로 버마에 도착한 제49사단(사단장: 타케하라 사부로竹原三郎 중장)을 파견했다. 하지만 중부 버마를 점령한 글라이더 부대의 방해와 도로의 파괴로 인해, 제49사단의 행군 장경長徑은 매우 길어졌다. 결국 축차적으로 전선에 도착한 제49사단 병력은 각개 격파를 피할 수 없었고, 전력의 대부분을 상실하여 구원의 효과를 거두지 못했다.

운남 방면 운남 방면에서 작전 중이던 제56사단 역시 노강 서안의 납맹拉孟, 등월騰越, 용릉龍陵 등에서 고전했다. 5월 중순 이후에는 노강을 도하해온 중국군 약 60개 師를 상대로 분투했지만, 전황은 더욱 악화되었다.

임무의 변경 대본영은 9월 26일 남방군에 버마의 작전지도에 관한 새로운 지시를 하달했다. 남부 버마의 요역을 안정적으로 확보하여, 이를 남방군 북익北翼의 거점으로 형성하면서, 중국과 인도의 연결을 봉쇄하도록 노력하라는 내용이었다. 원래 버마방면군의 임무는 중국과 인도의 연결을 차단하는 것이었다. 그런데 요구 정도가 차단에서 봉쇄로 완화된 것은 임무의 중대한 변경이었다.

버마방면군의 기도 버마방면군은 중국과 인도의 지상 연결을 저지하려면 노강 서안에서 북쪽으로 지보地步를 획득할 필요가 있고, 특히 노강에 놓인 혜통교惠通橋의 도하점을 반드시 확보해야 한다고 판단했다. 이에 제56사단에 병력을 증강시켜, 노강 방면에서 공격해 오는 약 60개 師 규모의 중국군에 대항하게 했다. 하지만 축차적으로 압박당하고 있던 제56사단에는 병력을 집중하여 반격에 나설 기회가 없었고, 중국과 인도의 연결을 봉쇄한다는 임무를 달성할 수 없었다.

제15군 방면의 英印군은 퇴각하는 일본군을 추격했다. 英印군 주력은 칼레와 가도街道 방면에서 친드윈강을 일거에 건너, 만달레이 Mandalay를 향해 진격을 계속했다.

제28군 정면에서는 12월 31일 아키아브에 상륙한 英印군이 아키아브와 람리섬Ramree Island에 비행장을 건설했다.

이에 대해 버마방면군(제49, 제53사단, 독립혼성제72여단이 증원)은 12월 말, 남캄Namhkam, 몽미트Mongmit, 만달레이 부근 이라와디강 Irrawaddy River 좌안左岸의 선과 남서 버마의 요역에서 태세를 정비하며, 반격을 준비하게 되었다.

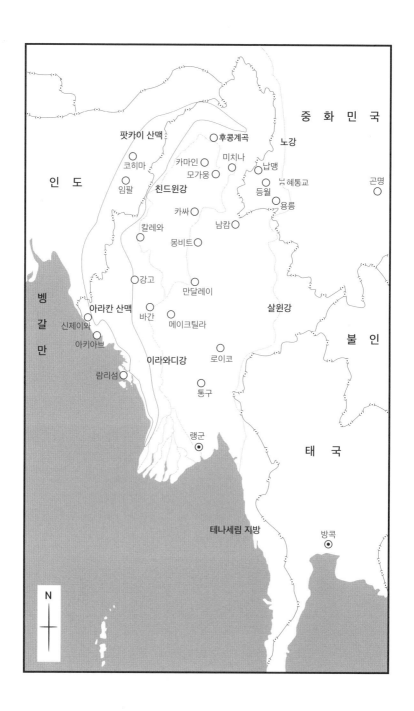

중 화 민 국

팟카이 산맥　　후콩계곡　노강

코히마　카마인　미치나
　　　　모가웅　납맹
임팔　친드윈강　뉵혜통교　곤명
인　도　　　　등월　용릉
　　카싸　　남캄

칼레와
몽비트

강고

아라칸 산맥　만달레이　살윈강
신제이와　바간
아키아브　메이크틸라　　　불　인
벵　　이라와디강　로이코
갈
만　람리섬　　통구

　태　국
랭군

테나세림 지방　방콕

N

제4절 임팔 작전 실패의 원인

임팔 작전의 실패는 제1선 장병의 활약이 부족했기 때문이 아니었다. 상대를 경시하고 보급을 무시한 제15군의 독선적인 작전계획이 원인이었다.

첫째로 제15군이 입안한 보급계획은 ① 장병들이 휴대할 수 있는 만큼의 식량을 등에 지고, ② 치중輜重에는 코끼리나 소를 사용하여, ③ 신고 있던 짐이 소진되면 소를 잡아먹고, ④ 풀을 먹는 것도 각오하며 (실제로 풀을 먹는 훈련을 실시) ⑤ 작전 개시 2주 이내에 코히마와 임팔을 잇는 도로에 진출한 후, 점령한 보급로를 수리하여 일거에 자동차 보급을 실시한다는 현실성이 없는 것[2]이었다. 이는 많은 사람들이 처음부터 우려했던 사항으로, 병참의 전문가인 오바타 노부요시 참모장은 무타구치 제15군 사령관에게 계획의 재고를 요청했지만, 이로 인해 그는 경질되고 말았다. 견실하지 못한 보급계획에 기반한 작전계획은 사상누각砂上樓閣과 같다. 작전 개시 후 얼마 지나지 않아 추송追送보급이 원활하지 못하게 되었고, 이것이 군의 치명타가 되었음은 앞에서 설명한 것과 같다.

둘째로 무타구치 제15군 사령관은 근대적 장비를 갖춘 英印군을 지나치게 경시했다. 전장의 지형 문제로 일본군은 산포山砲 이하의 경장비만을 휴행했고, 그나마 보유한 탄약도 소량에 불과했다. 여기에 앞에서 설명한 것처럼 친드윈강 도하의 엄호 이후에는 항공 지원도 필요하지 않다고 했다. 이처럼 화력 장비가 부족한 상황에서, 비행기, 전차, 중포重砲로 무장한 英印군을 급습하여, 기선을 제압하려 했던 무

---

2   원문은 '取らぬ狸の皮算用'으로 잡지도 못한 너구리의 가죽을 팔아 돈을 벌 생각을 한다는 의미이다. (譯註)

타구치 제15군 사령관의 시도는 근본적으로 무모한 것이었다. 급습과 포위를 강조하며 태세의 우월과 순간적인 첨단尖端 충격력衝擊力을 중시한 반면, 전장의 요점에 상대를 격멸할 수 있는 전력을 집결시켜야 한다는 발상을 결여한 것에 근본적인 오류가 있었다.

이처럼 제15군의 작전계획에는 치명적인 결함이 존재했다. 하지만 임팔 작전을 더 큰 비극으로 몰고 간 것은 계획 그 자체 외에도, 경직된 작전지도에서 원인을 찾을 수 있다. 경직된 작전지도와 기정방침既定方針의 견지를 구별하기는 어렵다. 전황이 변화하면 기정방침을 버리고, 이에 부합하는 유연한 작전지도가 필요하다. 이러한 때에도 기정방침의 관철만을 강조하는 것은 경직된 작전지도라고 할 수밖에 없다. 일본군에는 나아갈 때 만용蠻勇을 부리고, 적시에 물러서지 못하는 폐해가 있었다. 가망이 없음을 알면서도 버티고 물러서지 않았다. 퇴각은 고급지휘관의 명령에 의한다는 전술적 원칙이, 이처럼 무모하기 짝이 없는 버티기 정신의 지주支柱로 변용되었다. 임팔 작전에서는 경직된 작전지도가 적시에 장래를 기약하고 물러선다는 결단을 방해했고, 그 결과 불필요한 희생만이 늘어났다.

제5절 새로운 전법

버마에서 美英군의 전법은 제공권의 장악에 의존했고, 전략·전술이 입체적인 방향으로 진화하고 있던 점은 주목할 만했다. 그 현저한 경향은 다음과 같다.

(1) 항공 보급의 발달이다. 예컨대 후콩계곡과 같은 미개척지역에서 2~3개 사단이 광범위한 영역에 걸쳐 작전을 지속하는 것은 수송과 보급의 한계로 불가능하다는 것이 종래의 전술 상식이었다. 하지만 항공 보급은 이러한 난제難題를 해결하여, 2만 5,000~10만 명

에 이르는 전투원에 대한 완전한 보급을 실현했다. 임팔과 신제이와Sinzweya(아키아브 방면)에서 일본군에 포위된 英印군은 식량, 병기, 탄약 등을 공수空輸받으며, 전선을 유지했다. 따라서 포위 작전을 완수하려면 공중 보급을 차단할 필요가 있었다.

(2)공중정진空中挺進[3] 작전의 화려한 등장이다. 이로 인해 전선과 후방의 구별이 무의미하게 되었고, 후방도 더는 안심할 수 없게 되었다. 이미 설명한 것처럼 전선에서 멀리 떨어진 카싸, 미치나에 유력한 부대가 공중에서 순식간에 강하하여, 일본군이 크게 애를 먹은 일은 그야말로 적례適例이다.

(3)「벌집蜂の巢」진지의 출현이다. 「벌집」진지란 일본군이 임의로 붙인 붙인명칭이다. 이는 벌집과 같이 방어거점을 원형으로 배치하여, 거점 상호 간에 화력으로 지원하고, 외주外周에도 충분한 화력을 투사할 수 있도록 한 진지를 말한다. 각각의 거점은 근간이 되는 포병 화력을 원의 중심 부근에 두고, 그 둘레에 중화기, 전차(이동식 토치카 역할), 장애물 등을 배치했다. 따라서 하나의 거점을 공략하는 것만으로는, 진지 전체의 조직적인 저항을 파쇄할 수 없었다. 한편 「벌집」진지의 상공에는 비행기가 항상 제공制空하며, 거점의 근간 전력인 화포에 대한 폭격을 저지하는 한편 탄약과 식량을 공수空輸했다. 따라서 진지는 입체화되어 원통형의 모양이 되었다.

---

3 일본 육군에서 정진挺進이란 적진 깊숙이 진입하여 적의 동향·병력·진로 등을 탐색하고, 나아가 물자집적소·역驛·교량 등을 폭파하는 등의 임무를 의미했다. 이러한 성격에서 낙하산부대는 정진부대挺進部隊로 불리며, 하늘로부터의 기습작전에서 크게 활약했다. 현재에도 사용되는 공정空挺이란 표현은 공중정진空中挺進 또는 항공정진航空挺進의 약어이다. 寺田近雄,『日本軍隊用語集<上>』(潮書房光人社、2020), 130~131頁。(譯註)

제13장

마리아나제도의 상실

태평양 방면의 미군은 둘로 나뉘어 반격을 계속했다. ① 뉴기니 해안을 따라 진격하는 맥아더 장군의 병단과 ② 중부 태평양 해역에서 활동하는 니미츠 제독의 함대가 그것이었다.

작진은 징검돌을 딛고 강을 건너는 것처럼, 다음 단계의 약진에 도움이 되는 지점에만 상륙하고, 나머지는 그냥 지나치는 이른바 징검돌 방식으로 진행되었다. 결국 일본군은 도처에서 고립되고 말았다.

징검돌 작전 진지陣地나 방비된 島嶼의 존재의의는 그 지점을 통과하지 않고는 앞으로 나아갈 수 없다는 점에 있다. 따라서 우회 등으로 지나칠 수 있는 곳에는 아무리 견고한 진지를 구축하더라도 의미가 없다.

이를 방지하기 위해서는 공군과 해군의 철저한 경계와 감시가 필요하다. 島嶼는 공군과 해군의 긴밀한 연계 태세가 확보된 상황에서만 불침항모不沈航母로서 의미를 가질 수 있다. 이와 마찬가지로 육상의 전략거점 역시 난공불락의 항공 요새가 되어야 한다.

그런데 일본군의 항공 전력은 솔로몬, 뉴기니 등에서 완전히 소진되었고, 해군 역시 기능부전에 빠졌다. 이 때문에 미군은 일본군의 방해를 거의 받지 않고 그대로 지나쳐, 원하는 지점에 손쉽게 상륙할 수 있었다.

제1절 뉴기니 방면의 전황

제18군의 전속 1944년 초순 이후 라바울은 완전히 고립되었다.

이로 인해 라바울의 이마무라 제8방면군 사령관은 뉴기니에서 작전 중인 제18군에 대해 적시에 적절한 통수를 행하는 것이 어렵게 되었다.

이에 대본영은 1944년 3월 14일 제18군과 제4항공군을 제2방면군의 전투서열에 편입시켰다.

이와 동시에 아나미 제2방면군 사령관에게 웨와크 以西 지구地區에서 지구持久를 계획하고, 뉴기니와 서부 캐롤라인 방면에서 美濠군의 진격을 막도록 명령했다.

미군의 상륙 이 무렵 제18군의 주력은 마당에서 한사, 웨와크로 이동 중이었다. 제18군의 기도는 ① 제51사단(사단장: 나카노 히데미츠中野英光 중장)을 홀란디아Hollandia, ② 제20사단(사단장 직무대행心得: 나카이 마스타로中井增太郎[1] 소장)을 아이타페Aitape, ③ 제41사단(사단장: 마노 고로眞野五郎 중장)을 웨와크로 각 후퇴시키는 것이었다. 하지만 부족한 식량은 물론 불량한 도로 사정으로 인해 후퇴는 지지부진했다.

이러한 상황에서 1944년 4월 22일 적어도 약 3개 사단으로 보이는 미군이 일본군을 앞질러 아이타페와 홀란디아 부근에 상륙을 개시했다.

아이타페와 홀란디아는 미군 전투기의 행동반경 밖에 있었으므로,

---

1 1944년 4월 28일 마당에서 웨와크로 후퇴하던 제20사단장 카타기리 시게루片桐茂 중장 이하 사단사령부 일동이 탑승한 대발동정大發動艇이 미군 어뢰정의 공격을 받아, 전원이 전사했다. 이에 제20보병단장 나가이 마스타로 소장이 1944년 5월 10일 사단장 직무대행에 임명되었고, 1945년 4월 7일 중장 진급과 동시에 사단장으로 친보親補되어 종전을 맞이했다. (譯註)

일본군은 미군이 이들 지점으로 일거에 진격해 오리라고는 전혀 예상하지 못하고 있었다. 이렇게 제18군의 주력 약 5만 명은 다시 동쪽에 고립되고 말았다.

아이타페에 상륙한 부대는 다음 날인 4월 23일 비행장을 점령하고, 4월 24일에는 전투기를 진출시켰다.

홀란디아에 상륙한 부대는 4월 27일까지 일본군의 3개 비행장을 점령하고, 막대한 군수품까지 손에 넣었다.

이들 지점의 부근에 있던 육군 제6비행사단과 해군 제9함대는 지상 전투력을 거의 보유하고 있지 못했으므로, 지리멸렬한 상태에 빠졌다.

이렇게 일본군은 뉴기니의 가장 유력한 항공기지를 상실하고 말았다.

대본영의 통수 대본영은 5월 2일 테라우치 남방군 총사령관에게 제18군을 서부 뉴기니 방면으로 이동시키도록 명령했다. 그리고 제2방면군이 확보할 제1선을 길빙크만Geelvink Bay 요역, 마노콰리Manokwari, 소롱Sorong, 할마헤라섬Halmahera Island을 잇는 선으로 후퇴시키면서, 비아크섬Biak Island 부근은 반드시 확보하도록 지시했다.[2]

---

2   이전까지 제2방면군이 확보하여야 할 제1선은 타님바르섬Tanimbar Island, 아루섬 Aru Island, 뉴기니의 사르미Sarmi를 잇는 선이었다. (原註)

아나미 제2방면군 사령관은 이러한 대본영의 의도에 따라, 당시 소롱에 대기하고 있던 제35사단 주력을 마노콰리 부근으로 추진推進시키려 했다.

그런데 미군 항공부대의 활동 범위가 마노콰리 부근까지 확장된 것을 파악한 대본영은, 제35사단이 소롱 부근에 그대로 남는 것이 득책得策일 것으로 생각했다. 이에 5월 9일 제2방면군이 확보할 제1선을 다시 변경하여 소롱과 할마혜라 부근의 선으로 후퇴시키고, 길빙크만 요역, 비아크섬, 마노콰리는 가급적 장기간 보지保持하도록 지시했다.

이러한 대본영의 의도를 알게 된 아나미 제2방면군 사령관은 대본영의 통수에 원칙이 없는 것은 물론 세부적인 사항에까지 일일이 간섭하는 것에 개탄하며, 방면군의 기밀작전일지機密作戰日誌機에 직접 '대본영의 통수, 난마亂麻와 같음'이라고 기록했다.

비아크섬 상륙 5월 27일 약 1개 사단의 미군이 홀란디아 서쪽 약 330마일 지점의 비아크섬에 상륙을 개시했다. 이 섬에는 일본군의 비행장 3개가 있었다.

수비대(제36사단의 3개 보병대대 기간)는 지형을 교묘히 이용하여, 동굴 진지에서 선전했다. 하지만 화력의 현격한 차이를 극복할 수는 없었고, 3개의 비행장은 차례로 탈취당했다. 미군 항공부대는 탈취한 비행장을 6월 22일부터 사용하기 시작했다. 이를 통해 필리핀 전역에 대한 미군의 폭격이 용이하게 될 것으로 보였다.

제18군의 남방군 편입 비아크섬을 상실하자, 이번에는 제2방면군과 제18군(뉴기니)의 연락이 완전히 차단되었다. 이렇게 되자 대본영은 6월 20일 어쩔 수 없이 제18군을 남방군 직할로 변경했다.

한편 아다치 제18군 사령관은 전멸을 각오하고, 아이타페 부근의 미군(약 3개 사단)을 돌파하기로 결의했다. 제18군은 제20, 제41사단의 全力 및 제51사단의 일부로 7월 10일부터 총공격을 개시하여, 목표 지점 부근까지 도달했다. 하지만 戰力의 부족으로 인해, 8월 3일 공격을 중지하기에 이르렀다.

그 후 제18군은 알렉산더Prince Alexander 남방지대에 분산 배치되어, 자활自活하며 전력의 회복을 도모하던 중, 종전을 맞이했다. 종전 당시의 병력은 약 1만 명이었다.

미군의 약진 미군은 비아크섬을 기반으로 전진을 계속했고, 7월 30일 서부 뉴기니의 서쪽 끝 산사포르Sansapor에 상륙했다. 산사포르는 일본군의 방비가 취약한 곳으로, 약 1만 8,000명의 일본 육군 수비대는 산사포르 서쪽의 포겔코프Vogelkop반도에 있었다.

산사포르를 점령하여 뉴기니 방면의 제공권을 완전히 장악한 미군은 할마헤라, 말루쿠 수로, 마카사르 해협으로의 폭격이 가능하게 되었다.

제2절 마리아나 작전

제31군의 태세 1944년 봄부터 육군과 해군은 중부 태평양 방면의 방비를 강화하기 위해, 해상 수송력의 대부분을 투입하여 병력과 군수품을 수송했다. 1944년 5월 하순 무렵 제31군의 태세는 다음과 같았다.

제31군 사령부: 트럭섬

(1) 트럭지구(집단사령관集團司令官 : 제52사단장 무기쿠라 준자부로麥倉俊三郎 중장) : 제52사단, 독립혼성제51, 제52여단 기간

(2) 북부 마리아나지구(사이판섬 및 티니안섬 방면, 집단사령관 : 제43사단장 사이토 요시츠쿠斎藤義次 중장) : 제43사단, 독립혼성제47여단 기간

(3) 남부 마리아나지구(괌섬 방면, 집단사령관 : 제29사단장 타카시나 타게시高品彪 중장) : 제29사단, 독립혼성제48여단 기간

(4) 오가사와라지구(집단사령관 : 제109사단장 쿠리바야시 타다미치栗林忠道 중장) : 제109사단 기간

(5) 파라오지구(집단사령관 : 제14사단장 이노우에 사다에井上貞衛 중장) : 제14사단, 독립혼성세49, 세53여단 기간

아고작전 3, 4월 무렵부터 육군과 해군 통수부는 마리아나 방면에서 시작될 것으로 예상되는 결전의 지도에 관한 연구를 거듭했다. 이 작전은 아고작전ア號作戰으로 호칭되었다. 여기서 전세를 만회할 수 있는 방책은 모든 수단을 동원해 미군 기동부대의 주력을 포착·격멸하는 것 이외에는 없다는 결론에 도달했다. 그리고 결전을 기도할 방면으로 마리아나, 캐롤라인, 뉴기니를 연결하는 지역을 상정했다. 이에 따라 육군은 島嶼 방위를 담당하고, 해군은 비행기 약 1,000기(실제 세력 약 650기)의 주력을 마리아나 방면에, 일부를 캐롤라인 방면에 배치하는 한편, 연합함대 주력은 적시에 마리아나 방면으로 출격할 수 있도록 준비하기로 했다.

한편 이 연구에서 특히 문제가 된 것은 미 해군이 마리아나 공세에 앞서 비아크섬 방면으로 공격해 오는 경우, 항공 병력을 분할할 것인지 여부였다. 해군은 결전을 위한 전력이 충분하지 않으므로, 비아크섬 방면으로 병력을 분할하지 않고, 최악의 경우 길빙크만 부근을 상실하더라도 어쩔 수 없다는 의견이었다. 이에 대해서는 육군 통수부도 동의했다.

항공 병력의 분할 앞에서 설명한 것처럼 5월 27일 미군이 비아크섬에 상륙했다. 그러자 해군 통수부는 이미 결정된 방침을 돌연 변경하여, 아고작전의 실시까지 비아크섬을 고수하기로 결의하고, 중부 태평양 방면 기지항공대의 항공기 약 480기를 할마헤라 방면으로 전용했다.

그런데 이렇게 濠北으로 전용된 해군 조종사들은 불운하게도 거의 전원이 말라리아에 걸리고 말았다. 이런 상황에서 6월 19일 벌어진

마리아나 해전, 즉 아고작전이 개시되었고, 이들 병력은 이른바 유병遊兵이 되고 말았다.

육군 통수부는 해군이 비아크섬 방면으로 항공 병력을 분할한 취지를 전혀 이해할 수 없었다. 해군 측이 결심을 변경한 이유는 약 1,000기에 이르는 해군 항공 세력의 대부분은 항공모함에서 발진은 가능하지만 착함은 어려운 수준으로, 아고작전에 투입되어도 별다른 성과를 기대하기 어렵고, 따라서 육상 기지에서 이륙할 수 있는 비아크섬 방면에 투입하여 조금이라도 전과를 거두게 하려는 충동에 이끌렸기 때문이라고 한다.

사이판섬 상륙 비아크섬을 점령한 미군은 대본영의 예상대로 마리아나諸島를 공격해왔다. 6월 13일 미 함대는 약 7시간에 걸쳐 사이판섬 서쪽 해안과 티니안섬을 맹렬히 포격했고, 6월 15일 아침부터 사이판섬 서쪽 해안에 상륙을 개시했다.

마침 오바타 제31군 사령관은 진지 구축을 지도하기 위해 괌섬에 출장 중이었다. 한편 사이토 사령관 이하 북부 마리아나지구집단은 예정된 계획대로 즉시 방어 작전에 착수했다.

사이판섬의 수비대는 상륙하는 미군을 상대로 반격에 나섰다. 하지만 미 해군의 함포 사격에 가로막혀, 결정적인 타격을 가할 수는 없었다. 결국 상륙 첫째 날 2개 해병사단, 둘째 날 1개 보병사단의 각 상륙을 허용하고 말았다.

아고작전의 실패 6월 19일 일본 해군이 전세를 만회할 마지막 기회로 생각한 마리아나 해전, 즉 아고작전이 개시되었다. 그런데 연합함대는 별다른 전과를 거두지 못한 것은 물론, 오히려 항공모함 및 항공 병력의 대부분을 상실하고 전장을 이탈할 수 밖에 없었다. 이렇게 제공권과 제해권은 완전히 미군의 손으로 넘어갔고, 사이판, 괌, 티니안의 육상부대와 현지의 일본인은 고립무원의 상태에 놓였다.

사이판섬 옥쇄 사이판섬의 지상전은 격렬하게 전개되었다. 특히 동굴 진지에서 농성하는 수비대는 미군에 상당한 손해를 입혔다. 하지만 6월 27, 28일 무렵에는 미 해군의 함포 사격으로 인해 전력의 대부분을 상실했다.

7월 1일 현지군은 "3일간 아무것도 먹고 마시지 못한 장병들은 나무 뿌리를 씹고, 달팽이를 먹으며 저항하고 있다"고 대본영에 보고했다.

이어 7월 5일 사이토 제43사단장은 "7월 7일부터 미군을 향해 공세를 취해, 1인이 10인을 쓰러뜨린다는 자세로 전원 옥쇄할 것"이라는 취지의 명령을 내렸다고 보고했다. 얼마 후 무선 연락이 두절되었다.

괌섬 상륙 7월 8일부터 21일까지 괌섬에는 연일 함포 사격과 공습이 계속되었다. 그리고 7월 21일 아침부터 미군의 보병과 해병 각 1개 사단이 상륙을 개시했다. 사이판섬과 마찬가지로 수비대는 동굴 진지에서 저항했지만, 탄약의 부족으로 인해 미군 전차의 활동을 저지할 수 없었다. 결국 8월 10일 오바타 제31군 사령관 이하 전원이 전사했다.

티니안섬 상륙 7월 24일 미군의 2개 해병사단이 티니안섬에 상륙했다. 보병제50연대를 기간으로 한 수비대는 9일 동안 격전을 벌였고, 수비대장 오가타 케이시緖方敬志 대좌 이하 전원이 전사했다.

제3절 선후책의 결정

사이판섬에 미군이 상륙하자 대본영은 아고작전의 구상을 신중히 검토하는 한편, 在滿 사단을 추출하는 등 탈환 준비를 진행했다.

탈환 단념 아고작전은 완패로 끝났다. 하지만 육군 통수부 내에서는 절대확보요역인 마리아나諸島는 반드시 탈환해야 한다는 일반론이 유력했다.

그런데 작전부의 검토 결과는 증원부대를 보내더라도, 사이판섬에 도착할 가망이 없다는 것이었다. 그 이유는 ① 아고작전의 실패로 해군의 항모 세력 대부분이 괴멸당한 점, ② 육군은 이오지마를 거쳐 사이판섬 상공까지 도달할 수 있는 비행기를 거의 보유하고 있지 못한 점, ③ 따라서 마리아나諸島 방면의 제공권을 확보할 가능성이 없다는 점 등이었다.

원수들의 소집 戰局의 심각성을 인식한 천황은 6월 25일 원수元帥들을 소집하여, 향후의 작전지도에 대해 자순諮詢했다. 이는 태평양전쟁 개전 이래 최초의 일이었다. 후시미노미야伏見宮, 나시모토노미야梨本宮, 나가노永野, 스기야마杉山의 각 원수³(칸인노미야閑院宮 원수는 병으로 결석)의 의견을 종합하면 다음과 같았다.

(1) 사이판섬을 확보할 필요성은 크지만, 그 실행은 상당히 곤란함.

(2) 섬의 확보가 불가능한 경우, 미군의 항공기지 이용을 최대한 방해할 것.

(3) 후방 요선要線의 방비를 신속히 강화할 것.

(4) 육군과 해군 항공의 총력을 통합하여, 단일한 의지에 기초하여 작전을 지도할 필요가 있음.

금후의 작전지도대강 이렇게 긴박한 정세에서 대본영은 7월 24일 「금후의 작전지도대강今後ノ作戰指導大綱」을 결정했다.

이때는 천황이 임석한 대본영회의가 열리지 않았다. 토죠 내각의 총사직과 함께 육군과 해군의 통수부장이 경질되는 등, 다망多忙한 시점이었기 때문이다.

새롭게 결정된 작전지도방침은 필리핀, 대만, 난사이제도南西諸島(오

---

3 후시미노미야 히로야스왕伏見宮博恭王(해군), 나시모토노미야 모리마사왕梨本宮守正王(육군), 나가노 오사미永野修身(해군), 스기야마 하지메杉山元(육군).(譯註)

키나와 방면), 본토, 치시마로 이어지는 해양 제1선의 방비를 강화하는것에 주안점을 두었다(제14장에서 후술).

마리아나 상실의 영향 마리아나諸島의 상실로 중부 태평양 방면의 절대국방권絶對國防圈에 큰 구멍이 생겼다. 이로 인해 미 해군이 일본 근해로 진격하는 길이 열렸고, 일본의 안전은 크게 위협받게 되었다.

일본에게 더 큰 타격은 미 육군 항공대가 사이판과 괌에 기지를 설치하고, 일본 본토로의 폭격을 개시한 것이다(일본을 향한 첫 번째 전략폭격은 9월 24일). 그 피해 상황은 제17장에서 후술한다.

이렇게 항공 병력과 해군력이 현저하게 열세한 상황에서는 태평양 방면의 방비를 완수할 수 없다는 것이 분명하게 드러났다. 한편 戰局이 위태로운 상황이 되자 초조해진 전쟁지도자층과 중신들이 동요하기 시작했고, 정계의 이면裏面에서는 그 수습을 목표로 하는 움직임이 나타났다.

제4절 마리아나 작전의 실패와 육군

육군과 해군의 대립 앞에서 설명한 것처럼 태평양 방면은 해군이 방위를 담당하는 구역이었다. 그런데 1943년 9월 마리아나諸島가 태평양 방면의 절대확보요역(=절대국방권)으로 결정된 이후에도, 해군 부대에 의한 島嶼의 방비 강화에는 전혀 진척이 없었다. 이에 1944년 2월 무렵부터 육군 부대가 해군의 지휘 아래로 편입되어, 이들 島嶼의 방비 강화를 서두르게 되었다. 육군과 해군의 대립으로 귀중한 시간을 낭비했던 것이다.

실패의 원인 미군이 비아크섬에 상륙하자, 해군 통수부가 돌연 기존의 방침을 뒤집고 유력한 항공 병력을 비아크섬 방면으로 분할하여, 그 병력이 아고작전에 참가할 수 없었던 것은 앞에서 설명했다. 한편 아고작전에서는 레이더 성능의 현격한 차이로 일본군 비행기의 위치를 손금 보듯 하는 미군과, 전혀 예상치 못한 시·공간에서 미군을 상대해야 하는 일본군 비행기 간에 항공전이 벌어졌고, 그 결과는 명약관화했다. 여기에 일본군의 비행기는 수적으로도 열세에 있었다. 이것이 육군이 본 아고작전 실패의 원인이었다.

육군 부대의 운명 아고작전이 실패하자 미군이 제공권과 제해권을 장악하게 되었고, 마리아나諸島의 수비대는 독 안에 든 쥐의 신세가 되었다. 연안에 근접한 전함의 대구경 함포 사격에도 견딜 수 있는 수비대는 없다. 종래의 전술적인 상식은 육지 요새가 해군 함정보다 강력하다는 것이었지만, 이러한 상식이 더는 통용되지 않을 정도로 일본군과 미군의 전력 차는 크게 벌어져 있었다.

제5절 미군의 상륙 전법

전법의 특징 미군 전법의 핵심은 잔재주에 의존하지 않고, 정정당당하게 정면에서 상대로 힘으로 압도하는 것이었다. 술책術策보다 힘을 중요하게 생각하고, 또한 매사에 합리적으로 무리한 시도를 하지 않는 견실함이 특징이었다. 한편 결전을 기도하는 방면에는 육·해·공의 압도적인 戰力을 결집하여, 최소한의 희생으로 최대의 전과를 거두는 것에 주안을 두었다.

미군의 상륙 전법 역시 마찬가지였다. 예를 들어 일본군이 기습상륙을 원칙으로 했던 반면, 미군은 막대한 철량鐵量으로 상대방을 철저하게 타격한 후 全力으로 상륙하는 이른바 강습상륙強襲上陸을 상용常用했다.

그 무렵 육군 통수부가 관찰한 미군 상륙 전법의 개요는 다음과 같다.

상륙작전군의 내용 상륙작전군上陸作戰軍은 일반적으로 ① 특별임무부대Task Force(항모 집단과 전함특별임무부대 등), ② 수륙양용작전부대, ③ 상륙군(육군과 해군 부대), ④ 기지항공부대, ⑤ 보급부대 등으로 구성되었다.

특별임무부대의 항모 집단은 사이판섬 작전의 경우, 6개 그룹의 기동부대로 나뉘어 있었다. 1개 그룹은 일반적으로 항모(탑재기 약 90기) 1~2척, 개장改裝항모(탑재기 약 30기) 1~2척, 순양함 3~4척, 구축함 10~15척 정도로 구성되었다. 여기에 數隻의 전함이 추가되는 경우도 있었다. 전함으로 구성된 특별임무부대는 함포 사격으로 상륙군의 작전에 협력하는 것을 임무로 했다.

각종 함정으로 구성된 수륙양용부대는 상륙군을 해안까지 도달시키는 것을 주된 임무로 했다.

상륙군으로는 주로 해병사단이 사용되었다. 상륙군의 병력은 일본군 수비대의 2~2.5배 정도였다(애투 : 약 5배, 길버트 : 약 5배, 사이판 : 약 2.5배, 괌 : 약 2배).

상륙 전의 행동 미군은 상륙 이전에 사진 정찰, 잠수함에 의한 직접 관찰, 수비 병력의 동정 탐지 등으로 충분한 준비를 마친 후, 포격과 폭격을 실시했다. 포격과 폭격은 상륙 준비보다는 실질적으로 강습 상륙의 단계에 포함되는 것으로 보였고, 풍부한 철량을 유감없이 선보였다.

미군은 항공격멸전으로 제공권을 확보한 후, 폭격으로 상륙지점 부근의 진지 시설을 파괴·제압하고, 이어 후방교통시설을 파괴했다. 하지만 사이판섬과 같이 상륙 이전에 3회(延 비행기수 29기)의 공습만을 실시하고, 상륙 작전 개시와 동시에 대거 공습을 개시한 예도 있었다. 요컨대 미군이 가장 중요시한 것은 상륙 이전에 상륙지점 부근의 제공권을 장악하는 것이었다. 상륙은 제공권을 완전히 확보했거나, 확보할 전망이 보이는 경우에만 개시되었다.

함포 사격은 통상적으로 10~12㎞ 정도의 거리에서 실시되었지만, 해안 약 1㎞ 정도까지 접근한 예도 있었다. 이는 제공권을 완전히 장악했기에 가능했다.

함포 사격은 일본군 장병들에게 공포의 대상이었다. 전함 1척의 보유 탄약량은 약 1,900톤 정도였다. 주포의 절반이 사격한다고 가정할 경우, 그 살상력은 일본군 사단 약 5개 사단의 화력에 필적하고, 경폭격기의 폭탄 탑재량으로 환산하면 1,250기 분에 해당한다는 것이 육군 통수부의 계산이었다.

상륙 전투 가공可恐할만한 포격과 폭격이 실시된 이후, 상륙이 개시되었다. 이때의 부서部署는 상륙 그 자체가 곧 전투라는 교리에 따라, 제1선의 보병에 이어 고사포, 전차, 포병 관측부대, 포병 부대 등이 상륙했다. 사이판섬에서는 07:40경 상륙을 개시하여, 15:00경 보병의 주력이 상륙을 마쳤다. 통상적으로 상륙 첫째 날에 다수의 전차가 양륙되었다. 이렇게 신속한 상륙 속도는 그야말로 경이로운 것이었다.

교두보의 점령 최초로 상륙한 부대는 상륙지점 부근에 견고한 교두보를 점령했다. 함포 사격의 엄호를 받는 교두보는 통상 정면 4~5㎞, 종심 1~2㎞ 정도였다.

이후 상륙 병력의 증대에 수반하여 교두보는 축차적으로 확장되었다.

제6절 토죠 내각의 총사직

총사직의 이유 1944년 7월 18일 토죠 내각이 총사직했다. 그 표면적 이유는 각내閣內 불통일이었다. 하지만 육군 부내에서는 마리아나 작전의 실패에 따른 중신, 해군 측 장로, 천황 측근자들 사이에서 반反토죠 분위기가 증대된 것이 원인이라는 관측이 유력했다.

육군의 인사이동 7월 20일 코이소 쿠니아키 육군 대장과 요나이 미츠

마사米內光政 해군 대장에게 조각의 대명이 내려졌고, 7월 22일 친임식 親任式이 거행되었다. 육군대신에는 참모총장에서 물러난 후, 교육총 감으로 재직 중이던 스기야마 원수가 취임했다. 코이소 수상이 자신과 육사 동기인 스기야마 원수의 육상 취임을 강하게 요망했기 때문이라는 것이 일반적인 평가였다. 한편 7월 22일 코이소 수상은 현역으로의 복귀를 신청했지만, 육군성 당국은 이를 거절했다.

토죠 내각의 총사직과 함께 참모총장도 경질되었다. 7월 18일 관동군 총사령관 우메즈 요시지로 대장이 참모총장에 친보되었다. 우메즈 참모총장의 평소 성향에 비추어 견실한 통수가 예상되었고, 현재의 戰局에서는 오히려 과감한 통수가 필요하다는 의견도 있었지만, 일반적으로는 새로운 참모총장의 수완에 기대를 거는 분위기가 강했다.

한편 8월 4일 참모총장 2인제가 폐지되었다. 고급高級참모차장 우시로쿠 대장은 만주의 제3방면군 사령관으로 전출되었고, 전임專任의 참모차장에는 차급次級참모차장 하타 히코사부로 중장이 유임되었다. 이후 하타 중장은 1945년 4월 7일 관동군 총참모장으로 전보되었고, 후임으로 카와베 토라시로河邊虎四郎 중장이 임명되어 종전을 맞이했다.

히틀러 암살 미수 사건 토죠 내각의 총사직과 거의 때를 같이하여, 7월 20일 독일에서 히틀러 총통 암살 미수사건이 발생했다. 그 무렵부터 육군 통수부는 독일의 전도前途에 가망이 없다고 판단하게 되었다.

히틀러 총통 암살 미수사건을 통해 일본 육군은 당파黨派적 문제가 독일의 전쟁지도에서 암癌적인 존재라는 인상을 받았다. 이에 대해 일본에서는 육군과 해군의 대립이라는 기구상의 문제가 전쟁 수행의 가장 큰 장애요인이라는 것이 주류적 관찰이었고, 육군 부내에서는 그 해결을 위해 스기야마 육상과 우메즈 참모총장의 노력을 열망하는 기운이 점차 고조되었다.

제14장

일본 본토의 방비 강화

진격 방향의 판단 대본영은 일본을 향한 미국의 진격 작전 방향을 다음과 같이 예상했다.

(1) 알류샨列島 → 치시마^{千島} 방면

(2) 중부 태평양 → 일본 본토

(3) 중부 태평양 → 대만/오키나와 → 일본 본토

(4) 뉴기니/濠北 방면 → 필리핀 → 일본 본토

1943년 7월의 키스카 철수 작전 이후, 위 (1) 방향에서의 진격을 우려한 대본영은 치시마와 홋카이도 방면의 방비를 강화하기 시작했다. 이에 1944년 3월 16일 본토의 다른 군과는 달리 북방군北方軍만을 작전군으로 전환하면서, 제5방면군(사령관: 히구치 키이치로樋口季一郎 중장)으로 개칭했다. 그리고 그 전투서열에 제27군(사령관: 테라쿠라 쇼조寺倉正三 중장, 제42, 제91사단 기간)을 편입시킨 후, 치시마에 배치했다.

1944년 2월 미군 기동함대의 트럭 공습 이후, 대본영은 대만과 오키나와 방면의 방비 강화에 착수했다. 이에 3월 22일 오키나와에 제

32군을 배치하고, 대만군에도 병력을 증강했다.

본토의 방비 강화 대본영은 1944년 5월 상순, 히가시쿠니노미야 나루히코東久邇宮稔彦 방위총사령관의 예하에 동부군, 중부군, 서부군, 제10비행사단(토쿄), 제18비행단(오사카), 제19비행단(키타큐슈)를 편입시켰다.

그리고 히가시쿠니노미야 방위총사령관에게 해군과의 협동을 통해 신속히 戰備를 강화하여, 본토의 방위에 임하도록 명령했다.

이는 방위총사령관의 권한을 확장하는 것이었다. 이전까지 방위총사령관은 방위를 위해, 본토의 각 군을 구처區處[1](=지도)하는 것에 불과했지만, 이 개정으로 각 군을 직접 통수統帥(=완전한 지휘)할 수 있게 되었다.

제1절 사이판 상실 직후의 조치

대규모의 동원 대본영은 1944년 7월 6일 본토의 방비 강화를 위해, 다음과 같은 응급적 조치를 실시했다.

(1) 하치죠지마八丈島, 니지마新島, 오시마大島에 각 1개 혼성연대를 배치한다.

(2) 9개 사단(제81, 제93, 제86, 제84, 제44, 제73, 제77, 제72사단, 근위제3사단) 및 전차제4사단을 동원한다. 여기서 제81, 제93의

---

1 지휘·예속 상의 명령권은 없으나, 특정 사항에 대해 지휘·지도할 수 있는 권한을 위임받은 관청·지휘관·부대가 내리는 지시를 구처區處라고 한다. 예를 들어 사단장은 천황에 직례直隷되어있으므로, 육군대신이나 참모총장이 직접적으로 개입할 여지는 없는 것이 원칙이다. 하지만 육군대신은 군정·인사, 참모총장은 작전·동원계획, 교육총감은 교육에 관하여 사단장을 각 구처할 권한을 가지고 있었다. 秦郁彦(編), 『日本陸海軍総合事典』(東京大学出版会、2005)、719頁。(譯註)

2개 사단은 보병, 기병, 포병, 공병 등의 실시학교實施學校[2] 교도대敎導隊를 주체로 편성된 우수한 사단이고, 나머지는 유수사단留守師團[3]을 개편한 것이다.

(3) 칸토關東평야에 방공전투기 약 500기를 집결시킨다.

(4) 만주의 제18사단을 키타큐슈로 전용하여, 대본영의 예비로 삼는다. 이어 7월 15일 동부·중부·서부·조선의 각 군관구軍管區에 전시경비를 하령하여, 국내의 경비태세를 강화했다.

대본영은 7월 21일 제36군(사령관 : 우에무라 토시미치上村利道 중장, 제81, 제93사단, 전차제4사단 기간)의 전투서열을 하령했다. 제36군의 주력은 칸토 지방과 후지富士의 스스노裾野 부근에 집결·대기하며, 만일의 사태에 대비했다.

항공 전비의 강화 7월 15일에는 제18비행단 → 제11비행사단, 제19비행단 → 제12비행사단으로 각 개편하여, 방공전력을 증가시켰다.

8월에는 항공 관계의 학교들이 교도비행사단敎導飛行師團으로 개편되어, 교육을 실시하는 한편 본토방공작전도 담당하게 되었다. 그리고 교도비행사단에 의한 본토 방공작전의 일원적인 통솔을 위해, 교도항공군사령부敎導航空軍司令部(항공총감부와 2위 1체)를 신설했다.

---

2 실시학교實施學校란 육군보병학교, 육군기병학교/육군전차학교, 육군중포병학교, 육군야전포병학교, 육군공병학교 등과 같이 전투의 실시實施에 관한 교육·연구를 담당하는 학교이다. 熊谷直,「帝國陸海軍の基礎知識」(潮書房光人社、2014)、244頁。(譯註)

3 유수사단留守師團은 육군동원계획령軍動員計劃令에서 사용되는 용어이다. 내지內地·조선의 상설사단常設師團이 전지戰地로 파견되면, 당해 상설사단의 사령부 소재지에 유수사단이 설치되어 병원兵員의 보충업무 등을 담당했다. 그 장長을 평시에는 유수사령관留守司令官, 전시에 동원된 경우에는 유수사단장留守師團長이라고 했고, 통상 예비역의 장관將官이 충당되었다. 秦郁彦(編)、「日本陸海軍総合事典」(東京大学出版会、2005)、777頁。(譯註)

제2절 쇼고작전의 준비

앞에서 설명한 것처럼 대본영은 1944년 7월 24일 「금후의 작전지도대강」을 결정했고, 그 근본방침은 다음과 같다.

(1) 필리핀, 대만, 난세이제도南西諸島, 본토, 치시마로 이어지는 해양 제1선의 방비를 강화한다.

(2) 미군이 위 지역 중 어느 곳으로 공격해오더라도, 육·해·공의 전력을 집중시켜 이를 격멸할 수 있도록 준비한다(쇼고작전捷號作戰으로 호칭).

(3) 상계작전湘桂作戰(제11장 참조)의 완수로 대륙 철도를 개통하여, 해상교통로의 제약을 보완한다.

(4) 해상수송항로를 연안에 설정하여 선박을 엄호한다.

작전의 내용 쇼고작전捷號作戰은 본토 주변에서 발생할 것으로 예상되는 결전의 편의상의 호칭이었다. 쇼고작전은 이 장의 도입 부분에서 다룬 미군의 예상 진격 방향을 대상으로, 다음의 시점까지 대략적인 결전 준비를 마친 후 신속하게 이를 완수하는 것을 내용으로 했다.

(1) 쇼이치고捷一號작전(필리핀 방면 결전) : 8월 말

(2) 쇼니고捷二號작전(대만, 남서諸島 방면 결전) : 8월 말

(3) 쇼산고捷三號작전[본토(홋카이도 제외) 결전] : 10월 말

(4) 쇼욘고捷四號작전[북동 방면(홋카이도) 결전] : 10월 말

본토를 무대로 하는 쇼산고작전은 큐슈 남부·서남부, 시코쿠 남부, 이세伊勢 방면, 토요하시豊橋 방면, 사가미相模 방면, 치바千葉·이바라키茨城 방면, 센다이仙台 방면, 아오모리青森 방면을 미군의 상륙지점으로 예상했다.

쇼고작전에서 항공작전의 준비는 8월 말을 목표로 결전 태세의 정

비를 진행했다. 미군이 공격해 오는 경우 육군과 해군은 항공 병력을 결전 방면에 집중하여, 미군 주력을 포착·격멸한다는 방침이었다. 한편 본토에서는 지상에 주기^{駐機}된 비행기가 공습으로 파괴되는 것을 방지하기 위해, 대규모의 설비를 갖춘 비행장을 정비하기 시작했다.

이어 대본영은 12월 26일 제6항공군(사령관: 스가하라 미치오^{菅原道}ㅊ 중장)을 신설하고, 히가시쿠니노미야 방위총사령관의 예하로 편입시켜, 본토 항공작전의 준비에 전념하게 했다.

제3절 상륙 방어전법의 변경

도서수비요령 상륙전의 공방^{攻防}에서는 공격력이 진지의 수비력보다 강력했을 뿐 아니라, 해군 함정의 화력이 육지의 요새를 제압할 수 있는 파괴력을 발휘했으므로, 상륙을 방어하는 것은 지난^{至難}했다. 여기에 사이판섬의 상실을 목격한 다른 방면의 島嶼 수비부대가 자신감을 상실하게 되었다. 이에 대본영은 우선 「도서수비요령^{島嶼守備要領}」을 편찬하여 전군에 시달했다.

새로운 발상 「도서수비요령」은 강력한 함포 사격을 견뎌낼 수 없는 상황에서는 상륙 방어 그 자체가 성립될 수 없다는 것을 전제로, 다음의 사항을 강조했다.

(1) 진지는 치열한 포격과 폭격에 대한 내구성을 확보하여, 장기지구^{長期持久}가 가능하도록 편성·설비할 것.

(2) 진지대^{陳地帶}는 ① 수제진지^{水際陳地}[4](水際에서의 화력 발휘를 통해

---

4 일본어의 미즈기와水際란 바다, 강과 같이 물이 있는 곳의 가장자리를 의미한다. 한국어의 '물가'라는 표현에 대응되지만, '물가진지', '물가방어' 라는 용어는 원의原意를 제대로 반영하지 못하는 인상을 지울 수 없다. 한편 미즈기와는 바다는 물론 강의 가장자리를 포함한다는 점에서 해안선과도 구별된다. 따라서 여기서는 水際라는 용어를 그대로 사용하기로 한다. 水際는 『표준국어대사전』에 등재되어 있기도 하다. (譯註)

상륙부대를 공격하는 진지), ② 구속진지拘束陣地(水際진지의 후방에서 상륙부대의 교두보 확보를 저지하는 진지), ③ 주진지主陣地, ④ 복곽진지複廓陣地[5]로 구성할 것.

(3) 진지대에서 가용한 모든 수단을 동원하여 상륙부대의 전력을 감쇄시키고, 그 기회를 틈타 일거에 적을 격멸할 것.

수제격멸주의 전통적으로 일본군의 상륙 방어는 水際격멸을 원칙으로 했다. 하지만 함포 사격에 의해 水際진지가 분쇄된 전훈戰勳에 따른 반성적 고려에서, 주진지는 水際에서 상당한 거리를 두고 구축하도록 변경했다. 그리고 해상, 水際, 해안 등에서 적에게 가급적 많은 손해를 가한 후, 기회를 포착하여 전면적인 공세에 나서게 되었다.

水際격멸 v. 후방배치에 의한 격멸의 대립은 제2차 세계대전에서 새롭게 등장한 전술 영역의 문제였다. 유럽 전선에서 북부 프랑스 해안의 방어를 담당한 독일군에서는 전자를 주장한 롬멜 원수와 후자를 주장한 룬트슈테트 원수의 견해가 격렬하게 대립했다. 그리고 독일군은 전자에 입각하여 상륙 방어를 실시했다.

수제전투의 중시 후방배치에 의한 격멸을 중시한 새로운 관점에도 불구하고, 대본영은 여전히 水際전투를 통한 상륙용 주정舟艇의 격침을 포기하지 않았다. 「도서수비요령」은 水際전투에서 기관포의 위력을 중시하여, 해안선에 근접하여 배치하도록 했다. 이러한 이유로 8월 이후 다수의 독립기관포부대가 편성되었다.

해상격멸주의 하지만 상륙부대와 수송선을 함께 격침시키는 해상격멸海上擊滅이 상륙 방어의 근본원칙이라는 점에는 변함이 없었다. 즉

---

5 복곽複廓이란 요새전에서 본방어진지가 함락된 이후, 마지막까지 저항을 지속할 목적으로 요새 내부의 적당한 장소에 축설築設된 보루를 말한다. 原剛/安岡昭男(編), 『日本陸海軍事典コンパクト版(上)』(新人物往來社、2003)、164頁。(譯註)

「도서수비요령」은 육상 전투의 형태만을 변경한 것이었다.

육군은 해상격멸을 위해 ① 정박지로 들어선 수송 선단을 향한 돌격정突擊艇의 충돌, ② 항모와 수송 선단에 대한 항공기의 공격을 중시했다. 한편 ②에서 육군 항공대는 적 기동함대가 아닌 수송선을 목표로, 폭탄을 해수면에 튕겨跳飛[6] 제2탄도로 수송선에 명중시키는 훈련을 실시했다. 한편 명중률을 높이기 위해 레이테 작전부터는 비행기 자체가 목표물로 돌입하는, 이른바 '특공전법特攻戰法'이 본격적으로 채용되었다.

제4절 항공 병력의 통일 운용 문제

해군의 제안 1944년 6월 해군 통수부는 다음과 같은 제안을 육군 통수부에 전달했다. ① 육군과 해군의 항공 병력을 통합하여, 이를 공군의 방식으로 운용할 수 있는 새로운 통수기관을 신설한다. ② 신설되는 기관의 구성원은 대본영 육군부와 해군부의 직원이 겸직한다. ③ 조직의 장長은 해군이, 차급자次級者는 육군이 맡는다.

이 문제를 검토한 육군 통수부는 항공력의 통일적인 운용이라는 주의主義 자체에는 별다른 이견이 없었다. 하지만 현실적인 문제로 ① 육군에 있어 지상작전과 항공작전은 서로 분리하여 생각할 수 없다는 점, ② 육군 항공대는 해군의 해양작전에는 적합하지 않다는 점, ③ 견적필살주의見敵必殺主義에 경도된 해군의 항공 전력은 대공 화력이 크게 증강된 미 해군을 상대로 단기간에 소모될 가능성이 높다는 점 등을 이유로 해군의 제안을 거절했다.

---

6 항공기가 공격목표 앞에서 폭탄을 투하하여, 폭탄을 수면 아래에서 튕기듯이 하여 목표에 격돌시키는 폭격 방법을 Skip Bombing이라고 한다. 일본에서는 이를 육군:도비공격跳飛爆擊, 해군:반도공격反跳爆擊으로 각 번역했다. (譯註)

타협안의 성립 1944년 6월 25일 원수들이 육군과 해군의 항공을 통합적으로 지휘할 필요성에 대해 천황에게 봉답^{奉答}했다. 이후 육군과 해군의 통수부는 7월 11일 다음과 같은 타협안을 도출했다.

(1) 해군의 제12항공함대 사령장관은 작전에 관해 육군의 제1비행 사단(홋카이도)을 지휘한다.

(2) 해군의 제2항공함대 사령장관은 작전에 관해 육군의 제8비행사 단(대만)을 지휘한다.

(3) 해군의 제2항공함대 사령장관은 육군의 비행제7전대, 비행제 98전대(중폭격기)를 지휘한다.

(4) 필리핀 방면에서 육군의 제4항공군과 해군의 제1항공함대는 협 력하여 항공작전을 수행한다.

(5) 본토의 방공작전에 한정하여, 육군의 방공 비행대 지휘관은 해군의 방공 비행대를 지휘한다.

(6) 육군과 해군은 항공 기술의 협력을 더욱 긴밀히 한다.

제5절 병기에 관한 문제

본토의 방비 강화와 함께 대본영 내에서는 이른바 결전병기^{決戰兵器}를 개발하여, 戰局의 전환을 도모하려는 분위기가 나타났다. 이에 대본영은 과학적 관점을 군사의 영역에 응용하기 위해, 학자·기술자의 협력을 요청했다.

열선병기 다양한 결전병기의 착상에서 육군이 가장 열의를 보인 것은 열선^{熱線}의 실용화였다. 열원체^{熱原體}를 향하여 낙하하는 유도폭탄으로 미군의 수송선을 침몰시켜, 일거에 전세를 만회하겠다는 발상이었다.

1944년 중순 무렵 하마나호^{濱名湖} 부근에서, 많은 학자·기술자의 협 력으로 실험이 실시되었다. 하지만 문제점이 속출하여 실용화에는 이르지 못했다.

한편 열선병기의 완성을 기다릴 여유가 없이 전황은 급속도로 진전되었다. 따라서 대본영은 대량생산이 가능한 돌격정이나 특공기 등 이른바 '육탄体当り' 병기에 의지할 수밖에 없었고, 결국 결전병기는 이러한 특공병기特攻兵器의 대명사로 전락하고 말았다.

풍선폭탄 미국 본토에 대한 공격이 가능한 유일한 수단으로, 육군이 기대를 걸었던 것이 풍선폭탄風船爆彈(직경: 10m)이다. 이는 태평양전쟁 이전에 육군이 소련에 선전용 삐라를 살포할 목적으로 연구했던 풍선에서 힌트를 얻은 것이었다. 삐라 대신에 소형 폭탄을 탑재한 풍선은 편서풍(속도: 160~320km/h)을 타고, 태평양 상공(고도: 9,000~10,500m)을 날아, 미국 본토에 도달하도록 설계되었다.

풍선은 여학생들의 고사리손으로 토쿄의 유라쿠자有樂座와 일본극장日本劇場 등에서 제조되었다. 이로 인해 풍선의 재료인 곤약이 시중에서 자취를 감추는 소동도 있었다.

1944년 11월 1일부터 약 6개월간 육군의 특별기구연대特別氣球聯隊는 이바라키현茨城縣 오츠大津 부근에서, 연일 풍선폭탄을 방류放流했다(총계 약 9,000개). 그 목적은 살상이 아니라, 미국 국민들의 정신적 불안을 야기하려는 것이었다.

약간의 풍선폭탄이 미국 본토에 도달한 것은 확실했다. 하지만 그 전과는 전혀 확인되지 않았다.[7]

국방과학의 빈곤 육군의 여러 학교에서는 과학·기술에 관한 교육을

---

7 미국의 기록에 의하면 285발이 미국 본토에 도달하여, 1945년 5월 5일 오리건주에서 나무에 걸린 불발탄에 접촉한 민간인 6명이 폭사한 것이 유일한 전과였다. 한편 워싱턴주의 플루토늄 공장의 송전선에 걸린 풍선폭탄이 정전을 유발하여 원폭의 제조가 사흘간 지연되었다는 설도 있으나, 실제로는 예비전원이 가동되어 영향이 없었다고 한다. (譯註)

거의 실시하지 않았다. 과거부터 변함없이 군의 주병主兵을 자처한 보병은 승리를 위한 가장 중요한 요소는 정신력이라고 단정했다. 한편 전황이 악화되면서 전세를 역전시킬 수 있는 기적적인 병기의 출현을 기대하는 분위기가 팽만했다. 하지만 국가와 국민의 과학적 수준 자체가 높지 않은 상황에서, 정교한 병기의 제작은 불가능하다는 냉엄한 현실을 깨닫는 것으로 끝나고 말았다. 태평양전쟁 전 기간에 걸쳐 일본과 미국의 과학기술의 격차는 나날이 증대되었다.

국방과학의 빈곤은 패전의 유력한 원인이었다. 하지만 과학의 빈곤과 경시가 단지 육군만의 문제였던 것은 아니다. 이는 메이지 유신 이래 모든 것을 임시변통으로 해결해온 당연한 귀결이었다.

한편 민간 측은 기술에 관한 육군의 태도를 다음과 같은 점에서 비판했다. 그 요지는 ① 비밀주의에 대한 과도한 집착, ② 죽창주의竹槍主義적인 사고방식과 기술에 관한 이해의 부족, ③ 연구기관의 난립에 따른 책임 소재의 불명확, ④ 기술장교의 부대장 전출과 같은 적재적소의 결여 등이었다.

제15장

필리핀 결전의 실패

마리아나諸島의 상실에 즈음하여, 대본영은 맥아더 병단과 니미츠 함대가 제휴하여 필리핀을 공격할 가능성이 높다고 판단했다. 한편 1944년 9월 15일 미군이 모로타이Morotai와 펠릴리우섬Peleliu Island에 동시에 상륙한 이후, 미군의 다음 공격목표는 필리핀이라는 결론에 도달했다.[1]

제1절 펠릴리우섬과 모로타이

1944년 8월 31일과 9월 2일, 미 기동부대는 치치지마父島, 하하지 마母島, 이오지마硫黃島에 포격과 폭격을 실시했다. 이어 미 기동부대는 9월 7, 8일 이틀간 야프섬Yap Island과 팔라우諸島Palau Islands, 다음 이틀 간은 민다나오섬을 각 폭격했다. 한편 9월 12일부터 14일 사이의 이

---

1 1944년 7월 하와이의 호놀룰루에서 루즈벨트 대통령이 참석한 작전 회의가 개최되었다. 여기서 루즈벨트 대통령은 필리핀을 지나쳐 대만을 공략하고, 이어 중국 본토에 항공기지를 확보하겠다는 해군의 주장을 승인하려 했지만, 맥아더 장군의 설득으로 필리핀 공격 작전을 실시하게 되었다고 한다. (原註)

틀간 함재기가 중부 필리핀을 공격했다.

펠릴리우섬 상륙 사흘간에 걸친 포격과 폭격 후, 9월 15일 니미츠 함대의 해병사단이 펠릴리우섬에 상륙을 개시했다. 그리고 다음 날인 9월 16일 밤까지 비행장을 점령했다.

한편 수비대(제14사단의 3개 보병대대, 1개 포병대대)는 동굴 진지에서 저항하며, 야간 공격으로 미 해병대의 전진을 저지했다.

펠릴리우섬 남쪽 6해리에 있는 앙가우르Angaur섬에는 9월 17일 미군 보병사단이 상륙했다. 수비대(1개 보병대대)는 감투했지만, 전력의 현격한 차이로 9월 20일에는 섬의 대부분을 상실했다. 미군은 곧바로 중폭격기가 이륙할 수 있는 비행장의 구축을 시작했다.

앙가우르섬에서 펠릴리우섬으로의 병력 전용을 통해 증강된 해병사단은 9월 30일 무렵 펠릴리우섬의 대부분을 점령했다. 수비대는 그 후에도 약 2개월간 국지적인 저항을 계속했지만, 대세를 만회할 수는 없었다.

모로타이 상륙 9월 15일 맥아더 병단의 일부가 모로타이에 상륙했다. 모로타이의 일본군은 소규모 유격대에 불과했으므로, 본격적인 전투는 벌어지지 않았다.

일본군에게 미군의 모로타이 상륙은 커다란 타격이었다. 미군이 모로타이에 비행장을 구축하면, 필리핀의 일본군은 작전 준비에 큰 지장을 받기 때문이었다. 이에 현지의 일본군은 모로타이 탈환을 검토했지만, 항공 병력이 열세한 상황에서는 별다른 방법을 찾을 수 없었다. 결국 간헐적인 비행장 폭격 외에는 유격대의 활약에 기대를 걸 뿐이었다.

제2절 필리핀 방면의 작전 준비

제14방면군의 신설 필리핀 방면에서는 1944년 8월 기존의 제14군이 제14방면군(사령관: 쿠로다 시게노리黑田重德 중장)으로 격상되어, 8월 9일부터 통수를 발동했다. 이때 제14방면군 예하에 제35군(사령관: 스즈키 소사쿠鈴木宗作 중장)이 신설되었다.

제14방면군의 작전에는 남방군 직할의 제4항공군[2](사령관: 토미나가 쿄지富永恭次 중장, 제4비행사단, 제7비행사단 기간, 제2비행사단이 지휘하에 있었음)이 작전에 협력하게 되었다.

결전 방면 미군의 함재기는 9월 21, 22일 이틀간 북부 필리핀을 공격하여, 일본군의 비행기와 선박에 큰 손해를 입혔다.

대본영은 9월 22일 필리핀 방면을 결전 방면으로 선정하고, 10월 하순 이후를 결전 시점으로 예상했다. 이에 대본영은 테라우치 남방군 총사령관, 하타 지나파견군 사령관, 안도 대만군 사령관에게 10월 하순까지 작전의 준비를 완성하도록 명령했다. 그리고 제1사단을 제14방면군의 전투서열에 편입시키는 한편, 다수의 해상정진전대海上挺進戰隊(돌격정을 이용한 육탄공격부대)를 제14방면군, 대만군, 제32군(오키나와)에 배속시켰다.

항공대의 공격목표 이 무렵 육군 항공대의 공격목표 선정과 관련하여,

---

2 1944년 4월 말 무렵, 육군 중앙부는 在滿의 제2비행사단, 제4비행사단을 필리핀으로 전용하면서, 제2비행사단은 비행부대, 제4비행사단은 지상근무부대만을 각 지휘하도록 개편했다. 이는 공지통합空地統合을 공지분리空地分離로 전환한 것이다. 그리고 1944년 5월 12일 대본영은 제2비행사단을 남방군, 제4비행사단을 제4항공군의 전투서열에 각 편입했다. 결전병단인 제2비행사단을 제4항공군에 편입시키지 않은 것은 전력이 조기에 소모되는 것을 피하려는 취지였다. 防衛庁防衛研修所戰史室,「戰史叢書(94)陸軍航空の軍備と運用<3>大東亞戰爭終戰まで」(朝雲新聞社、1976)、273頁。(譯註)

대본영과 남방군 사이에 견해의 대립이 발생했다. 대본영이 수송 선단의 공격을 중시한 반면, 남방군은 항모 공격에 중점을 두었던 것이다. 그리고 결국은 대본영의 안으로 정리되었다.

한편 남방군은 9월 중순 쇼이치고작전(필리핀 방면의 결전)의 발동을 진언했다. 하지만 시기상조로 판단한 대본영은 이를 승인하지 않았다.

인사이동 결전을 앞두고 제14방면군에 광범위한 인사이동이 있었다. 방면군 사령관 야마시타 대장은 9월 29일 친보親補되어, 10월 6일 마닐라에 부임했다. 한편 방면군 참모장 무토 중장은 미군이 상륙한 10월 20일에야 마닐라에 도착할 수 있었다. 그 외에 다수의 방면군 참모들도 야마시타 사령관과 거의 같은 시점에 교체되었고, 필리핀 방면의 정황을 파악할 시간적 여유를 갖지 못한 채 레이테 결전을 맞이했다.

제3절 레이테섬 결전의 개요

제35군의 태세 제35군은 사마르Samar섬, 마스바테Masbate섬, 파나이Panay섬이 포함된 그 以南 지역을 수비 구역으로 했고, 세부Cebu에 군사령부를 두었다. 제35군의 총병력은 약 10만 명으로, 예하 부대의 배치는 다음과 같았다.

(1) 레이테섬 : 제16사단

(2) 비사야스Visayas지구 : 제102사단

(3) 민다나오섬

① 다바오Davao지구 : 제100사단

② 카가얀Cagayan지구 : 제30사단

③ 잠보앙가Zamboanga지구 : 독립혼성제54여단

(4) 홀로Jolo섬 : 독립혼성제55여단

전과의 과신 10월 9일부터 오키나와, 대만, 필리핀에 대한 미 함재기의 공습은 더욱 격렬해졌다. 한편 대본영 보도부는 10월 13일부터 14일에 걸쳐 발생한 대만 항공전台灣沖航空戰에서 일본 해군이 미 기동함대에 큰 타격을 가했다고 발표했다.

대만 항공전의 전과를 과신한 일본 해군은 잔적殘敵의 소탕을 명목으로, 연합함대 주력의 출격에 필요한 유조선의 증징增徵을 요청했다. 하지만 육군 통수부는 추격은 이미 시기를 놓쳤다는 등의 이유로 반대했다.

쇼이치고작전 일본 본토의 정예 전투비행대로 구성된 제30전투비행집단[3]은 편성과 동시에 필리핀으로 이동하여, 제4항공군의 전투서열에 편입되었다. 대본영은 10월 17일, 병력 미상의 미군이 같은 날 08:00 술루안Suluan섬에 상륙했다는 보고를 받았다. 다음날인 10월 18일에는 미군의 레이테섬 상륙의 징후가 분명하게 드러났다. 이에 쇼이치고작전의 발동을 결정한 대본영은 테라우치 남방군 총사령관에게 해군과 협동하여, 필리핀 방면으로 공격해 오는 미군 주력과의 결전을 통해 그 기도를 분쇄하도록 명령했다.

작전방침의 변경 대본영이 책정한 필리핀에서의 작전계획은 다음과 같았다.

①미군이 남부 필리핀으로 공격해 오는 경우: 해군 항공대 및 육군 항공대가 결전을 벌이고, 지상군은 전투에 참가하지 않는다.

②미군이 루손섬으로 공격해 오는 경우: 지상군은 해군 항공대 및

---

3   제30전투비행집단은 전투기의 공중사격, 공중전투에 관한 교육과 연구 등을 담당한 아케노육군비행학교明野陸軍飛行學校(1944년 6월 아케노교도비행사단明野教導飛行師團으로 개편)의 교관, 조교 등 베테랑 파일럿을 필리핀의 작전에 투입하기 위해, 1944년 10월 11일 창설되었다. 防衛庁防衛研修所戦史室,『戦史叢書(48)比島捷号陸軍航空作戦』(朝雲新聞社、1971)、258~259頁。(譯註)

육군 항공대와 협동하여 결전에 임한다.

이는 필리핀에 배치된 일본 육군의 병력이 부족했을 뿐 아니라, 미군의 루손섬 상륙에 대한 대응을 계획의 핵심으로 상정했기 때문이다.

그런데 미군이 레이테섬에 상륙하자, 대본영은 지상군을 결전에 투입하는 것으로 작전방침을 변경했다. 이는 앞서 벌어진 대만 항공전에서 미 해군의 항모 전력이 크게 감소한 것으로 판단했기 때문이다. 참고로 10월 16일의 대본영 발표에 의하면, 일본 해군의 전과는 항모 격침 : 10척, 격파 : 3척이었다.

물론 이러한 전과의 발표가 처음부터 어떤 의도를 품고 작위적으로 과장된 것은 아니었다. 해군 통수부는 연합함대의 전과 보고를 의심하지 않았고, 연합함대는 전과의 판정을 위한 정찰 등을 실시하지 않은 채 예하 부대의 보고를 그대로 중계한 것에 불과했다. 일반적으로 공격을 담당한 일선 부대의 전과 보고는 정확하지 않은 경우가 많고, 이는 전장의 특성상 어쩔 수 없는 부분이다. 하지만 미군의 피해 발표(순양함 2척 손상)와 대본영의 전과 발표의 간극은 몹시 컸다.[4] 이처럼 불확실한 정보에 기초하여 안이하게 결전장을 변경한 대본영의 태도에는 중대한 과실이 있었다.

남방군의 명령 10월 22일 테라우치 남방군 총사령관은 야마시타 제14방면군 사령관에게 해군 항공대 및 육군 항공대와 협력하여, 가능한 많은 병력을 집중시켜 레이테섬에 상륙한 미군을 격멸하도록 명령했다.

---

4 미군의 손해는 항공기 89기 손실, 중순양함 캔버라Canberra와 경순양함 휴스턴 Houston에 각 어뢰 1발이 명중하여 항행 불능이 된 것이었다. 수리를 마친 캔버라는 1970년, 휴스턴은 1947년까지 활동하다가 각 퇴역했다. 한편 일본군은 항공기 312기를 상실했다. (譯註)

이에 대해 야마시타 제14방면군 사령관은 ① 충분한 병력을 보유하고 있지 못한 점, ② 레이테섬으로 보낼 군수품이 준비되어 있지 않은 점, ③ 병력과 물자의 수송을 위한 선박 역시 1척도 없다는 점 등을 들어 레이테섬 결전에 부정적인 의향을 피력했다. 하지만 결국은 남방군 명령에 따라 레이테섬 결전을 지도하게 되었다.

연합함대의 손해 제14방면군의 작전에 협력하게 된 연합함대는 10월 18일 쇼이치고작전의 발동을 명령했다. 그리고 10월 25일 이른 아침 연합함대의 全力으로 레이테섬의 미 해군 함대를 협격挾擊할 계획이었다.

작전은 계획대로 진행되지 않았다. 목적지인 레이테만에 도달하기도 전에 무사시武藏를 포함한 전함 3척, 항모 1척, 개장改裝항모 3척, 순양함 9척, 구축함 8척 합계 24척의 함정이 침몰당했다. 그 외에도 순양함 4척이 대파되었다. 이와 같은 연합함대 戰力의 극심한 감소는 레이테섬의 지상 결전을 더욱 곤란하게 했다.

미군의 상륙 레이테만 연안을 수비하는 제16사단(사단장 : 마키노 시로牧野四郎 중장)은 10월 19일 미 함대의 함포 사격으로 인해 큰 손해를 입었다. 한편 다음 날인 10월 20일 약 2개 사단 규모의 미군이 타클로반Tacloban 등에 상륙을 개시했다.

스즈키 제35군 사령관은 일단 제30, 제102사단에서 각 2개 보병대대를 추출하여 레이테섬으로 급파하고, 자신 역시 11월 2일 레이테섬으로 진출했다.

다소 지연되기는 했지만, 야마시타 제14방면군 사령관은 다량의 병기, 탄약, 식량을 레이테섬으로 보내는 한편, 상해上海를 출발하여 마닐라에 갓 도착한 제1사단을 10월 27일 무렵 레이테섬으로 출항시켰다.

제1사단(사단장 : 카타오카 타다스片岡董 중장, 보병대대 2개 缺)은

11월 1일 무사히 레이테섬의 오르모크Ormoc에 상륙했다. 이즈음 레이테섬에는 제16사단(약 3,500명으로 감소)과 제1사단 외에, 제30사단(사단장 : 모로즈미 교사쿠兩角業作 중장)의 4개 보병대대와 제102사단(사단장 : 후쿠에 신페이福榮眞平 중장)의 2개 보병대대가 축차적으로 도착했다.

항공작전 초반의 항공작전에서 일본 육군 항공대는 약간의 우세를 점했다. 제4항공군은 항공기가 함선에 충돌하는 특공전법으로 미군의 수송 선단을 공격했다.

하지만 소모된 비행기의 보충이 계속되지 않았다. 한편 레이테섬에 소재한 5개 비행장 모두가 10월 26일까지 미군에게 점령당했고, 미군은 그중 2개를 곧바로 사용하기 시작했다.

10월 하순 무렵부터 일본군과 미군의 항공 세력은 서로 백중伯仲의 관계에 놓였다. 이에 10월 28일 육군과 해군의 양 통수부는 항공기와 조종사의 대부분을 필리핀 방면에 투입하여, 쇼이치고작전의 완수에 매진한다는 내용의 협정을 체결했다.

지상작전 레이테섬에 상륙한 제1사단은 11월 14일부터 오르모크 북부 지구에서 공격을 개시했지만, 미군을 격퇴할 수는 없었다. 한편 제1사단의 좌익을 엄호할 예정인 독립혼성제68여단은 산이시드로San Isidro에 상륙한 후, 좀처럼 전장에 모습을 드러내지 않았다. 제1사단의 우익에는 11월 18일이 되어서야 제102사단이 겨우 도착했다.

그 사이 대본영은 제10, 제23, 제19사단을 제14방면군으로 전속轉屬시키는 한편, 제1정진집단挺進集團(낙하산부대, 강행착륙부대 등)을 제4항공군의 전투서열에 편입시켰다.

비행장 탈환 작전 제1사단이 담당한 전선은 교착상태에 빠졌다. 제14방면군은 11월 하순 마지막 수단으로 지상부대, 글라이더부대, 낙하산부대를 이용하여 브라우엔Brauen 부근의 비행장 탈환을 시도하는 내용의 계획을 수립했다. 지상에서는 제26사단(사단장 : 야마가타 츠유오山縣栗花生 중장, 주력은 11월 7일 도착)이 진격할 예정이었다. 하지만 제26사단은 이동 도중 수송선의 침몰로 중화기 대부분을 상실했으므로, 보유한 화력장비는 극히 빈약했다.

12월 5일 저녁 낙하산부대가 대거 강하했다. 이어 다음 날인 12월 6일 저녁에는 제1정진집단의 글라이더부대가 비행장에 돌입했고, 이에 호응하는 지상부대가 돌진하여 브라우엔 비행장과 산파블로San Pablo 비행장을 일시적으로 점령했다. 하지만 계속하여 비행장을 확보할 수는 없었다.

이 무렵 레이테섬에는 미군 약 7개 사단이 상륙해 있었다(최후에는 약 9개 사단으로 증가).

제4절 레이테섬 결전의 실패 원인

오르모크 상륙 미군 제77사단은 12월 7일 레이테섬 서부 오르모크 남쪽에 상륙했고, 12월 10일 오르모크를 점령했다. 오르모크에는 일본군이 어렵게 운반한 다량의 군수품이 쌓여있었다.

오르모크의 상실로 인해 제35군은 귀중한 군수품을 잃었을 뿐 아니라, 식량 수송로가 완전히 두절되었다. 이것으로 레이테섬 결전의 대세는 결정되었다.

결전의 포기 야마시타 제14방면군 사령관은 결전의 지속을 포기하고, 12월 22일 무렵 스즈키 제35군 사령관에게 작전 지역 내에서 자구책을 마련하는 한편, 영구적으로 항전을 계속하여 향후 일본군 반격의 지탱支撑이 되라고 명령했다. 당시 레이테섬의 일본군 잔존 병력은 약 1만 1,000명이었다.

실패의 원인 1943년 말 무렵까지 대본영은 필리핀을 후방거점으로 인식했다. 하지만 戰局의 변화에 따라, 필리핀이 전장이 될 가능성이 커졌다. 이에 1944년 3월부터 작전 준비에 착수하여, 5월에는 가칭^假^稱 다이쥬이치고작전^{第十一號作戰}의 본격적인 준비를 시작했다. 그 후 미군의 필리핀 공격이 거의 확실시 되었고, 이는 쇼이치고작전으로 발전하여 더욱 역점을 두고 진행되었다. 하지만 ① 쿠로다 시게노리 제14군(후에 제14방면군) 사령관의 열의 부족, ② 필리핀으로 향하는 수송선의 침몰, ③ 필리핀 치안의 악화 등이 원인이 되어 작전 준비에는 좀처럼 진척이 없었다. 결국 미군의 레이테섬 상륙 시점에 작전 준비의 진척률은 50~60% 정도에 불과했다.

작전 실패의 첫 번째 원인은 전투 준비의 부족이다. 필리핀의 부대들은 장기간에 걸친 주둔으로 인해 군기가 이완^{弛緩}되었고, 비행장의 정비에 동원되는 등으로 對美 전법을 교육·훈련할 시간적 여유를 갖지 못한 상황에서 미군의 상륙에 직면하게 되었다.

두 번째 원인은 조령모개^{朝令暮改}적인 작전계획의 변경이다. 이로 인해 작전의 시작부터 결전 지도에 중대한 결함이 존재했고, 레이테섬의 비행장이 단시간에 미군의 손에 떨어졌다. 이는 제14방면군이 아니라, 대본영이 전적으로 책임을 부담할 사항이다. 그 사이의 상황은 앞에서 설명한 것과 같다.

세 번째 원인은 항공 전력의 부족이다. 작전 초기 일본군 항공대는 주로 미 수송선을 목표로 육탄공격을 실시했다. 그런데 비행장의 정비 상태가 불량한 탓에 파손된 비행기가 적지 않았다. 한편 10월 말 무렵에는 하루에 20~25기 정도의 비행기가 소모된 반면, 새로 보급되는 기체는 약 10기 정도에 불과했다. 신형 전투기가 수송 도중 많은 사고를 일으킨 것도 한 원인이었다. 그리고 이러한 상황은 시간의 경과에 따라 더욱 악화되었다. 일본군 항공대의 활동이 부진했던 가장 큰 원인이 여기에 있었다. 해상에서의 항모 상호 간의 교전과 달리, 필리핀의 항공작전은 보급 경쟁의 형태로 전개된 점이 특색이었다.

이 시점에서 일본과 미국의 항공기 생산 능력에는 이미 넘을 수 없는 격차가 존재했다. 따라서 어떤 조건이 일시적으로 충족되더라도, 일본군이 레이테섬 결전에서 승기를 잡을 가능성은 없었다.

네 번째 원인은 예상외의 큰 손해를 입은 연합함대의 필리핀 근해의 제해권 상실이다. 제공권과 제해권을 장악한 미군은 레이테섬을 고립시켜, 제2의 과달카날섬으로 만들려고 했다. 레이테섬의 지상 전투는 소량의 대포만을 가지고 상륙한 일본군과 우수한 화력장비를 갖춘 미군의 대결이었다. 여기서도 일본군의 승산은 전무했다.

민도로섬 상륙 12월 15일 미군 약 2개 연대가 레이테섬 북서쪽 300해리에 위치한 민도로Mindoro섬에 상륙했다. 민도로섬의 일본군은 2개 중대에 불과했다. 상륙한 미군은 곧 비행장을 정비했다.

이로 인해 마닐라는 직접적인 위협에 직면했고, 남지나해로 통하는 항로 역시 위험한 상태가 되었다.

제5절 루손섬 작전방침의 변경

변경의 경위 레이테섬 결전이 시작되고 얼마 지나지 않은 11월 9일, 야마시타 제14방면군 사령관은 해상과 항공 결전의 실패를 인정하고, 이를 토대로 향후의 작전을 고려할 것을 테라우치 남방군 총사령관에게 진언했다. 하지만 이는 받아들여지지 않았다.

레이테섬 결전의 패배가 명확해진 12월 21일, 미야자키 대본영 제1부장이 작전 연락을 위해 마닐라를 방문했다. 이때 무토 제14방면군 참모장은 레이테섬 결전을 중단하고, 루손섬 작전으로 전환해야

한다는 의견을 피력했다. 하지만 이는 작전의 형태로 결전과 지구 중
어느 쪽을 선택할 것인지에 대한 분명한 의견 표명이 없이, 단지 후자
에 조금 더 중점을 둔 것에 불과했다.

평소 「막료통수幕僚統帥[5]」를 경계했던 미야자키 제1부장은 쇼이치고

---

5 막료통수란 작전 지휘에 대한 권한을 갖고 있지 않은 막료幕僚(참모參謀의 유개념類概
念)가 권한의 범위를 유월踰越하여 통수 사항을 직접 결정하는 행태를 지칭하는 것이다.
(譯註)

작전의 진행과 관련된 사항은 남방군 총사령관에게 일임한 상태라는 이유로, 찬부贊否를 분명하게 하지 않았다. 하지만 당시 마닐라를 방문한 이무라 총참모장을 통해, 남방군은 12월 19일에 이미 제14방면군의 진언을 받아들인 상태였다.

이에 앞에서 설명한 것처럼, 제14방면군은 제35군에 레이테섬 결전을 중지하도록 명령했다. 제14방면군이 루손섬 작전의 준비에 착수한 것은 이 무렵이었다.

검토 끝에 루손섬 작전은 뒤에서 설명하는 것처럼, 지구작전을 핵심으로 하는 것으로 결정되었다.

작전의 중단 12월 27일 토쿄에서는 참모총장과 군령부총장이 레이테섬을 포함한 필리핀 전역을 결전장으로 삼아, 향후에도 쇼이치고 작전을 계속 수행하겠다는 취지로 천황에게 상주했다.

이처럼 대본영, 남방군, 제14방면군 사이에는 작전 사상의 통일이라는 측면에서 심각한 결함이 존재했다.

이후 본토 작전 준비에 망쇄忙殺된 대본영은 1945년 1월 27일 남방군에 '공격해오는 美英군을 격파하여 요역을 확보하고, 이를 통해 황토皇土와 중국 대륙으로 향하는 미군의 진격을 억제하여, 전군의 작전을 용이하게 할 것'이라는 새로운 임무를 부여했다. 이 명령으로 쇼이치고작전의 중단이 간접적으로 표명되었다.

제6절 남방군 총사령부의 이동

앞에서 설명한 것처럼 대본영은 1942년 6월 제14군을 대본영 직할로 하였다가, 1944년 3월 17일에 제14군을 다시 남방군의 전투서열로 편입시켰다.

마닐라 이전 대본영의 지도에 따라 1944년 5월 중순 남방군총사령부는 싱가포르에서 마닐라로 이전했다. 그런데 남방군의 명령에는 '전투사령소戰鬪司令所[6]를 마닐라로 추진推進한다'고 기재되어 있었다. 이는 총사령부의 위치는 여전히 싱가포르라는 의미였다.

반면 대본영은 남방군총사령부 그 자체가 마닐라로 이전한 것으로 이해했다. 이와 관련하여 대본영은 3월 17일 싱가포르에 제7방면군 (사령관 : 도히하라 켄지土肥原賢二 대장, 제16, 제25, 제29군 기간)을 신설했다.

사이공 이전 1944년 8월 무렵, 테라우치 총사령관은 필리핀의 결전 준비와 관련된 총사령관의 현지 지도가 일단락되었다는 이유로, 원래의 사령부로 돌아가고 싶다는 의사를 대본영에 전달하면서, 총사령부가 이동을 희망하는 장소로 싱가포르와 사이공을 특정했다.

이에 대해 대본영은 필리핀 결전이 임박한 시점에 총사령부의 위치를 변경하는 것은 예하 부대에 미치는 심리적인 영향이 크다는 이유로 반대했다. 하지만 테라우치 총사령관은 마닐라는 전투사령소에 불과하다는 주장을 굽히지 않았고, 결국 대본영은 마지못해 이를 용인할 수밖에 없었다.

이렇게 레이테섬 결전이 한창이던 1944년 11월 17일, 남방군 총사령부는 마닐라를 떠나 사이공으로 이동했다.

제7절 루손섬 지구작전

작전계획 제14방면군이 입안한 루손섬 작전계획의 요지는 다음과 같았다.

---

6 전투사령소란 전투의 지휘를 위해 지휘관이 소요所要의 막료를 이끌고 일시적으로 사령부를 떠나 위치하는 곳을 의미한다. 原剛/安岡昭男(編), 『日本陸海軍事典コンパクト版(上)』(新人物往來社、2003)、145頁。(譯註)

(1)방면군은 마닐라 동쪽 산지^{山地}, 클라크필드^{Clark Field} 서쪽 산지, 바기오^{Baguio}, 발레테^{Balete} 고개의 산지를 거점으로, 루손섬 중부로 진입하려는 미군을 여러 방면에서 구속^{拘束}하여, 그 진격을 지연시킨다.

(2)바탕가스반도에 지대를 파견하여, 미군의 마닐라 진입을 견제한다.

(3)아파리^{Aparri}(필리핀의 북단) 부근에 병력을 배치하여 미군의 상륙을 저지하는 한편, 카가얀계곡을 확보한다.

한편 향후의 작전 수행을 위해 마닐라시를 포기한다는 방침에 해군은 동의했다. 그런데 토미나가 제4항공군 사령관은 강경한 반대 의사를 표명했고, 1945년 1월 7일까지 마닐라에서 농성했다.

방면군의 태세 이 무렵 필리핀의 게릴라는 매우 성가신 존재가 되어 있었다. 미군이 루손섬에 상륙하면, 모든 주민이 게릴라로 변할 가능성이 있다고 판단한 제14방면군은 1944년 11월 중순부터 무장게릴라에 대한 토벌을 시작했다.

1944년 12월 말 무렵 제14방면군의 총병력은 약 9만 명으로, 각 병단의 태세는 다음과 같았다.

(1)마닐라 동쪽 거점 : 제8사단장(요코야마 시즈오^{橫山靜夫} 중장)이 지휘하는 제8사단(3개 보병대대와 1개 포병대대 缺)을 기간으로, 진무집단^{振武集團}으로 호칭.

(2)클라크필드 서쪽 거점: 제1정진집단장(츠카다 리키치^{塚田理喜智} 중장[7])이 지휘하는 제1정진집단 주력, 제10사단의 1개 보병연대, 육군과 해군 항공부대의 지상근무요원 등으로 구성되어, 건무집단^建

---

7   츠카다 제1정진집단장은 1945년 3월 1일 중장으로 진급했다. 福川秀樹, 『日本陸軍 將官辞典』(芙蓉書房出版、2001)、472頁。(譯註)

武集團으로 호칭.

(3) 북쪽 거점: 상무집단尚武集團(제14방면군을 지칭)의 주력으로 그 배치는 다음과 같음.

① 링가옌만 지구 : 제23사단(11월 하순에 상륙)과 독립혼성제 58여단이 배치되어, 주력은 링가옌만 동안東岸을, 기타 병력은 링가옌만 서안西岸을 각 점령.

② 산호세 지구: 제10사단(12월 23일 상륙, 수송 도중 병력의 1/3을 상실, 1개 보병연대는 바탄반도 방면에 파견, 상륙 당시 사단장이 장악한 병력은 약 5개 중대)과 전차제2사단의 주력은 카바나투 안Cabanatuan 부근에 집결 중.

③ 루손 서북안西北岸 지구 : 보병제79여단장이 지휘하는 약 3개 보병대대.

④ 아파리 지구 : 제103사단[8]의 주력.

⑤ 발레르만Baler Bay 및 카시구란만Casiguran Bay 지구 : 3개 보병대대.

⑥ 산페르난도San Fernando 지구: 제19사단(12월 19일 상륙, 병력의 약 1/3은 대만에 잔류)이 집결 중.

1944년 여름 무렵부터 수송선의 약 80%가 격침된 상황에서 확보할 수 있었던 병기·탄약류는 극소량에 불과했고, 대전차병기는 전무했다. 여기에 빈약한 육상수송 수단과 부족한 식량은 작전 준비의 가장 큰 애로사항이었다.

링가옌만 상륙 이에 앞서 미군의 함재기는 1944년 12월 15, 16일 이틀간 마닐라만을 공격했다. 이어 1945년 1월 6, 7일 이틀간에도 루손

---

8   제103사단은 1944년 6월 루손섬에 주둔하던 독립보병제32여단을 기간으로 편성된 사단으로, 예하에 보병제79여단(독립보병제175, 제176, 제178, 제356대대로 구성)과 보병제80여단(독립보병제177, 제179, 제180, 제357대대로 구성)이 있었다. (譯註)

섬을 다시 공격했다. 이즈음 미 폭격기와 게릴라부대는 도로, 교량, 터널 등을 공격하며, 일본군의 이동을 저지했다.

1월 9일 미군은 맹렬한 포격과 폭격을 실시한 후, 링가엔만 남안^{南岸}에 상륙을 개시했고, 당일 밤까지 약 7만 명을 양륙시켜 폭넓은 교두보를 확보했다. 한편 같은 날 밤 일본군의 돌격정은 수송선단을 육박 공격하여, 적어도 약 20척에 손해를 입혔다.

상륙한 미군은 1월 11일 무렵부터 제23사단(사단장 : 니시야마 후쿠타로^{西山福太郎} 중장)의 진지를 공격했다. 일본군은 주간에는 진지를 확보하고, 야간에는 돌입전법을 시도했다. 하지만 이곳에서도 대세를 만회할 수는 없었다. 1월 23일 무렵부터 제23사단의 진지는 도처에서 분단·포위되었다.

마닐라 진격 이 무렵 아그노강^{Agno River} 만곡부^{彎曲部}를 도하하여 남진을 개시한 미군 부대가 건무집단의 진지를 돌파하고, 마닐라에 접근했다.

한편 1월 29일 수빅만^{Subic Bay} 부근의 루손섬 서부 해안에 상륙한 미군 부대는 바탄반도를 가로질러 동쪽으로 진격했다. 이어 미군의 낙하산부대는 1월 31일 마닐라 남방의 바탕가스반도 나스구브^{Nasugubu}에 강하했고, 2월 6일 마닐라 근교의 니콜스필드^{Nichols Field}에 도달했다. 북쪽, 서북쪽, 남쪽에서 마닐라를 향해 공격을 개시한 미군은 2월 23일 구시가지에 돌입했다.

치열한 포격 및 폭격과 함께 미군은 2월 15일 바탄반도의 끝자락에 상륙했다. 다음 날인 2월 16일에는 낙하산부대가 코레히도르에 강하했다. 코레히도르의 일본군 수비부대는 약 2주에 걸쳐 저항을 계속했고, 최후에 이르러 동굴 진지를 스스로 폭파했다. 마닐라항^港은 3월 초순부터 미군에 의해 다시 가동되기 시작했다.

필리핀제도의 점령 2월 28일 팔라완섬의 동해안에 상륙한 미군은 곧바로 일본군의 2개 비행장을 점령했다. 이 비행장을 이용하는 미 육군 항공대의 활동반경에는 남지나해는 물론 말레이와 버마 방면까지 포함되었다.

루손섬의 격전과 병행하여 미 해군은 필리핀諸島의 점령을 개시했고, ① 3월 10일 민다나오섬 서부 상륙 및 3월 18일 파나이섬 상륙, ② 3월 26일 세부섬 상륙, ③ 4월 17일 민다나오섬 남부 상륙으로 이어졌다. 이들 섬의 일본군 수비대는 모두 국지적인 저항을 시도했지만, 대세를 거스를 수는 없었다.

바기오와 발레테고개 제23사단 정면의 미군은 2월 중순에도 여전히 공격을 계속하고 있었다. 이 무렵 제23사단과 독립혼성제58여단은 후방의 산악지역으로 후퇴했고, 제19사단은 본톡Bontoc 지구로 이동했다. 또한 제4항공군은 이미 그 전력을 완전히 소진한 상태였다. 한편 식량의 부족 상태는 더욱 심각해졌다.

3월 중순 무렵부터 바기오와 발테레고개를 잇는 산악지대가 지상전의 주요 무대가 되었다. 일본군의 필사적인 저항으로 미군의 전진은 소강상태에 빠졌다. 미군은 4월 1일 레가스피Legazpi에 상륙하여 북진했다. 바기오 부근에서는 여전히 격전이 지속되었다.

4월에 들어 승기를 잡은 미군은 4월 23일 바기오를 점령했다. 이어 5월 13일 발레테고개를 점령했다. 6월 5일에는 밤반Bamban 부근을 장악했다.

방면군의 농성 미군의 진격으로 일본군은 궁지에 몰렸다. 이에 야마시타 제14방면군 사령관은 6월 15일 아신강Asin River 상류의 산악지대에서 농성하며, 항전을 계속하기로 결정했다.

이 무렵 태평양전쟁의 초점은 오키나와로 옮겨져 있었고, 오키나와의 작전 역시 이미 막바지에 접어든 상태였다.

6월 21일 미군과 게릴라부대가 아파리를 점령했다. 6월 23일 아파리 남쪽에 강하하여 남진을 개시한 미군의 낙하산부대는 북상하는 부대와 연결되어, 카가얀계곡을 점령했다. 하지만 제14방면군은 여전히 산악지대의 진지에서 농성하며 저항을 계속했고, 이러한 상황에서 종전을 맞이했다.

방면군의 전법 루손섬의 제14방면군은 옥쇄전법을 채택하지 않았다. 제14방면군은 미군을 루손섬에 구속한다는 작전목적을 달성하기 위해, 부족한 병력으로도 마지막까지 분전했다. 쉽게 포기하고 목숨을 초개처럼 버리는 것을 미덕으로 여긴 일본군에서, 참고 견디며 항전을 지속하는 것은 오히려 어려운 일이었다. 제14방면군이 압도적인 미군을 상대로 종전까지 저항을 지속할 수 있었던 이유가 여기에 있다.

미군 당국의 발표에 의하면 필리핀에서 미군의 인적 손해는 사망·부상·행방불명을 합해 6만 628명이었다.[9]

---

9   일본군의 인적 피해는 전사戰死·전병사戰病死: 33만 6,352명, 전상戰傷: 1만 2,573명 등 합계 34만 8,925명으로 발표되었다.(譯註)

제16장

남방 지역의 작전

남방군의 전략적 지위 1944년 말 무렵부터 1945년 초순의 기간, 대본영은 1945년 내로 일본 본토 주변에서 마지막 결전이 벌어질 것으로 예상했다.

이 무렵 남방에서는 필리핀과 버마에서 작전이 계속 중이었다. 하지만 남방의 전략적 중요성이 저하되었으므로, 향후 남방군은 본토 결전에 기여할 수 있도록 작전을 지도해야 하는 상황이 되었다.

이에 대본영은 남방군의 기본적 임무의 변경, 佛印의 안정적 확보를 위한 조치, 본토 결전을 위한 연료·항공부대·항공요원 등의 본토 환송遷送에 관한 연구를 진행했다.

제1절 남방군의 기본적 임무의 변경

대본영은 1945년 1월 27일 테라우치 남방군 총사령관에게 중요한 명령을 하달했다. 이는 남방군의 기본적인 임무를 변경하는 것으로, 그 요지는 다음과 같다.

(1) 남방군 총사령관은 공격해오는 美英군을 격파하여 요역을 확보

하고, 이를 통해 황토皇土와 중국 대륙으로 향하는 미군의 진격을 저지하여, 전군全軍의 작전을 용이하게 할 것.

특히 준거할 요강은 다음과 같음.

① 필리핀 방면에서는 루손의 요지를 확보하여, 공격해오는 미군의 격파에 노력할 것.

② 남방의 중핵 지역인 인도지나, 태국, 말레이, 수마트라의 각 요역을 확보할 것.

③ 위의 2항목 이외의 방면에서는 연합군이 탈환을 기도하는 요충, 특히 중요 자원의 산출지와 주요 기지에 중점을 두어 확보에 노력할 것.

④ 이하 생략

(2) 남방군 총사령관, 지나파견군 총사령관, 제10방면군 사령관 (=대만군사령관)은 항공기와 소형함정을 이용하여 교통을 유지하는 한편, 남방과 중국 대륙을 잇는 내륙 연락로連絡路의 확보에 노력할 것.

제2절 불인의 처리

병력의 증강 버마와 필리핀 방면의 일본군의 전황 악화, 프랑스 본토의 드골 정권의 세력 회복 등으로 인해 佛印에서는 반일反日적 움직임이 급증했다.

당시 佛印에 주둔하는 일본군 병력은 소규모에 불과했다. 이에 대본영은 1945년 1월 華南 방면의 제22, 제37사단을 육로를 통해 佛印으로 이동시켜, 제38군(사령관: 츠치하시 유이츠土橋勇逸 중장) 예하로 편입시켰다.

무력처리 필리핀을 거점으로 하는 미군이 佛印으로 상륙할 가능성을 상정한 대본영은 佛印의 동요를 방지할 조치를 강구할 필요성을 통감했다. 이에 1945년 2월 28일 테라우치 남방군 총사령관에게 만일의 사태가 발생하는 경우, 佛印을 처리하라는 명령을 하달했다.

1945년 3월 9일 駐佛印 일본대사는 日佛印공동방위협정에 입각하여 佛印총독에게 다음과 같은 사항을 요구했다. 이는 ① 佛印군과 무장경찰대는 일본군의 지시에 따라 행동하며, ② 철도·해운·통신 등 작전에 필요한 시설 등을 일본군이 관리하도록 하고, ③ 佛印의 각종 시설·기관 등에 일본의 요청에 전면적으로 협력하라는 취지의 지령을 즉시 시달하라는 것 등이었다.

하지만 佛印 당국은 이 요구를 거절했고, 약 3만 명의 일본군은 요구를 관철하기 위한 무력처리를 개시했다. 이에 3월 11일까지 북부와 남부 佛印의 철도 연선의 요지를 장악하고, 3월 중순 무렵에는 약 7만 명의 佛印군 대부분의 무장을 해제했다. 그리고 서북부와 중부의 산악지대로 도주한 佛印군의 토벌에 나섰다.

제3절 버마 방면의 전황

버마의 전략적 지위 대본영이 1945년 1월 27일 테라우치 남방군 총사령관에게 하달한 명령에 따르면, 남방의 중핵 지역(인도지나, 태국, 말레이, 수마트라) 방위의 전방 거점인 남부 버마는 반드시 확보해야 할 대상이었다. 즉 중국과 인도의 연락을 차단·봉쇄한다는 남방군의 기존 임무가 해제되고, 남부 버마가 전초지역이 되었던 것이다. 한편 1월 28일 미군의 트럭이 버마 동부 국경을 통과하여, 곤명昆明으로 향했다.

반격 의도의 좌절 앞에서 설명한 것처럼 버마방면군(사령관 : 키무라 헤이타로木村兵太郎 대장[1])은 1945년 초순 무렵 이라와디강 주변에서 전력의 회복을 도모하며, 반격의 기회를 엿보고 있었다. 하지만 2월 하순 바간Bagan 부근에서 이라와디강을 도하한 英印군이 메이크틸라Meiktila를 점령하였으므로, 만달레이Mandalay는 북쪽과 서쪽에서 공격받게 되었다.

만달레이 부근에서는 3월 21일까지 격전이 계속되었으나, 결국 함락되었다. 이로 인해 버마방면군의 이라와디 주변 전선은 유지할 수 없는 상황이 되었다.

버마 작전의 종말 남방군은 버마방면군에 로이코Loikaw, 퉁구Toungoo, 랭군을 잇는 선에서 태세를 정리하도록 명령했다. 하지만 5월 3일 英印군이 랭군에 입성했으므로, 일본군의 버마 작전은 더 이상 지속될 수 없게 되었다.

그동안 인도국민군은 제15군과 함께 행동하며, 이라와디강 주변의 회전會戰에도 참가했지만, 버마가 함락되자 해체를 피할 수 없었다. 인도국민정부 찬드라 보스 수반은 1945년 4월 24일 랭군을 탈출했고, 임시정부는 사이공으로 이동했다. 찬드라 보스는 대북台北에서 토쿄로 도주하던 중,[2] 비행기 사고로 사망했다.

한편 국내 경비를 담당한 버마군은 이라와디 작전을 전후로 크게 동요하기 시작했고, 英印군이 일본군 전선을 돌파하던 시점에 전면적인 반란을 일으켰다. 바모 수상은 겨우 일본으로 도피했다.

---

1 키무라 헤이타로 버마방면군 사령관은 1945년 5월 7일 대장으로 진급했다. 福川秀樹,「日本陸軍将官辞典」(芙蓉書房出版、2001)、265頁。(譯註)

2 태평양전쟁 종전 후 찬드라 보스는 소련으로 망명하여 인도독립운동을 계속하려는 계획을 세웠다. 이에 대련大連으로 가기 위해 1945년 8월 18일 14:00 일본군의 97식 중폭격기에 탑승했으나, 이륙 직전에 비행기가 제방에 충돌하여 폭발하는 사고로 인해 사망했다. 따라서 原文의 기술記述은 오류이다.(譯註)

임팔 작전의 개시 직전 버마 방면의 일본군 총병력 약 33만 명 중 전사戰死·전병사戰病死자는 약 20만 명 이상이었다.

제4절 보르네오 방면의 전황

1944년 10월 하순 육군과 해군의 협정이 체결되었다. 이에 따라 셀레베스섬은 제2방면군 사령관, 남南보르네오섬은 제37군(사령관:바바 마사오馬場正郎 중장, 2개 독립혼성여단 기간) 사령관이 각 해군부대를 함께 지휘하여 육상 방위를 담당하게 되었다.

미군의 필리핀 탈환 작전과 병행하여, 美濠군은 1945년 5월부터 보르네오섬 작전을 시작했다. 첫 번째 목표인 타라칸섬에는 5월 15일 호주군 1개 사단이 상륙했다. 두 번째 목표인 브루나이만에는 6월 10일 호주군 1개 사단이 상륙하여, 세리아Seria와 미리의 유전을 탈환했다. 세 번째 목표 발릭파판에도 7월 1일 호주군이 상륙했다.

이들 지역의 일본군은 소수에 불과했으므로, 모두 국지적인 저항을 시도하는 것에 그쳤다.

제5절 기타 정면의 정황

버마, 佛印, 보르네오, 필리핀, 뉴기니를 제외한 남방 지역에서는 대체로 평온함이 유지되었다. 종전終戰 직전의 태세는 다음과 같다.

(1) 싱가포르에 사령부를 둔 제7방면군(사령관 : 이타가키 세이시로 板垣征四郎 대장)은 다음의 3개 군을 통솔하고 있었다.

① 제29군(사령관 : 이시구로 테이조石黒貞藏 중장, 제94사단 및 기타)

② 제16군(사령관 : 나가노 유이치로長野祐一郎 중장, 제48사단 및 기타)

③ 제25군(사령관 : 타나베 모리타케 중장, 근위사단 및 기타)

(2) 濠北 방면은 제2방면군사령부와 제19군사령부가 복원復員한 후, 마카사르Makassar 부근에 사령부를 둔 제2군(사령관 : 테시마 후사타로 중장, 제5, 제36사단 및 기타)이 수비를 담당하고 있었다.

(3) 태국에는 제18방면군(사령관 : 나카무라 아케토中村明人 중장)이 주둔하며, 임팔 작전에서 큰 타격을 입은 제15군(사령관 : 카타무라 시하치片村四八 중장) 등을 지휘하고 있었다.

(4) 항공부대는 싱가포르에 사령부를 둔 제3항공군(사령관 : 키노시타 하야시木下敏 중장)이 제5비행사단, 제7비행사단,[3] 제9비행사단 등을 통솔하고 있었다.

---

3 1945년 2월 13일 제4항공군이 해체되자, 제7비행사단은 2월 17일 제3항공군 예하로 전속轉屬되었다. 防衛庁防衛研修所戦史室,『戦史叢書(48)比島捷号陸軍航空作戦』(朝雲新聞社、1971)、583頁。(譯註)

제17장

이오지마와 오키나와의 상실

1944년 12월 레이테 결전을 단념한 대본영은, 미군의 다음 진격 방향을 ① 필리핀을 기점으로 華南에 상륙하여 항공기지를 설치한 후, 오키나와로 진격하는 루트와 ② 華南에 상륙하지 않고, 바로 오가사와라제도小笠原諸島를 공략한 후 이어 오키나와와 대만으로 향하는 루트 중 하나일 것으로 예상했다.

제1절 이오지마 작전

전략적 가치 이오지마硫黃島[1]에 3개의 비행장[2]과 방공감시기관[3]을 설치

1 　硫黃島는 이 섬에 유황硫黃이 많은 것에서 유래한 명칭이다. 전전戰前까지 이 섬을 도민島民과 육군은 いおうとう(이오토), 해군은 いおうじま(이오지마)로 호칭했다. 그리고 미국의 점령을 거쳐 섬의 시정권施政權이 일본으로 반환된 1968년 이후에는 이오지마라는 호칭이 주로 사용되었다. 그런데 2007년 6월 18일 국토지리원國土地理院과 해상보안청海上保安廳은 이오토를 정식명칭으로 결정했다. 본문에서는 일반적으로 익숙한 이오지마로 표기했다. (譯註)
2 　키타 비행장北飛行場, 모토야마 비행장元山飛行場, 치도리 비행장千鳥飛行場. (譯註)
3 　B-29 폭격기는 이오지마가 속한 오가사와라諸島 상공을 지나는 루트로 일본 본토로 향했으므로, 일본군은 감시를 위한 인원과 무선 전신 시설을 배치하여, 일종의 조기경보 시스템을 구축했다. (譯註)

한 일본군은 이를 이용하여 마리아나의 미군 항공기지를 공격했다.

한편 미군에게도 이오지마는 매력적인 존재였다. 마리아나에서 출격하는 B-29 폭격기를 이오지마의 비행장에서 이륙한 전투기가 호위할 수 있기 때문이다. 또한 이오지마를 근거지로 하는 중형폭격기의 작전반경 내에는 일본 본토가 포함된다. 이러한 이유로 니미츠 함대는 이오지마의 공략을 시도하게 되었다.

수비병력 1944년 6월 15일부터 미군은 이오지마에 대한 포격과 폭격을 시작했고, 이는 12월 이후 더욱 격렬해졌다. 그리고 1945년 2월 16일부터는 상륙 작전을 염두에 둔 포격과 폭격으로 전환했다. 한편 미 기동함대의 함재기는 2월 16, 17일 이틀에 걸쳐 토쿄 부근의 항공부대, 시설, 비행기 공장 등을 폭격했다.

이오지마의 일본군 수비 병력은 제109사단장 쿠리바야시 타다미치栗林忠道 중장이 지휘하는 9개 보병대대, 1개 전차연대(전차 23량), 2개 포병대대(약 40문), 5개 속사포대대(약 70문), 5개 박격포대대(약 110문)의 육군 합계 약 1만 7,500명과 해군 약 5,500명(중포重砲 20문, 기관포 170문)이었다.

미군의 상륙 사흘간에 걸친 포격과 폭격 이후, 2월 19일 09:00 미군 2개 해병사단이 이오지마 동남쪽 해안에 상륙을 개시했다. 미군은 20:00까지 병력 약 1만 명과 전차 약 200량을 양륙시켰다. 그리고 일본군의 필사적인 저항에도 불구하고, 다음 날인 2월 20일 저녁에는 첫 번째 비행장을 점령했다.

미군이 암호를 사용하지 않은 평문平文으로 "손해가 크다. 전차를 한 번에 상륙시키지 마라", "아무것도 필요 없으니, 즉시 의무대醫務隊를 보내달라", "연료 집적소가 화염에 휩싸여 있다" 등의 무전을 발신한 것은 이때의 일이었다.

이틀 후인 2월 21일에는 세 번째 해병사단이 상륙했다. 이에 기세를 더한 미군은 2월 23일 두 번째 비행장과 이오지마의 남단에 솟아 있는 스리바치야마摺鉢山를 점령했다. 그리고 이틀 후인 2월 25일까지 섬의 절반을 장악했다.

이 무렵 다시 일본 근해에 모습을 드러낸 미 기동함대는 2월 25일 토쿄 부근의 비행장과 항공기 공장을 공격했고, 다음날인 2월 26일에는 하치죠지마八丈島를 공습했다. 이는 이오지마에 대한 일본군 항공부대의 지원 작전을 방해하려는 목적으로 판단되었다.

제109사단의 감투 이오지마에서는 격렬한 지상전이 계속되었다. 2월 26일에는 특히 치열한 격전이 전개되었으나, 전선에는 별다른 변화가 없었다. 미군의 포격은 날로 증가하여, 하루에 약 3만 발의 포탄을 발사하기도 하였다. 한편 섬의 상공에는 항상 미군의 항공기가 제공制空하고 있었고, 섬의 사방에는 강력한 미 함대가 배치되어 있었으므로, 이오지마는 말 그대로 사면초가의 상황에 놓였다.

제109사단은 돌입과 역습을 실시하며 감투했다. 하지만 중과부적의 상황으로, 2월 27일 무렵 주진지가 연달아 돌파·분단되었다. 3월 2일에는 세 번째 비행장과 모토야마무라元山村의 대지臺地를 상실했다.

미군의 전차는 저항을 계속하는 일본군의 동굴 진지를 이 잡듯이 뒤지며, 화염방사기를 사용하여 소탕했다. 일본군의 조직적인 저항은 급속히 약화되었다.

상황이 이에 이르자 쿠리바야시 사단장은 3월 17일 밤, 자신을 선두로 전원이 장렬한 총공세를 감행하기로 결심했다. 그리고 이러한 취지를 대본영에 보고한 후, 무선연락을 끊었다.

한편 육군 통수부는 이오지마 주변의 미 함대에 대한 공격 방법을 검토했다. 하지만 수적으로 열세인 육군 항공대는 해양 비행에 익숙

하지 않았으므로, 별다른 대책이 없었다. 결국 제6항공군이 산발적인 공격으로 미 함선에 약간의 손해를 입히는것에 그쳤다.

이오지마에 상륙한 미 해병대는 약 6만 명으로, 사상자 2만 200명 중 전사자는 약 4,300명이었다.

제2절 오키나와 작전

대만의 병력 1944년 말까지 대만과 오키나와 방면에는 대략적인 戰備가 완성되었다. 그런데 필리핀 방면의 전황이 악화됨에 따라, 대만의 방비를 강화할 필요성이 대두되었다. 이에 대본영은 1945년 1월 8일 대만 남부 가의嘉義에 사령부를 두는 제40군(사령관: 나카자와 미츠오中澤三夫 중장)의 편성을 하령하고, 이어 제9, 제71사단을 증파했다.

1945년 2월 말 무렵, 대만의 지상 병력은 5개 사단(제10, 제50, 제66, 제71, 제9사단)과 6개 여단이었다.

제9사단의 빈자리 오키나와에 배치되어 있던 제9사단이 대만으로 전용됨에 따라, 제32군(사령관: 우시지마 미츠루牛島滿 중장)의 예하 병력은 제24, 제62사단 및 독립혼성제44여단으로 축소되었다.

이에 그 빈자리를 채우기 위해 본토의 제84사단[4]을 파견하기로 결정하고, 내주內奏까지 마쳤다. 하지만 이도離島에 병력을 증파하는 것보다, 본토의 戰備를 강화하는 것이 보다 중요하다는 미야자키 슈이치宮崎周一 제1부장의 강경한 주장에 따라, 제84사단의 파견은 중지되었다.

당시 일본 정부는 국내에서의 염전厭戰 분위기 증폭에 대해 크게 우려하고 있었다. 이에 정부는 오키나와로 공격해오는 미군에 큰 타격을 가해, 전쟁을 종결로 이끌 실마리를 찾으려고 했다. 하지만 미야자

---

4 1944년 7월 유수제54사단의 일부를 기간으로하여 히메지姬路에서 편성된 제84사단은 당시 중부군 예하에 있었다. (譯註)

키 제1부장은 국민들의 사기에는 별다른 관심이 없었고, 오직 순수한 작전적 견지에서 본토 결전에 기대를 걸고 있었다. 여기서 정부와 대본영의 사고의 차이를 엿볼 수 있다.

결국 제9사단의 빈자리를 채우기 위한 조치는 실행되지 않았다. 이는 제32군의 방어 작전을 근본적으로 파탄에 이르게 한 가장 큰 요인이었다.

대본영의 명령 대본영은 2월 3일 안도 리키치安藤利吉 제10방면군 사령관에게 대만과 오키나와 방면으로 미군의 해군과 항공 기지가 진출하는 것을 저지하여, 전반 작전의 수행을 용이하게 하라는 명령을 내렸다.

이는 오키나와 작전의 성격을 명확히 드러내는 것이었다. 즉 쇼니 고捷二號작전(대만과 오키나와 방면의 결전)의 실행을 지시한 것이 아니라, 미군의 기지 확보를 저지하여 전반 작전의 수행, 즉 본토 결전을 용이하게 하는 것이 작전목적이었다.

항공작전의 준비 육군과 해군 통수부는 미군의 격멸과 본토 방위태세의 강화를 위해 육군과 해군의 항공 전력을 통합적으로 운용하고, 특히 특공 병력의 활용에 중점을 둔다는 방침을 세웠다. 이에 육군은 오키나와 방면에 제6항공군(본토) 소속의 비행기 약 200기와 특공기 약 300기, 제8비행사단(대만) 소속의 비행기 약 200기와 특공기 약 250기, 합계 약 970기를 투입하기로 결정했다.

미군의 상륙 미 기동함대는 3월 2일 오키다이토지마沖大東島를 포격했다. 이어 3월 18, 19일의 이틀에 걸쳐 큐슈의 비행장들과 쿠레吳의 일본 함대를 공격했다. 대본영은 이러한 정황을 토대로 미군의 오키나와 상륙이 임박한 것으로 판단했다. 3월 24일 또 다른 기동함대가 오키나와 동남 해안을 포격하고, 동시에 오키나와 본도本島 해역의 소해掃海를 시작했다. 이어 3월 26일 미군 1개 사단이 케라마열도^{慶良間列島}에 상륙하여, 3월 31일 케라마열도와 카미야마지마^{神山島}를 점령했다.

이에 앞서 3월 19일 오키나와 방면 작전의 원활한 수행을 위해 제6항공군이 연합함대 사령장관의 지휘를 받게 되었다.

3월 26일 일본군은 육군과 해군의 항공 병력을 통일적으로 운용하는 텐고^{天號}항공작전을 개시했다. 제6항공군과 제8비행사단은 오키나와 방면의 미군 수송선단을, 해군 항공대는 미 기동함대를 찾아 공격했다. 하지만 결정적인 전과를 거두지는 못했다.

4월 1일 아침 격렬한 함포사격이 오키나와 본도의 대지를 진동시켰다. 미군은 08:30부터 오키나와 본도 서안^{西岸} 나카가미^{中頭}방면에 상륙을 시작하여, 정오 무렵까지 2개의 비행장[5]을 점령했다. 미군의 상륙은 빠른 속도로 진행되어, 해가 질 무렵에는 약 5만 명의 병력이 양륙을 마쳤다.

제32군의 분투 제32군은 섬의 남부 지구에 주력을 배치한 이른바 후퇴배비^{後退配備}를 기조로, 일부 병력을 섬의 중부와 북부에 배치했다. 그리고 마지막 단계에서 유격전을 실시할 계획이었다. 하지만 상륙 첫날에 2개 비행장을 상실했으므로, 제32군의 임무 달성은 매우 어렵게 되었다. 제9사단의 빈자리가 채워지지 않았던 것이 제32군에 큰 부담으로 작용했다.

상륙에 성공한 미군은 섬을 동서로 횡단하여, 4월 3일 오키나와의 동쪽 해안에 도달했다. 이어 해병사단은 북진, 육군의 보병사단은 남진을 각 개시했다.

대본영은 오키나와 작전 성공의 열쇠는 유효적절한 항공작전의

---

5 키타 비행장^{北飛行場}(요미탄^{読谷})과 나카 비행장^{中飛行場}(카데나^{嘉手納}).(譯註)

실시와 미군의 상륙거점 구축의 저지에 있다고 판단했고, 제32군의 적극적이고 과감한 반격을 기대했다. 이러한 대본영의 요망에 따라 안도 제10방면군 사령관은 제32군에 반격을 명령했다. 이에 4월 8일 밤 제32군은 제1선에 제62사단(사단장: 후지오카 타케오藤岡武雄 중장), 제2선에 제24사단(사단장: 아마미야 타츠미雨宮巽 중장), 제3선에 기타 부대를 배치하고, 키타 비행장北飛行場 동쪽 고지를 목표로 삼아 공격을 시작했다. 초반에는 공격이 순조롭게 진행되는 것처럼 보였지만, 얼마 지나지 않아 미군의 농밀濃密한 화력이 일본군을 가로 막았다. 결국 상당한 피해를 입은 일본군은 4월 13일 공세를 중지하고, 원래의 진지로 귀환했다. 이 무렵까지 상륙한 미군의 규모는 약 6개 사단이었다.

연합함대의 괴멸 일본 육군과 해군의 항공대는 4월 6일부터 공격을 강화했다. 제공권이 확보되어 있지 않은 상황에서, 전함 야마토大和를 위시한 연합함대의 잔여세력은 카데나嘉手納 앞바다를 목표로 출격했다. 하지만 4월 7일 미군 함재기의 공습으로 큰 손해를 입었다. 이는 의도를 이해하기 어려운 자멸적 행동이었다.

한편 특공대特攻隊는 연일 기지를 이륙하여 오키나와로 향했다. 4월 11일에는 미 기동함대를 공격했고, 4월 12일 이후에는 수송선을 목표로 돌입했다. 이에 특공기의 발진을 저지하려는 미군 함재기가 4월 15, 16일 이틀간 큐슈의 비행장을 공격했다.

치열한 지상전 오키나와에서는 격전이 계속되었다. 미군은 4월 19일부터 일본군 진지의 정면을 향해 공격을 재개했다. 미 기동함대는 함포사격으로 이 공격을 지원했다. 하지만 동굴 진지의 일본군은 지형과 지물을 교묘히 이용하며, 미군에 큰 손해를 가해 격퇴했다.

한편 오키나와의 북부에서는 쿠니가미지대國頭支隊[6]가 미 해병사단의 북상을 저지하기 위해 노력했다. 하지만 전력이 저하되어 조직적 저항이 곤란하게 된 4월 22일 무렵에는 유격전으로 전환했다. 이렇게 전장의 초점은 섬의 남부로 이전되었고, 미군의 주력도 이동했다.

5월 3일 제32군은 두 번째 공세에 나섰다. 미군 제1선의 병력이 교대하는 틈을 이용하려는 것이었다. 하지만 이번에도 미군에 엄청난 화력에 가로막혔고, 각 사단의 병력은 1/4~1/5, 군 포병은 1/2로 감소되었다. 결국 5월 5일 공세를 중단하고, 원래의 진지로 복귀했다.

이 무렵 특공기는 활발한 활동으로 상당한 전과를 거두었다. 이에 미군의 함재기가 특공기의 발진을 억제하기 위해 5월 13, 14일 이틀과 5월 24일에 다시 큐슈의 비행장을 공격했다.

5월 26일 무렵 미군은 일본군이 구축한 진지대陣地帶로의 침투에 성공했고, 이로 인해 나하那覇와 슈리首里 북쪽의 전선은 혼란 상황에 빠졌다. 미군의 무반동포(발사시의 반동이 적고, 인력으로 휴대할 수 있는 포)는 일본군 동굴 진지의 총안銃眼 제압에 매우 효과적이었다.

항공작전의교착 5월 21일 육군과 해군 항공대는 북상 중인 미 수송선단을 공격했다. 또한 5월 25일 밤에는 키타北, 나카中 2곳의 비행장에 의열부대義烈部隊 152명이 강행 착륙 후 돌입하여, 비행장을 일시적으로 제압하기도 하였다.

하지만 5월 말 무렵에 이르자 항공 작전은 교착 상태에 빠졌고, 대

---

6 原文에는 國崎支隊로 기재되어 있으나, 이는 國頭支隊의 오기誤記이다. 쿠니가미지대(지대장: 독립혼성제44여단 제2보병대장 우도 타케히코宇土武彦 대좌)는 이에지마지구대伊江島地區隊(제2보병대 제1대대 기간), 제2보병대 제2대대, 제3유격대, 제4유격대, 지대 직할부대 등으로 구성되어, 오키나와 북부 쿠니가미國頭 방면의 방위를 담당했다. 防衛庁防衛研修所戰史室、『戰史叢書(11)沖繩方面陸軍作戰』(朝雲新聞社、1968)、346頁。(譯註)

본영은 전세를 만회할 가능성이 없다는 판단에 이르렀다. 이에 본토 결전 태세의 신속한 확립을 위해, 대본영은 5월 26일 제6항공군을 연합함대 사령장관의 지휘에서 제외시켰다.

한편 미군의 함재기는 6월 2, 3일 이틀과 6월 8일 큐슈의 비행장을 공격했다.

저항의 종말 오키나와의 제공권은 미군이 완전히 장악했고, 일본 해군은 이미 무력화되었다. 그러자 제32군의 운명은 그저 시간문제에 지나지 않게 되었다. 6월 21일 우시지마 제32군사령관은 비장한 내용의 마지막 전보를 대본영에 타전하고, 무선연락을 끊었다. 이날 미군은 일본군의 작은 동굴 거점 2개가 남아있지만, 조직적 저항은 끝났다고 발표했다.

제3절 공습의 증가

피해의 급증 일본 본토를 향한 미군의 폭격은 1944년 2월 하순 무렵부터 규모와 빈도가 급증했고, 도시와 군수공장의 피해가 늘어났다. 그 개요는 다음과 같다.

피해별 연월	공습 횟수	공습기	사상자	건물 피해	이재자羅災者
1942년~1944년	76회	2,079기	6,444명	23,655호	62,498명
1945년 1월	79회	598기	3,634명	7,561호	18,891명
1945년 2월	78회	3,193기	4,222명	38,735호	85,352명
1945년 3월	91회	4,608기	147,645명	68,028호	394,283명
1945년 4월	101회	2,997기	19,870명	306,252호	1,169,099명
1945년 5월	123회	5,462기	38,890명	372,686호	1,320,414명

1945년 5월 무렵 육군성에 올라온 보고에 의하면, 공습 직후의 군수공장 출근율은 20~30%, 전재지戰災地의 군수공장 평균 출근율은

60% 전후였다.

생산의 급감 공습의 증가로 군수생산은 지속적으로 저하되었다. 예컨대 비행기 생산량(육군기와 해군기 합산)은 1945년 1월 : 1,943기, 2월 : 1,263기, 3월 : 1,937기, 4월 : 1,860기, 5월 : 1,625기로, 1944년의 평균 월산 2,352기를 훨씬 밑돌았다.

보통강普通鋼의 생산도 1945년 일사분기는 25만 3,000톤으로, 1944년 사반기 평균 약 68만 톤의 절반에도 미치지 못했다. 한편 같은 기간 알루미늄 생산량은 6,565톤으로 1944년의 사반기 평균 3만 톤의 1/4정도에 불과했다.

제18장

중국 방면의 작전 (Ⅲ)

1945년에 들어서자 중국 방면의 작전에는 큰 변화가 생겼다. ① 지나파견군의 가장 중요한 임무가 對美작전준비로 변경되어 戰備의 중점이 연해沿海지구로 옮겨졌고, ② 소련의 對日 개전에 대비하기 위해 數個 사단이 중국 전장에서 만선滿鮮방면으로 추출·전용되었다.

제1절 중국병비의변경

1944년 말 무렵 중국에 주둔 중인 일본 육군의 병력은 일반사단 25개, 전차사단 1개, 독립혼성여단 10개, 독립보병여단 11개 등이었다.

대본영의구상 대본영은 1944년 연말부터 1945년 초순에 걸쳐, 중국 戰備의 중점을 華南과 華中의 해안 방면으로 전환하는 것을 고려하게 되었다. 이는 지나파견군의 작전 방향을 서쪽에서 동쪽으로 변경하여, 對美전의 준비를 시작하려는 것이었다. 그야말로 중국 戰備의 획기적인 변경이었다.

지나파견군의구상 이 무렵 지나파견군은 중경을 향한 진격 작전의 실시를 강하게 요망했다. 상계작전의 전과를 이용하여 강하게 압박하면, 국민당 정부가 단독강화에 응하거나 혹은 무력한 존재로 전락할 가능성이 있다는 판단에 기초한 것이었다.

이에 대해 대본영은 ① 일본과 독일의 전세가 악화된 상황에서 국민당 정부가 항전을 단념할 것으로는 생각하기 어렵고, ② 사천 평지로의 진격에 필요한 보급 소요량의 검토가 필요하며, ③ 일본 본토의 방비 강화가 시급한 상황에서 지나파견군의 병력이 오지奧地로 진격하는 것은 고려의 여지가 있다는 이유로 소극적인 의견을 피력했다.

타협안 성립 대본영은 1945년 1월 22일 오카무라 지나파견군 총사령관에게 華中 및 華南 연안, 특히 양자강 하류에 戰備의 중점을 두도록 하면서, '중국 대륙으로 진격해 오는 미군을 격파하여 그 기도를 파쇄하고, 대륙의 요역을 확보함과 동시에, 중경 세력의 쇠망을 기도할 것'이라고 명령했다. 이는 전반적인 병력 운용에 영향을 미치지 않는 범위에서, 중국의 오지로 소규모 부대가 정진기습挺進奇襲 작전을 실시하는 것은 허용하는 취지였다.

계획의 개요 이러한 기도를 토대로 대본영이 입안한 중국 戰備 계획의 요목要目은 ① 일본, 만주국, 중화민국(南京)의 중요 지역의 엄호에 필요한 항공기지의 확보, ② 華中과 華南 연안으로의 미군 상륙의 파쇄, ③ 치안 확보를 위한 戰備의 신속한 정비, ④ 소련의 정세 격변에 대응할 수 있는 육군 총예비병단總豫備兵團의 확보였다. 시기적으로는 1945년 봄여름春夏 무렵까지 대략적인 태세를 정비한 후 필요한 부분을 수정하여, 다음 해인 1946년 여름까지 대륙에서 불패의 태세를 완성한다는 것이었다.

필요한 병력은 1945년 봄여름까지를 제1단계로 하여, 작전사단 20개, 치안사단 20개, 특별경비사단(중공中共 상대의 사단) 6개, 혼성여단 17개, 교통선 수비병력 50개 대대로 증강한다는 계획을 세웠다. 이에

2월 초순부터 3개 사단(제131, 제132, 제133사단), 12개 혼성여단, 7개 독립경비대의 편성에 착수하여, 3월에 들어서 순차적으로 편성을 완료했다.

한편 양자강 하류 방면의 戰備를 강화하기 위해, 華北과 華中의 병력을 전용하여 상해와 항주 주변에 집중시켰다. 또한 만주의 제6군사령부도 이 방면으로 전용했다.

미군의 오키나와 작전이 개시된 후에도, 대본영은 미군의 다음 상륙 지점이 상해 부근 또는 산동반도 남부 중의 한 곳일 것으로 판단했다. 이에 4월 18일 대본영은 오카무라 지나파견군 총사령관에게 중국 주둔 일본군의 최정예 부대인 제3, 제13, 제27, 제34의 4개 사단을 華南에서 이 방면으로 추출·전용하도록 명령했다.

제2절 서쪽을 향한 작전

미군의 활동 상계작전 이후 중국에 주둔하는 미 육군 항공대는 지강芷江, 청진淸鎭, 귀양貴陽(이상 호남·귀주지구), 重慶, 소통昭通, 성도(이상 사천지구), 노하구老河口, 양산梁山, 안강安康, 서안西安, 남정南鄭(이상 서북지구), 곤명, 운남역雲南驛, 보산保山, 육량陸良, 정공呈貢, 양가羊街, 점사霑査(이상 운남지구) 등의 각 비행장을 확장하는 한편, 비행기를 증강하여 중국 전역에 걸친 항공격멸전과 해상·육상 교통의 차단을 기도했다.

1945년 2, 3월 무렵 출격 기수(延)는 월평균 약 1,700~2,000기, 출격 횟수(延)는 300~400회로 급증했고, 지속적인 증가 추이를 보였다. 특히 노하구를 중심으로 하는 서북지구의 항공기지에서 출격하는 비행기의 활동이 활발하여, 진포선津浦線과 경한선京漢線 철로, 비행장 및 양자강을 왕래하는 선박 등을 향한 공격이 격화되었다.

노하구 작전 이에 지나파견군은 노하구(한구의 서북쪽)의 항공기지를 복멸覆滅할 목적으로, 1945년 3월 11일부터 제12군의 주력(제110, 제115사단, 전차제3사단, 기병제4여단 기간)과 제34군의 제39사단을 동원하여 작전을 개시했다. 이 작전은 대체로 순조롭게 진행되어, 4월 8일 제12군은 노하구를 완전히 점령했다.

지강 작전 지나파견군은 4월 15일 제20군 주력(제47, 제116사단, 독립혼성제58여단)으로 지강 작전을 개시했다. 이 작전의 목적은 지강(형양의 서쪽) 부근의 항공기지를 복멸하는 동시에 호남 방면의 중국군 주력을 격파하여, 중국 서남 방면의 전선戰線을 정리하기 위한 작전(후술)을 용이하게 하려는 것이었다.

제20군은 보경寶慶(형양의 서쪽) 서쪽의 험준한 지형을 극복하며 전진했다. 그런데 지강 부근에서 미국식 장비로 무장한 중국군과의 교전이 벌어졌고, 격렬한 화력에 저지당해 큰 손해를 입었다. 결국 5월 9일에는 공세를 단념할 수밖에 없었다.

제3절 병력의 전용과 화남 전면의 정리

1945년 5월 말 무렵, 오키나와를 점령한 미군의 다음 목표는 華中 및 華南 연안으로 예상되었다. 한편 소련은 2월 말부터 유럽 전선에서 극동으로 병력 수송을 개시하고, 4월 5일에는 일소중립조약을 파기했으므로, 만선滿鮮 방면의 방비 강화는 초미焦眉의 급무急務가 되었다. 이에 대본영은 양자의 조화를 도모할 필요를 느끼게 되었다.

대본영은 먼저 華北과 華中 방면에서 제39, 제59, 제63, 제117의 4개 사단 및 제34군사령부를 추출하여, 滿鮮 방면으로 전용했다. 그리고 그 공백을 메우기 위해 호남, 광서, 강서의 3개 성 방면의 상계선과 월한선 연변의 점거지역에서 병력을 철수하기로 결심했다. 그리고 이에 관한 명령을 5월 28일 오카무라 지나파견군 총사령관에게 하달했다.

　월한선 개통 작전 종료 후 약 4개월 만에 전선의 축소를 결정한 대본영의 결단은 임팔 작전이나 과달카날섬 작전과 비교할 때 매우 신속한 것이었다. 하지만 대본영의 작전지도에 일관성이 결여되어 있다는 비판을 면하기는 어려웠다.

제4절 종전 직전의 정황

중국군의 의도 1945년 초여름 무렵, 중국군의 기도에 관한 육군 통수부의 판단은 다음과 같았다.

(1) 중국군의 총병력은 약 300개 師, 약 300만 명이다. 핵심 전력으로 보이는 미국식 장비를 갖춘 師는 8월 무렵 15~20, 연말까지 30개로 증강될 것이다. 그 외에 일반 중국군의 장비도 함께 개선될 가능성이 크다.

　중공군의 기간 부대는 약 50만 명 규모로, 민병의 조직화에 따른 항일 전력은 경시할 수 없다.

(2) 미국과 중국의 항공 전력은 8월경에는 약 1,000기, 연말경에는 1,200기로 증가될 것이다.

(3) 중인공로中印公路를 경유하는 援蔣물자는 8월경에는 매월 약 5만 톤, 연말경에는 매월 약 10만 톤에 이를 것이다.

(4) 미군의 중국 본토 상륙에 책응策應하여, 중국군은 미국식 장비를 갖춘 師를 주체로 하는 병력으로, 일본에 대한 반격에 나설 것이다. 초반에는 계림, 유주, 광동지구에서 호남성 방면으로 향할 것으로 예상되고, 연말 무렵에는 무한과 양자강 하류 지역 일대에서 총반격에 나설 가능성이 높다.

작전계획의 개요 이 무렵 지나파견군이 입안한 작전계획의 개요는 다음과 같다.

(1) 지나파견군은 주력으로 華中과 華北의 요역을 제압하여, 소련과 중국을 상대로 지구持久를 도모한다. 한편 연안 요역으로 공격해오는 미군을 격파하여, 황토皇土의 결전을 용이하게 한다.

(2) 對美 戰備의 중점은 華中의 삼각지대(양자강 하류의 지구), 산동 반도의순서로 한다. 부득이한 상황에서도 남경과 북경 주변, 무한 지구는 반드시 확보한다.

개략적 태세 지나파견군은 6월에 수립된 이 작전계획에 기초하여 태세를 정비하던 중 종전을 맞이했다. 종전 당시의 개략적인 태세는 다음과 같다.

(1) 제23군(사령관: 타나카 히사카즈田中久一 중장): 제104, 제129, 제130사단 및 기타 부대로 구성되어, 광동 부근의 요역을 확보 중.

(2) 제6방면군(사령관: 오카베 나오사부로岡部直三郎 대장): 제11군, 제20군으로 구성되어, 무한지구에서 형양지구에 걸친 지역에서 일부 부대가 이동 중.

① 제11군(사령관: 카사하라 유키오笠原幸雄 중장): 제58사단 및 기타부대로 구성되어 계림 방면에서 철수 중.

② 제20군(사령관: 반자이 카즈요시坂西一良 중장): 제64, 제68, 제116사단 및 기타 부대로 구성되어, 형양 부근과 무한지구에 걸쳐 주둔 중.

③ 제3, 제13, 제34, 제132사단은 이동 중.

(3) 제13군(사령관: 마츠이 타쿠로松井太久郎 중장): 제60, 제61, 제65, 제69, 제161사단 및 기타 부대로 구성되어, 주력은 양자강 하류 지대, 일부는 호구湖口(구강九江의 동쪽) 및 남부 진포선 요역을 점령 중.

(4) 제6군(사령관: 소가와 지로^{十川次郎} 중장): 제70, 제133사단 및 기타 부대로 구성.

(5) 북지나방면군(사령관: 시모무라 사다무^{下村定} 대장)

① 제1군(사령관: 스미다 라이시로^{澄田賖四郎} 중장): 제114사단 및 기타부대로 구성되어, 사령부는 산서성 태원^{太原}.

② 주몽군^{駐蒙軍}(사령관: 네모토 히로시^{根本博} 중장): 제118사단 및 기타 부대로 구성되어, 사령부는 장가구^{張家口}.

③ 제12군(사령관: 타카모리 타카시^{鷹森孝} 중장): 제110, 제115사단, 전차제3사단 및 기타 부대로 구성되어, 사령부는 정주^{鄭州}.

④ 제43군(사령관: 호소카와 타다야스^{細川忠康} 중장): 제47사단 및 기타 부대로 구성되어, 사령부는 제남^{濟南}.

(6) 지나파견군 직할 병단: 제27, 제40, 제131사단, 비행제13사단. 종전 당시 지나파견군의 총병력은 약 105만 명이었다.

제19장

일본 본토의 결전 준비

육군과 해군의 경합 일본 본토의 방비 강화에 따라 육군과 해군은 여러 영역에서 치열하게 경합競合했다. 그야말로 별星과 닻錨의 상극相剋이었다.[1] 이는 국력의 낭비와 戰力 발휘의 저해를 초래한 주요한 원인이었다.

문제점 본토의 방비 강화에는 여러 난제難題가 있었다. ① 군의 소집에 따른 노동력 부족과 그로 인한 생산력 저하 및 식량 부족, ② 동원된 부대를 수용할 숙사宿舍의 부족, ③ 동원된 부대가 사용할 병기의 부족, ④ 작전 준비를 위한 공사 재목材木의 벌채에 따른 소유자와의 분쟁 등이 그것이었다.

군기의 이완 전황의 부진, 공습의 격화, 식량의 부족 등이 초래한 군에 대한 불신은 염전厭戰 분위기로 이어졌다. 여기에 일본 전역에서 나타난 장병들의 규율 문란, 특히 식량과 관련된 불군기不軍紀 행동은 국민들의 큰 반감을 야기했다. 이는 병력의 증대에 따른 군의 소질 저하 및 식량의 부족이 큰 원인이었다.

---

1   별은 육군, 닻은 해군을 각 상징한다. (譯註)

수뇌부의고심 이러한 상황에서 육군 수뇌부의 고심은 깊어졌다. 군·관·민의 일치단결이 본토 결전의 필수적인 요건이었기 때문이다. 이에 군 수뇌부는 군의 자숙自肅을 강하게 촉구하면서, 동시에 전의戰意의 앙양昂揚과 군·관·민의 全力 결집을 호소했다. 특히 아나미 육상은 '덕의德義가 곧 戰力'이라고 강조하며, 군의 올바른 행동을 지속적으로 강조했다.

외지外地에서와 달리 본토 작전의 준비는 간단한 것이 아니었다. 제도적 측면을 정비하기 위해 육군성은 「군사특별조치법軍事特別措置法」을 제86의회, 「전시긴급조치법戰時緊急措置法」을 제87의회에 각 제출하여, 귀족원과 중의원의 협찬協贊을 얻었다. 이들 법률의 제정으로 축성築城, 설영設營 기타 군사상 긴급한 사항의 정비가 보다 용이하게 되었다.

본토 작전의 준비는 육군성 소관에 속하는 사항이 많았으므로, 대본영의 요구가 육군성에 의해 억제되는 경우가 적지 않았다. 이러한 이유로 작전 준비의 진행에 따라, 전쟁지도와 작전지도에 관한 육군성의 발언력이 점차 증대되었다. 그런데 이 과정에서 대본영과 육군성의 사무적인 사항에 대한 교섭에 과도한 시간이 소요되는 경우가 적지 않았다. 이에 대본영과 육군성의 업무 처리를 원활·신속하게 하고, 조직의 축소를 통한 참모 요원의 염출捻出을 위해, 4월 25일 대본영과 육군성의 2~3개 과가 통합되었다.[2,3]

---

2 신설된 대본영 제4부는 제3과(편제·동원)와 제12과(전쟁지도)로 구성되었다. 제3과는 제1부 소속에서 이관되었고, 제12과는 참모차장 직속이던 제20반이 과로 격상된 것이었다. 防衛庁防衛研修所戦史室, 『戦史叢書(82)大本營陸軍部<10>昭和二十年八月まで』(朝雲新聞社, 1975), 149頁。(譯註)

3 제4부장은 육군성 군무국장(요시즈미 마사오吉積正雄 중장), 제3과장은 군무국 군사과장(아라오 오키카츠荒尾興功 대좌), 제12과장은 군무국 군무과장(나가이 야츠지永井八津次 소장)이 그 직을 각 병유倂有(겸임兼任이 아님)하게 되었다. 다만 참모본부의 직제는 개정되지 않았으므로, 참모본부에는 제4부가 존재하지 않았다. 秦郁彦(編), 『日

제1절 육군과 해군의 통합문제

육군과 해군의 통합문제 1945년 1월부터 5월에 걸쳐, 육군 부내에서는 해군과의 통합을 촉진하려는 움직임이 일어났다.

이 문제는 오랜 현안이었다. 하지만 육군과 해군이 각자의 전통을 묵수墨守하는 상황에서 그 실현은 거의 절망적으로 보였다.

그런데 戰局이 긴박하게 진전되자, 과거와는 양상을 달리하여 진지한 검토가 시작되었다. 육군은 본토 결전에 앞서 육군과 해군을 일원화하여, 통일된 의지 아래 군의 총력을 결집해야 한다고 보았고, 그 이유는 다음과 같았다. ① 현재까지의 손해는 어느 일부분에 발생한 것에 불과하고, 육군의 주력은 여전히 건재하다. ② 건재한 주력으로 곧이어 개시될 본토 결전에 대처하려 하고 있다. ③ 해군이 대부분의 戰力을 상실하여 무력화되었고, 연합함대사령부가 토쿄 부근의 육상陸上[4]으로 이전하여, 육군과 해군이 동일선상에 위치하게 되었다.

한편 아나미 대장은 스즈키 내각의 육상으로 입각하면서, 이 문제의 해결을 입각의 한 조건으로 제시하기도 하였다.

육군의 제안 이 문제에 관해 육군 측이 제시한 교섭안은 다음과 같았다.

(1) 육군과 해군의 통수부를 일원화한다.

(2) 육군성과 해군성을 존치하고, 국방성國防省으로 통합하지 않는다.

(3) 다만 육군성과 해군성의 경리국, 의무국, 법무국은 통합한다(해

『本陸海軍総合事典』(東京大学出版会、2005)、529頁。(譯註)

4 연합함대가 창설된 청일전쟁 이래, 사령부는 연합함대의 기함旗艦에 위치했다. 그런데 태평양전쟁에서 연합함대 사령장관은 단순한 수상부대의 전투지휘관을 넘어, 해상작전 전반의 총지휘관으로서 보급부대는 물론 기지항공대까지 지휘하게 되었다. 이에 따라 사령부 인원이 증가했고, 함정 내에서는 거주·근무공간은 물론 통신 시설의 확보도 어렵게 되었다. 결국 연합함대사령부는 1944년 8월 15일 카나가와현 요코하마시 히요시日吉의 케이오기쥬쿠대학 히요시캠퍼스의 지하호地下壕로 이전했다. (譯註)

군에는 병무국兵務局이 없음).

(4) 다음으로 군무국을 통합한다.

(5) 인사국은 육군과 해군이 별도로 유지한다.

(6) 육군성과 해군성의 대신과 차관은 가급적 육군과 해군 일방이
  겸임한다(아나미 육상은 요나이 해상이 육상을 겸임하고, 자신은
  육군차관 겸 해군차관을 맡아도 좋다고 언명).

교섭은 요나이 해상의 강한 반대로 진척되지 못했다. 육군과 해군
에는 각자의 오랜 전통이 있으므로 통합이 어렵다는 것이 이유였으
나, 그다지 명료한 것은 아니었다. 다만 4월 27일 육군과 해군의 보도
부가 통합되어, 정보국情報局[5]에 편입되었다.

제2절 1945년 봄의 국력 판단

1945년 봄 무렵, 국력에 관한 대본영의 판단은 다음과 같았다.

1) 인적 국력

1945년 1월 무렵 본토의 생산연령(14세~61세)의 인구 구성은 다
음과 같다.

유업자有業者	약70%
무업자無業者	약 19%(약 10%가 학생)
군軍 요원要員	약11%

1944년 11월 실시한 국민등록의 결과는 다음과 같다(징용대상은
남자: 14세~61세, 여자: 14세~40세의 독신자).

---

5 정보국은 전쟁에 대한 여론 형성, 프로파간다 및 사상 검열의 강화를 목적으로 1940년
  12월 6일 내각 직속으로 발족한 기관으로, Intelligence에 관한 업무를 수행하지는 않았
  다.(譯註)

유직자	군수산업	약39%
	민수산업	약21%
	농업	약40%
비고	노동력을 염출할 여유가 없는 상황에서, 추가적인 민수산업의 압축·정리는 곤란. 전쟁 전 약 500만 명 이상이던 상업 종사자는 이 무렵 200만 명 이하로 감소.	

생산 부분	남자	약56%
	여자	약44%
비고	남자 산업종사자의 47%는 병역의무자	

군대의 소질은 대략 다음과 같다.

① 군대 내의 현역 보유율

시점	전체 병졸·하사관 중 현역자 비율	전체 장교 중 육사 출신자의 비율
개전 전	약60%	약36%
1944년 말	약40%	약25%
본토 兵備 완성 후	약15% 이하	약12% 이하

② 현역병의 징집율(전체 병역 적령자 중 입영자의 비율)

1941년	51%
1942년	60%
1943년	60%
1944년	89%
1945년	90%
비고	1944, 1945년의 2년간은 第3乙[6] 이상을 모두 현역으로 징집했다.

---

6 징병적령(평시 만 20세)에 달한 일본인 남자는 본적本籍 소재지의 징모구徵募區에서 징병검사를 받았다. 체격 기준은 시기에 따라 다소의 변동이 있었으나, 대체로 4종으로 구별되었다. ① 甲種: 신장 152cm 이상의 신체 강건한 자. ② 乙種: 第1乙, 第2乙, 第3 乙로 구분되며, 현역 복무에 적합한 자(태평양전쟁 전반기까지는 第1乙과 第2乙만 징집). ③ 丙種: 현역부적격자(第2國民兵役). ④ 丁種: 병역부적격자. ⑤ 戊種: 적부適否 판정이 어려운 자(徵集延期). 秦郁彦(編), 『日本陸海軍総合事典』(東京大学出版会, 2005), 754頁。(譯註)

2) 물적 국력

1945년도의 물적 국력의 목표는 강재鋼材 300만 톤, 비행기 4만기, 갑조선甲造船[7] 150만 톤 이상이었고, 액체연료 제품은 일본, 만주, 중국 전체에서 160만㎘였다. 전년도의 계획과 비교할 때 비행기를 제외한 나머지는 현저하게 감소했고, 액체연료의 충족률은 약 50%에 불과했다.

육군의 지상 軍備에 사용할 수 있는 강재는 약 26만 톤으로, 전년도의 약 60%에 불과했으므로, 육군 軍備의 충족은 지난至難할 것으로 예상되었다. 따라서 육군과 해군의 자재 정비의 일원화, 자재 종목의 정리 및 대용 자원의 이용 촉진 등을 통해 정비품整備品의 증가를 도모하는 한편, 현지 정비의 강화, 유휴 자재의 전력화, 노획 자재의 이용 등을 장려할 필요가 있었다.

한편 3월 말 현재, 육군의 연료 재고는 매우 심각한 상황이었다. 항공휘발유 보유량은 약 12만㎘에 불과했고, 9월 이후에는 알코올만이 남을 것으로 예상되었다. 자동차 연료 보유량은 약 7만㎘으로, 이사반기에는 바닥을 드러낼 것으로 보였다. 중유 역시 이사반기에는 전무할 것이 확실했다.

3) 식량

식량 사정의 전망 역시 어두웠다. 1945년도 미곡米穀 수확 예상량은 1944년도의 약 6,000만 석을 밑돌 것이 확실했고, 미곡 보유량도 1944년도의 약 260만 석에서 1945년도에는 약 230만 석으로 감소할 것으로 예상되었다. 외국에서 쌀을 수입하는 것이 불가능했으므로, 만주에서의 잡곡류 이입移入(1945년 일사분기의 이입 계획은 만주에서 107만 톤)에 최대한 노력해야 했다.

---

7   일본의 전시표준선戰時標準船 중 강선鋼船을 갑조선甲造船, 목조선木造船을 을조선乙造船으로 호칭했다.(譯註)

군 동원 병력의 증가와 작전 준비를 위한 재고의 확보에 따라 군수용 미곡의 소요량은 1944년도의 약 300만 석이 1945년도에는 약 500만 석으로 증가했다. 결국 보리와 감자류를 포함해도, 1인당 하루 2홉 3작의 배급조차 어려운 상황에 봉착했다. 한편 소금의 부족량은 약 35만 톤이었다.

제3절 본토 병비 계획의 개요

작전대강 대본영은 1945년 1월 20일 「제국육해군작전대강^{帝國陸海軍}作戰大綱」을 책정했다. 그 요지는 다음과 같다.

작전의 중점은 미군의 진격을 저지하는 것에 있다. 이를 위해 각지에서 종심^{縱深}에 걸쳐 미군의 전력을 격파하고, 전쟁의 수행에 긴요한 지역을 확보하여, 그 전의를 파쇄한다. 이에 기초하여 미국과의 주전면^{主戰面}은 태평양과 동지나해 정면으로 개정^{槪定}하고, 본토를 중핵으로 하는 戰備를 시급히 강화한다.

본토의 작전 준비는 칸토 지방, 큐슈 지방, 토카이^{東海} 지방을 중점으로 하고, 이들 지역과 한신^{阪神} 지방의 방공을 중시한다.

통수조직의 확립 대본영은 1월 22일 지금까지의 군사령부[8]를 폐지하고, 다음과 같이 작전군^{作戰軍}인 방면군사령부와 군사행정을 담당하는 군관구^{軍管區}사령부를 신설했다(방면군 사령관과 군관구 사령관은 동일인이나, 참모부장^{參謀副長} 이하는 방면군과 군관구가 별개).

---

[8] 종래 일본 내지^{內地}에는 방위^{防衛}(=방공^{防空}) 및 경비에 관하여 관구^{管區} 안의 군대를 지휘하고, 관아^{官衙}·학교^{學校} 등을 구처^{區處}하는 동부군^{東部軍}(東京)·중부군^{中部軍}(大阪)·서부군^{西部軍}(小倉)이 편성되어 있었으나, 이는 순연^{純然}한 의미의 작전군은 아니었다. 이에 동부군·중부군·서부군을 폐지하면서, 완전한 작전군인 방면군^{方面軍}과 방공·경비·징병·동원 등의 사무를 담당하는 군관구^{軍管區}를 분리·신설했다. (譯註)

① 제5방면군/北部군관구(삿포로)

② 제11방면군/東北군관구(센다이)

③ 제12방면군/東部군관구(토쿄)

④ 제13방면군/東海군관구(나고야)

⑤ 제15방면군/中部군관구(오사카)

⑥ 四國군관구(젠츠지)[9]

⑦ 제16방면군/西部군관구(후쿠오카)

⑧ 제17방면군/朝鮮군관구(경성)

⑨ 제10방면군/臺灣군관구(대북)

국내 경비태세의 정비 대본영은 2월 9일 국내 경비태세의 정비를 명령했다. 작전군이 후방을 염려하지 않고, 작전 준비와 결전에 전념할 수 있게 하려는 취지였다. 이에 따라 전국의 각 부현府縣에 관민官民으로 구성된 경비대가 조직되었다. 사관구師管區 사령관의 지휘를 받는 경비 사령관은 대부분 기존의 연대구聯隊區 사령관이 그대로 임명되었다. 다만 요코하마, 나고야, 쿄토, 오사카, 코베에는 전임專任의 경비 사령관을 두었다.

제1차 병비 대본영은 2월 28일 제1차 兵備를 발령했다. 이는 연안 방어에 임하는 사단 18개(제140, 제142~제147, 제150~제157, 제160, 제88, 제89사단)의 동원과 조선해협 및 고토열도五島列島의 병비를 내용으로 했다.

이어 3월에는 만주에 주둔하는 제11, 제25, 제57사단과 전차제1사단이 일본 본토로 전용되었다.

제2차 병비 대본영은 4월 2일 제2차 兵備로 정예 사단 8개(제201, 제

---

9   四國군관구 사령관은 제55군 사령관 하라다 쿠마키치原田熊吉 중장이 겸임했고, 제55군은 제15방면군의 예하에 있었다. (譯註)

202, 제205, 제206, 제209, 제212, 제214, 제216사단)의 동원을 하령했다. 결전 병력인 이들 사단은 사단장 이하에 젊고 원기 왕성한 간부를 배치하고, 병졸도 현역병의 비율을 높인 '젊음'을 과시하는 사단이었다. 이어 4월 6일 독립전차여단 6개, 전차연대 5개를 동원했다.

통수 조직의 변경 대본영은 4월 5일 본토의 통수 조직을 변경하여, 제1총군總軍, 제2총군, 항공총군이 편성되었다.

(1) 제1총군(사령관 : 스기야마 하지메 원수, 사령부 : 토쿄)은 토카이東海 지방 以東의 동일본東日本을 작전지역으로 하여, 제11방면군(토호쿠東北 지방), 제12방면군(칸토 평야), 제13방면군(토카이 지방)을 통솔했다. 한편 홋카이도의 제5방면군은 여전히 대본영 직할로 남았다.

(2) 제2총군(사령관 : 하타 슌로쿠 원수, 사령부: 히로시마)은 킨키近畿와 시코쿠를 포함하는 서일본西日本을 작전지역으로 하여, 제15방면군(츄코쿠中國와 시코쿠), 제16방면군(큐슈)을 통솔했다.

(3) 항공총군(사령관 : 카와베 마사카즈 대장, 사령부 : 토쿄)은 제1항공군, 제2항공군(그 후 제2항공군이 예하를 벗어나고, 이를 대신하여 제5항공군이 편입), 제6항공군 등을 통솔했다.

사관구 사령관 4월 7일 전국의 사관구[10] 사령관이 임명되었다. 사령관에는 해당 지역 출신의 재향在鄉[11] 장관將官으로 충당했다. 이는 군·관·민의 향토적 결합을 더욱 공고히 하겠다는 의도였다.

---

10 사관구 사령부는 내지와 조선의 유수사단 사령부를 개칭한 것으로, 사관구 사령관은 사단장과 달리 친보직이 아니었다. 額田坦, 「陸軍省人事局長の回想」(芙蓉書房、1977)、171頁。(譯註)

11 재향군인在鄉軍人은 군을 제대한 후, 예비역·후비역에 편입된 군인의 총칭이다. 原剛/安岡昭男(編)、「日本陸海軍事典コンパクト版(上)」(新人物往來社、2003)、127頁。(譯註)

제3차 병비 대본영은 5월 23일 제3차 兵備로 19개 사단[12]의 동원을 하령했다. 여기서 8개(제221, 제222, 제224, 제225, 제229, 제230, 제231, 제234사단)는 기동사단(보급과 의무醫務기관을 구비하여 장거리에 걸친 작전이 가능하며, 화력장비도 비교적 우량), 나머지 11개(제303, 제308, 제312, 제316, 제320, 제321, 제322, 제344, 제351, 제354, 제355사단)는 연안배비사단沿岸配備師團이었다. 그 외에 혼성여단, 혼성연대, 포병부대 등도 편성되었다.

항공 병비 비행중대 500개의 정비계획이 진행 중이었다. 이 무렵 정찰기중대 12개, 전투기중대 43개, 중폭격기중대 33개, 경폭격기중대 15개, 수송기중대 10개, 대잠경계기중대 7개의 합계 240개 중대가 완성되어 있었다.

이 외에 특공비행중대의 편성에도 힘을 쏟았다. 6월 말까지 각종 비행기 2,000기를 생산하여, 주간공격대 170개와 야간공격대 43개를 정비했다.

문제점 지상 兵備의 가장 큰 문제는 병기의 부족으로, 총검이나 소총과 같은 개인 병기조차 정수를 채울 수 없는 상황이었다. 한편 부족한 야포野砲와 산포山砲는 생산이 간단한 박격포로 대신했다.

이러한 상황에서도 인원의 소집은 끊임없이 계속되었다. 이는 병기보다 구성원의 인화人和가 중요하다는 견지에서, 일단 소집된 인원으로 부대를 편성하여 단결을 확보한 후, 병기는 제조되는 상황에 따라 지급하겠다는 취지였다. 다만 미나미큐슈南九州 방면은 미군의 공격이

---

12 일반적인 사단장이 친보직으로 계급이 중장이었던 반면, 이들 신설 사단의 사단장은 친보직이 아니었고 계급도 모두 소장이었다. 또한 편제상 사단사령부에는 참모장과 각 부장部長을 두지 않았다. 額田坦,『陸軍省人事局長の回想』(芙蓉書房、1977)、172頁。(譯註)

임박한 것으로 판단되었으므로, 다른 방면보다 우선적으로 병기와 자재가 충족되었다.

도쿄방위군의 신설 제3차 兵備의 발령과 동시에 대본영은 토쿄방위군 東京防衛軍의 신설을 명령하고, 제12방면군의 전투서열에 편입시켰다. 토쿄방위군은 황거皇居를 중심으로 한 지역의 확보를 임무로 했다.

한편 육군은 만일에 사태에 대비하여, 나가노시長野市 교외에 가황 거假皇居를 준비했다. 또한 1944년 무렵부터 나가노현의 마츠시로 쵸松代町에 대규모 동굴식 대본영을 비밀리에 축조하고 있었다.

제4절 4월 무렵 동아시아의 정세

1945년 4월 무렵 대본영이 판단한 동아시아의 정세는 다음과 같았다.

(1) 미군은 일본 본토로 진격하여 단기 결전을 시도하려는 것으로 보 인다. 구체적으로 오키나와 작전이 종료된 후, 여름 무렵부터 중국 대륙의 해안 요역, 조선해협 방면, 본토 근해近海의 島嶼에 대한 상 륙작전을 감행하고, 이를 발판으로 가을 이후 본토에서 최종 결전 을 기도할 가능성이 높다.

(2) 일본 본토에 대해서는 항공작전을 통해 여러 조직을 무력화시킨 후, 신속히 전쟁을 종결시키기 위해 칸토 지방에서 결전을 지향할 것으로 예상된다. 그러나 이에 앞서 규슈 방면으로 진격할 가능성 도 있다.

(3) 소련은 호기를 틈타 무력을 행사하여, 동아시아 방면으로의 세력 확장을 기도할 것이다. 2월 말 무렵부터 극동으로의 병력 수송이 개시되었으므로, 올해 여름에서 가을 사이에는 만주를 향한 공격 준비가 완료될 것으로 판단된다(이하 중국에 관한 부분은 생략).

미군과소련군 위와 같이 대본영은 미군이 가을 이후 칸토 지방에 상륙하거나, 또는 먼저 큐슈에 상륙한 후 이어 칸토 지방으로 향할 것으로 예상했다. 여기서 대본영의 가장 큰 관심 사항은 소련의 동향이었다.

독일과의 전쟁에서 막대한 손해를 입은 소련이 큰 대가를 치를 일본과의 전쟁을 자진하여 시작할 가능성은 낮다는 것이 대략적인 판단이었다. 하지만 만주를 쉽게 손에 넣을 기회가 생기면, 이를 놓치지 않을 것은 명약관화했다. 따라서 소련은 일본 본토의 일본군이 가장 어려운 시점에 참전할 가능성이 높을 것으로 예상되었다.

따라서 소련군의 참전은 미군의 본토 상륙과 별개가 아니라, 거의 동시에 벌어질 사태라는 것이 이 정세 판단에서 도출된 결론이었다.

제5절 본토 작전의 준비계획

대본영 육군부는 1945년 4월 8일 본토 작전의 준비계획(작전요강作戰要綱)을 책정했다. 1월 책정된「제국육해군작전대강」을 구체화한 이 계획의 개요는 다음과 같다.

(1) 육군은 신속히 戰備를 강화하여, 미군 필멸必滅의 전략태세를 확립하고, 미군의 침공을 본토 요역에서 요격한다. 여기서 주전면은 태평양과 동지나해 정면으로 하고, 戰備의 중점은 칸토와 큐슈 지방에 둔다. 또한 日本海 연안 요점을 철저히 경비하여, 미군의 책동을 방지한다.

(2) 미 육군항공대의 공습을 격파하여 그 발호跋扈를 제압하고, 제도帝都와 본토 추요부樞要部 특히 생산, 교통 및 작전 준비를 엄호한다.

(3) 본토 요부要部에 대한 미군의 공격을 가급적 바다에서 격파함과 동시에 상륙하는 미군에 대해서는 과감한 지상공격으로 신속한 결승決勝을 추구한다.

①미군의 상륙 기도 파쇄를 항공작전 지도의 중심으로 삼고, 미군의 수송 선단을 주요 공격목표로 한다. 이를 위해 항공격멸전, 방공작전, 지상작전에 대한 협력 등은 전항前項의 취지를 달성하는 데 주안점을 두어 적당한 한도를 정하고, 對상륙작전을 위한 전력의 유지·배양에 힘쓴다.

②육상작전은 상륙한 미군을 가급적 연안 요역에서 압도·격멸하여, 戰局의 최종 국면을 결정하는 것을 주안으로 한다. 항공부대의 협력을 얻을 수 없는 경우, 지상부대는 독자적으로 작전을 수행하여 그 목적을 달성한다.

(4) 해군이 수행하는 해상교통보호, 수상·수중 특공작전 및 방위에 협력한다.

(5) 국토의 특성을 활용하고, 특히 거국개병擧國皆兵의 정수精髓를 발휘하여 작전 목적의 완수를 기하도록 한다. 또한 미군의 내륙 침공 및 기타 정세의 변화에 대비하여, 국토 전역에 걸친 항전을 준비함과 동시에 국내 경비에도 만전을 기한다.

제6절 항공작전의 운용계획

미군의 전력 대본영은 6월 말 무렵 미군의 기지항공병력을 다음과 같이 판단했다. ① 오키나와 방면: 약 700기, ② 이오지마: 약 300기, ③ 마리아나 방면: 약 1,000기(주로 B-29), ④ 합계: 약 2,000기.

한편 9월 무렵에는 합계 약 3,900기에 달할 것으로 예상했다.

계획의 개요 육군 통수부는 항공작전에 관한 해군 통수부와의 협정에 따라, 7월 중순 다음과 같은 계획을 책정했다.

1) 방침

육군과 해군은 항공 전력을 통합 발휘하여, 가급적 초기 단계에서 많은 미군을 해상에서 격파하고, 이후 육상작전과 연계하여 상륙한 미군을 격멸한다.

2) 작전지도대강

미군의 본토 상륙에 대한 항공작전은 특공을 통해, 미 상륙 선단을 격멸하는 것에 주안점을 둔다.

케츠고작전決號作戰(=본토 결전)이 시작되기 전까지, 방공작전과 對잠수함작전을 강화한다. 육군 항공대는 해군의 협력을 얻어 병력의 통합적인 운용으로 신속하고 기략機略에 넘치는 요격 작전을 실시하여, 미군 폭격기의 본토 공습을 저지한다. 육군과 해군은 협력하여 마리아나와 오키나와의 기지에 대한 기습적인 제압을 시도한다.

3) 육군 항공 병력의 개요[13]

	항공군	수량	임무
항공총군	제1항공군 (스즈카鈴鹿 以東 혼슈本州)	ⓐ: 약 600기	칸토 지방 작전의 핵심 병력, 큐슈 및 시코쿠 방면 작전에서는 제6항공군의 후방병력
		ⓑ: 약 500기	케츠고작전 개시 전까지 전투기 병력으로 본토로 공격해오는 미군의 대형기에 대한 요격작전을 실시
	제6항공군 (스즈카 以西 혼슈, 시코쿠 및 큐슈)	ⓑ: 약 500기	
		ⓐ: 약 1,000기	항공총군의 주력, 큐슈 및 시코쿠 방면 작전의 핵심 병력
	제5항공군 (주력:조선, 일부: 만주·華北)	ⓐ: 약 500기	남선南鮮 방면 작전의 핵심 병력, 큐슈 및 시코쿠 방면 작전의 경우 즉시 공격 혹은 후방병력
		ⓑ: 약 200기	
비고	이외에 7~8월 말까지 특공기 500~1,000기를 목표로 정비		

ⓐ: 특공기, ⓑ: 일반기

4) 지휘관계

육군과 해군은 협동작전(일방이 타방을 지휘하는 것이 아닌, 함께 작전한다는 의미)을 본칙本則으로 한다.

---

13 해군 항공 병력은 정찰기 140기, 전투기 1,030기, 對기동부대용 폭격기 330기, 對수송선단용 폭격기 3,725기의 합계 5,225기를 준비할 계획이었다. (原註)

제7절 미군의 일본 본토 공격

공습의 격화 7월에 접어들자, B-29의 일본 폭격은 나날이 격화되었다. 마리아나에는 유럽 방면의 항공대가 전용되어 배치된 것으로 판단되었다. 공습기수(延)는 1주 평균 1,020기에 달했다. 여기에 오키나와에서는 중폭격기重爆擊機, 중폭격기中爆擊機 및 전투기가 이륙하여, 수송과 관련된 시설을 공격했다. 이오지마에서 출격한 전투기도 비행장과 통신 시설 등을 공격했다.

한편 7월에 들어 함재기의 공격도 격화되어, 7월 10일에는 토쿄 부근의 비행장과 공장시설을 공격했다. 이어 7월 14, 15일 이틀간 토호쿠 지방과 홋카이도 남부를 공격하여, 아오모리靑森와 하코다테函館를 잇는 세이칸靑函 연락선의 대부분이 손상당했다. 미 기동함대가 카마이시釜石와 무로란室蘭의 제철소에 함포 공격을 실시한 것도 이때의 일이었다. 7월 17, 18일 이틀간에도 미 기동함대는 미토水戸방면 및 요코스카橫須賀의 군항軍港을 공격했다.

일본군의 방관 이 무렵 대본영은 미 기동함대의 공습에 반격하지 않고, 본토 결전을 위해 항공 병력을 온존시키는 방침을 취했다.

하지만 여기에는 상당한 이견異見이 있었다. ① 미군의 발호跋扈를 방관하는 것은 군을 향한 불신감을 고조시킬 우려가 있으므로 반격이 필요하다는 의견, ② 포츠담회의가 진행 중인 상황에서 미 기동함대에 큰 타격을 입혀 정략政略적인 효과를 노려야 한다는 의견 등이 그것이었다. 하지만 대본영은 기존 방침을 완강히 고수했다.

계속되는 공격 7월 24, 25일 이틀간 미군의 함재기가 쿠레吳에 정박 중인 일본 해군의 함정에 큰 타격을 가했다. 그리고 7월 28일 재차 쿠레를 공격하여, 단말마적 비명을 지르는 일본 해군의 숨통을 끊었다.

이어 7월 30일에는 토쿄와 하마마츠濱松를 공격했다.

8월에 접어들어서도 함재기의 공격은 여전히 계속되었다. 그런데 주된 공격목표는 비행장으로 바뀌었다. 8월 9, 10일 이틀간 함재기는 토호쿠 지방의 비행장을 공습했고, 카마이시 제철소에는 두 번째 함포사격을 가했다. 8월 15일에는 토쿄 부근의 비행장을 공격했다.

제8절 미군의 원자폭탄 공격

원자폭탄의 완성 육군 통수부는 우라늄의 무기화에 관심을 가지고 연구를 진행했다. 하지만 "제2차 세계대전 중에는 어느 나라도 원자폭탄을 완성할 수 없을 것이다"라는 원자물리학자들의 결론을 그대로 믿고 있었다.

1943년이 저물 무렵 육군 통수부는 駐스웨덴 대사관 육군무관[14]으로부터 독일에서 원자폭탄의 완성이 가까워졌다는 보고를 받았다. 그런데 일본의 문의에 대해 독일군 당국은 원자폭탄을 연구 중이라고만 회답하고, 그 진척 정도를 밝히지는 않았다. 한편 미국이 뉴멕시코에서 폭발 위력이 큰 새로운 병기를 실험했다는 보도가 있었지만, 이를 원자폭탄일 것으로 생각한 사람은 없었다.

원자폭탄의 투하 8월 6일 08:00경 히로시마에 원자폭탄이 투하되었다. 물론 이것이 곧바로 원자폭탄으로 판명되었던 것은 아니다. 대본영에는 같은 날 오후 늦게 소수의 폭격기에 의한 공습으로, 히로시마 전역이 불바다가 되었다는 보고가 도착했다.[15]

---

14 당시의 駐스웨덴 육군무관은 육군 소장 오노데라 마코토小野寺信(士31). 秦郁彦(編)、『日本陸海軍総合事典』(東京大学出版会、2005)、397頁。(譯註)

15 참모차장 카와베 토라시로河邊虎四郎 중장은 원자폭탄이 투하된 다음 날인 8월 7일 아침, '어제 6일 아침, 히로시마가 공습을 받아 엄청난 피해를 입었다'는 보고를 받았다. 이때 상황의 전달에 하루 가까이 시간이 걸린 점에서, 제2총군사령부를 비롯한 현지의

대본영은 8월 7일 조사단을 현지에 파견했다. 8월 8일 저녁 히로시마에 도착한 조사단은 ① 특종特種폭탄이 사용되었으며, ② 물체로 신체를 덮고 있으면 화상을 막을 수 있다는 등의 내용이 포함된 보고를 다음날인 8월 9일에 대본영에 타전했다.

이어 제2총군은 ① 흰색의 옷을 입고 있었던 사람은 화상의 정도가 경미했고, ② 방공호에 들어가 있었던 사람도 역시 화상의 정도가 경미했으며, ③ 화재가 많았던 것은 아침 식사의 준비가 한창이던 때를 노렸기 때문이라고 보고했다.

미국은 8월 9일 두 번째 원자폭탄을 나가사키에 투하했다.[16]

반향 이후 각 도시의 주민들은 원자폭탄의 다음 목표가 될 수도 있다는 공포심에 휩싸였다. 특히 토쿄 주변에서는 공습경보가 울리면, 실외에서 사람의 흔적을 찾기 어려울 정도였다.

원자폭탄이 전쟁지도당국에 끼친 정신적인 영향은 컸고, 이로 인해 포츠담 선언을 수락하자는 분위기가 강해진 것도 부정할 수 없는 사실이다.

육군 통수부는 원자폭탄의 출현으로 본토 결전 그 자체가 성립될 수 있는 것인지에 대한 상당한 의문을 품었다. 하지만 이를 정면에서

군 기관이 전멸한 것으로 상상했다고 한다. 한편 현지에서의 보고에 등장한 '신폭탄新爆彈'이라는 표현과 같이 그 실체를 정확히 파악할 수는 없었지만, 카와베 중장은 이것이 육군항공본부가 이화학연구소理化學硏究所에 기초 연구를 맡긴 우라늄 폭약과 유사한 것으로 생각했다고 회상했다. 河辺虎四郎、『河辺虎四郎回想録』(毎日新聞社、1979)、154頁。(譯註)

16 트루먼 대통령은 8월 7일 히로시마의 폭탄이 원자폭탄이라고 발표했다. 일본 정부는 8월 8일 15:30 히로시마의 폭탄이 신형의 특종폭탄이라고 발표했다. 이는 ① 미 대통령의 발표가 일본에 대한 모략·선전으로 판단된 경우가 적지 않았으며, ② 현지 조사가 충분히 진행되지 않았기 때문에 정부와 대본영이 미국의 발표를 그대로 받아들일 수 없었기 때문이다. 그 후 나가사키에 대한 두 번째 원자폭탄이 투하되자, 트루먼의 성명이 거짓이 아니라는 점을 묵시적으로 인정하게 되었다. (原註)

거론한 사람은 없었다.

심대한 손해 ① 히로시마에서는 사망: 약 7만 명, 부상: 약 13만 명, ② 나가사키에서는 사망: 약 2만 명, 부상: 약 5만 명의 인적 손해가 발생했다.[17] 물론 여기에는 다수의 비전투원이 포함되어 있었다. 이 두 발의 원자폭탄으로 발생한 사상자는 러일전쟁 전 기간의 사망: 약 8만 4천 명, 부상: 약 14만 3천 명보다도 많았다.

제9절 종전 직전의 태세

지상군의 태세 종전 직전 무렵 일본 본토의 통수 계통은 대본영 아래 제5방면군, 제1총군, 제2총군, 항공총군이 예속隸屬되어 있었다. 그 개략적인 태세는 다음과 같다.

1) 제5방면군(사령관: 히구치 키이치로 중장, 사령부: 삿포로)[18]

    제88사단(카라후토樺太 토요하라豊原), 제42사단(시무시루토新知島), 제91사단(파라무시루토幌筵島), 제89사단(에토로후토擇捉島), 제7사단(오비히로帶廣)

2) 제1총군(사령관: 스기야마 하지메 원수, 사령부: 토쿄)

(1) 제11방면군(사령관: 후지에 케이스케藤江惠輔 대장, 사령부: 센다이)

  ① 제50군(사령관: 호시노 토시모토星野利元 중장, 사령부: 아오모리)

    제157사단(산본기三本木), 제308사단(시모키타下北), 기타

  ② 방면군직할

    제72사단(후쿠시마福島), 제142사단(요시오카吉岡), 제222사단(쿠로자와지리黑澤尻), 제322사단(오가와라大河原)

(2) 제12방면군(사령관: 타나카 시즈이치田中靜一 대장, 사령부: 토쿄)

---

17 이 수치는 내무성이 1945년 9월 6일 제88의회에 제출한 자료에 기초한 것이다.(原註)
18 제1비행사단이 제5방면군의 전투서열에 편입되어 있었다.(原註)

① 제36군(사령관 : 우에무라 토시미치^{上村利道} 중장, 사령부 : 우라와^{浦和})

제201사단(카와고에^{川越} 부근), 제202사단(마에바시^{前橋}), 제209사단(카나자와^{金澤}로부터 이동 중), 제93사단(치바^{千葉} 부근), 제81사단(우츠노미야^{宇都宮} 남쪽), 제214사단(우츠노미야), 전차제1사단(토치기^{栃木} 부근), 전차제4사단(치바), 기타

② 제51군(사령관 : 노다 켄고^{野田謙吾} 중장, 사령부: 미토^{水戸})

제44사단(남부 카지마나다^{鹿島灘} 연안), 제221사단(카스미가우라^{霞ヶ浦}동쪽), 제151사단(오타^{太田}), 기타

③ 제52군(사령관 : 시게타 토쿠마츠^{重田德松} 중장, 사령부: 치바현^{千葉縣} 시스이^{酒々井})

근위제3사단(나루토^{成東} 부근), 제152사단(요카이치바^{八日市場} 부근), 제234사단(오아미^{大網} 부근), 제147사단(이치노미야^{一宮}), 기타

④ 제53군(사령관: 아카시바 야에조^{赤柴八重藏} 중장, 사령부: 카나가와현^{神奈川縣} 이세하라^{伊勢原} 북쪽 타마가와무라^{玉川村})

제140사단(후지사와^{藤澤}), 제316사단(이세하라 서쪽), 제84사단(마츠다^{松田}), 기타

⑤ 토쿄방위군^{東京防衛軍}(사령관 : 이무라 죠 중장, 사령부: 토쿄)

근위제1사단(토쿄), 기타

⑥ 토쿄만병단^{東京灣兵團}(병단장 : 오바 시헤이^{大場四平} 중장, 사령부: 타테야마^{館山})

제354사단(타테야마), 기타

⑦ 방면군 직할

제321사단(오시마^{大島}), 기타

(3)제13방면군(사령관: 오카다 타스쿠^{岡田資} 중장, 사령부: 나고야^{名古屋})

① 제54군(사령관: 코바야시 노부오^{小林信男} 중장, 사령부: 토요하시豊橋북쪽 신시로쵸^{新城町})

제73사단(코우^{國府}), 제143사단(하마나코 동북 해안 카나사시쵸^{金指町}), 제224사단(도착하지 않음), 제355사단(도착하지 않음), 기타

② 방면군 직할

제153사단(우지야마다^{宇治山田}), 제229사단(이다^{飯田}), 기타

3) 제2총군(사령관: 하타 슌로쿠 원수, 사령부: 히로시마)

(1)제15방면군(사령관: 우치야마 에이타로^{內山英太郎} 중장, 사령부: 오사카)

① 제55군(사령관: 하라다 쿠미키치^{原田熊吉} 중장, 사령부: 코치^{高知}시 북쪽 교외 신가이^{新改})

제11사단(코치 부근), 제155사단(코치 부근), 제205사단(코치 부근), 제344사단(스쿠모^{宿毛} 및 나카무라^{中村}), 기타

② 제59군(사령관: 후지이 요지^{藤井洋治} 중장, 사령부: 히로시마)

제230사단(야마구치현^{山口縣日本海岸}), 제231사단(요네코^{米子}), 기타

③ 방면군 직할

제144사단(와카야마^{和歌山}), 제225사단(타츠노^{龍野}), 기타

(2)제16방면군(사령관: 요코야마 이사무^{橫山勇} 중장, 사령부: 후쿠오카)

① 제56군(사령관: 시치다 이치로^{七田一郎} 중장, 사령부: 이즈카^{飯塚})

제145사단(아시야^{芦屋}), 제351사단(후쿠오카), 제312사단(이마리^{伊萬里}), 기타

② 제57군(사령관: 니시하라 칸지^{西原貫治} 중장, 사령부: 타카라베^{財部})

제86사단(아리아케만^{有明灣}), 제154, 제156, 제212사단(미야자키^{宮崎} 정면), 기타

③ 제40군(사령관 : 나카자와 미츠오^{中澤三夫} 중장, 사령부 : 이쥬인^{伊集院})

제77사단(카지키^{加治木}), 제146사단(사츠마반도^{薩摩半島} 남부), 제206사단(사츠마반도 ^{西岸} 이자쿠^{伊作} 정면), 제303사단(센다이^{川內} 정면), 기타

④ 방면군 직할

제25사단(코바야시^{小林}), 제57사단(후쿠오카), 제216사단(쿠마모토)

4) 항공총군(사령관 : 카와베 마사카즈 대장, 사령부 : 토쿄)

(1) 제1항공군(사령관 : 야스다 타케오^{安田武雄} 중장, 사령부 : 토쿄)

제10비행사단, 제30전투비행집단, 기타

(2) 제6항공군(사령관 : 스가하라 미치오 중장, 사령부 : 후쿠오카)

제12비행사단, 기타

(3) 제5항공군(사령관 : 시모야마 타쿠마^{下山琢磨} 중장, 사령부 : 경성^{京城})

제53항공사단(교육부대로 구성), 기타

(4) 항공총군 직할

제11비행사단, 제51, 제52항공사단, 기타

5) 이상 총병력 235만 명

미군의 계획 미군의 상륙작전은 2개의 계획으로 구성되어 있었다.[19]

(1) 첫 번째 계획은 올림픽^{Olympic} 작전이다. 1945년 가을 제1군단 (3개 보병사단)과 제11군단(2개 보병사단, 1개 기병사단)을 예하에 둔 제6군 및 제5해병군단이 미나미큐슈^{南九州}를 공격하는 것을 내용

---

19 두 계획을 포괄하는 작전의 명칭이 Operation Downfall이다. (譯註)

으로 했다. 이들 병단은 미야자키, 아리아케만, 카고시마 방면의 4개 지점에 상륙하여 큐슈를 고립시키고, 일본군을 괴멸시키는 것이 목적이었다. 후방 부대로는 3개 보병사단, 1개 공정사단이 준비되어 있었다. 상륙에 앞서 코시키열도顮列島에 준비 작전을 실시하는 한편, 제9군이 시코쿠 앞바다에서 견제 작전을 펼칠 예정이었다.

(2) 두 번째 계획은 코로넷Coronet 작전이다. 1946년 초봄 9개 보병사단, 2개 전차사단, 3개 해병사단을 예하에 둔 제8군과 제10군이 칸토 평야 동부에 상륙하고, 유럽에서 전용된 제1군10개 보병사단이 뒤를 이을 예정이었다. 이들 3개 군은 일본군을 격파하고, 토쿄와 요코하마 지구를 점령할 계획이었다.

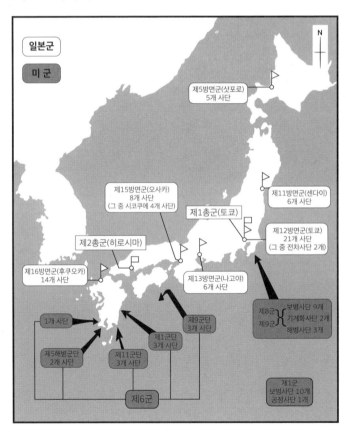

제20장

만주와 조선의 정황

제1절 극동 소련군의 동향

전쟁 전의 병력 태평양전쟁 발발 전 육군 통수부는 바이칼호수 以東에 배치된 극동 소련군의 전력을 일반사단 약 23개, 비행기와 전차 약간, 잠수함 약 105척을 기간으로 하는 총병력 약 80만으로 판단했다.

경계 태세의 강화 1942년에 들어서자 소련은 일본에 대한 경계 태세를 강화하기 시작했다. 지면이 동결凍結된 상황에서도 국경 진지를 보수하거나, 방면군사령부를 증설하는 등 유사시에 대비한 즉응卽應 태세를 정비했다. 특히 일본군이 애투섬 방면에 상륙하자, 캄차카반도와 북부 사할린의 방비를 강화했다. 한편 독일군이 초여름 공세를 개시하자, 7월 무렵부터 유럽 전선으로 병력을 보내기 시작했다. 이렇게 연말 무렵까지 이동한 병력은 최소한 6개 사단으로 판단되었다. 하지만 얼마 후 부대를 신설하여 그 결손을 보충했다.

미국의 원조 1943년이 되자 소련에 대한 미국의 원조는 급증했다. 베링해협을 통과하는 수송기는 월평균 약 200기를 넘어섰고, 블라디보스토크에 양륙揚陸되는 기계와 연료 등은 월평균 약 50만 톤으로 판단되었다. 이러한 美蘇 간의 관계에서, 대본영은 미국이 일본으로의 공격을 위해 극동 소련령의 항공기지를 사용할 가능성을 염두에 두고, 세심한 관찰을 계속했다.

소련의 태도 변화 1944년 10월 미군이 필리핀에 상륙한 이후, 소련 신문에는 반일反日적인 논조의 기사가 눈에 띄게 증가했다. 그리고 11월 6일 혁명기념일 전야제에서 스탈린 수상은 처음으로 일본을 비방하는 내용의 연설을 했다.

병력의 증강 1945년 2월의 얄타 회담 이후, 소련은 극동으로의 병력 수송을 개시했다. 이어 4월 5일 일본 정부에 日蘇중립조약을 연장하지 않겠다고 통고했다. 이후에도 병력 수송은 이어졌고, 7월 무렵 수분하綏芬河 정면에서 유력한 포병 부대가 진지의 구축을 완료했다는 보고가 대본영에 도달했다.

제2절 1945년의 정세 판단

1) 독일의 항복 직후, 대본영은 소련의 정세를 다음과 같이 판단했다.
(1) 유럽 방면에서 소련은 독일과의 전쟁에서 확보한 우위와 증대된 발언권을 최대한 이용하여, 세력권의 확대 및 해양 진출을 위한 거점의 확보를 획책할 것이다.
(2) 동아시아 방면에서 소련은 만주와 중국으로의 세력 신장을 노릴 것이다. 이를 위해 극동에 병력을 증강하여, 언제라도 무력을 행사할 수 있는 준비를 진행할 것이다. 특히 현재 유효기간이 1년 남은 日蘇중립조약을 소련 당국이 일방적으로 파기할 가능성이 있다는 점을 미리 염두에 둘 필요가 있다.
(3) 소련이 일본을 향해 무력 행사를 개시할 시점을 특정하기는 어

렵지만, 다음과 같은 상황을 특히 경계할 필요가 있다.

①미군이 華中 및 華北에 상륙하여 전선이 중국 내륙으로 확대되는 경우

②미군이 南鮮에 상륙하여 북진의 태세를 보이는 시기

③미군이 日本海로 진입하여 그에 면한 해안 지역裏日本으로 상륙하려는 시기

④소련이 일본의 항복이 멀지 않은 것으로 판단하는 시기

(4) 이외에 계절적으로는 만주의 추위가 시작되는 9월 무렵의 시점에 주의할 필요가 있다.

(5) 한편 병력 수송의 속도에 비추어 7, 8월 무렵 극동 소련군의 병력은 40개 사단 전후가 될 것이다.

2) 이어 대본영은 7월의 포츠담 회담 전후, 소련의 정세를 다음과 같이 판단했다.

(1) 극동으로의 수송은 지속되고 있다. 7월에 들어 전투 부대의 수송이 감소한 반면, 보급 관계의 수송은 증가 추세에 있다. 동부 국경 방면에서 소련군의 증가는 현저하고, 수분하 정면에서는 이미 병력의 전개를 마친 것으로 보인다.

(2) 소련의 일본에 대한 개전은 시간문제로 판단된다. 하지만 독일과의 전쟁에서 심대한 희생을 치른 소련은 일본을 상대로는 감이 익어 떨어지기를 기다리는 이른바 숙시주의熟枾主義적인 태도로, 최소한의 희생으로 만주를 점령할 수 있는 시기를 노릴 것이다. 따라서 향후 소련의 동향에 부단한 주의를 기울일 필요가 있다.

제3절 병비의 변천

병력의증강 앞에서 설명한 것처럼 남방제1단작전 종료 후, 대본영은 在滿 兵備를 강화했다(제1방면군, 제2방면군, 제2군, 기갑군의 각 사령부 및 2개 전차사단 신설). 독일군이 1942년에 실시한 초여름 공세가 성공하면, 그 기회를 이용하여 북방 문제 해결에 나서려는 의도가 있었기 때문이다. 그런데 같은 해 가을 무렵, 독일군의 공세는 벽에 부딪혔고 역으로 소련군에게 밀리게 되었다. 이렇게 북방 문제 해결을 위한 호기는 도래하지 않을 것으로 보였다.

병력의전용 앞에서 설명한 것처럼 1942년 8월 미군이 일본에 대한 반격을 개시했다. 이에 대응하기 위해 대본영은 먼저 조선에 주둔하는 병력을 추출·전용하기로 결정했다. 이에 1943년 1월 제20사단(경성京城)을 뉴기니 방면으로 파견했고, 1944년 12월에는 제19사단(나남羅南)을 필리핀으로 급파했다.

在滿 병력이 남방으로 전용되기 시작된 것은 1944년 2월의 일이었다. 그 후 1945년 초순 무렵까지 합계 11개 사단(제1, 제8, 제9, 제12, 제14, 제28, 제29, 제71, 제23, 제24사단, 전차제2사단) 및 기타 보조부대가 잇따라 남방으로 이동했다.

병비의강화 대본영은 1945년 1월 16일 국경수비대 등을 개편하여, 일반사단 8개(제121~제128사단)와 혼성여단 4개를 신편新編했다. 한편 4개 사단(제11, 제25, 제57사단, 전차제1사단)을 본토로, 2개 사단(제111, 제121사단)을 南鮮으로 각 전용했다. 또한 군수품 자재의 약 1/3과 다수의 간부를 본토로 전용하도록 명령했다.

앞에서 설명한 것처럼 대본영은 1945년 5월 5일 중국에서 제34군 사령부와 4개 사단(제39, 제59, 제63, 제117사단)을 만주로 전용하도록 명령했다.

대본영은 7월 10일에는 만주의 재향군인 약 40만 명 중, 수송기관의 유지 등 필수 요원 약 15만 명을 제외한 나머지 약 25만 명을 동원하여, 8개 사단(제134~제139, 제148, 제149사단), 7개 혼성여단 기타 보조부대의 편성을 명령했다.

그 결과 在滿 병단의 화력장비는 기존의 1/2~1/3 수준까지 저하되었고, 과거의 위용威容은 어디에서도 찾아볼 수 없었다. 이는 허술한 만주의 방비가 폭로되면 소련군의 공격을 야기할 가능성이 있으므로, 가능한 범위에서 사단의 숫자라도 채워두자는 발상에 따른 것이었다.

조선에서는 제19사단이 추출된 1944년에 일시적으로 사단이 전혀 존재하지 않게 되었고, 1945년에 들어서 방비 강화를 서두르게 되었다. 南鮮에서는 對美 戰備, 북선北鮮에서는 對蘇 戰備에 각 중점을 두고 준비가 진행되었다. 제1차 兵備 계획은 유수留守제19사단을 기간으로 한 제79사단의 동원, 본토로부터 제96사단의 전용, 조선 전체의 5개 사관구[1] 분할 등을 내용으로 했다. 제2차 兵備 계획에서는 제58군사령부와 2개 사단(제150, 제160사단)의 동원, 在滿 2개 사단(제111, 제121사단)의 南鮮 전용이 실시되었다. 이어 제3차 兵備 계획에서는 2개 사단(제320, 제120사단)이 신설되었다. 한편 南鮮 방비의 중점은 제주도에 놓였다.[2]

태평양전쟁 개시 후 만주와 조선의 일본군 병력은 다음과 같이 변화했다.

---

1   나남사관구, 평양사관구, 경성사관구, 대구사관구, 광주사관구. (譯註)

2   종전 당시 南鮮에는 ① 제주도: 제58군(사령관: 나가츠 사시시게永津佐比重 중장) 예하 제96, 제111, 제121사단, ② 조선 서남 연안지구: 제150, 제160사단, ③ 대구 부근: 제120사단, ④ 전주 부근: 제320사단이 각 주둔하고 있었다. (原註)

		1941년	1942년	1943년	1944년	1945년
만주	일반사단	13개	14개	14개	9개	24개
	비행중대 (비행기)	30개 (300기)	56개 (560기)	50개 (500기)	12개 (120기)	5개 (50기)
	총병력	70만 명	70만 명	60만 명	46만 명	78만 명
조선	일반사단	2개	1개	2개	0개	7개
	총병력	4.6만 명	4.2만 명	5.9만 명	6.8만 명	26만 명
비고		1.이 표는 각 연도 말의 숫자(1945년은 예외) 2.1945년 조선의 사단은 對美작전을 위해 南鮮과 제주도에 배치 3.이와 별도로 北鮮에 배치된 제34군의 2개 사단은 對蘇작전을 위한 병단으로 만주 兵備에 포함				

제4절 관동군의 작전 임무의 변경

대본영은 만주 방위를 위한 준비를 서둘렀고, 1945년 5월 28일 관동군의 전투서열을 하령했다. 이와 함께 야마다 오토조山田乙三 관동군 총사령관에게 현재의 임무를 수행하는 한편, 미군이 공격해오는 경우 이를 격멸하고, 나아가 北鮮에서는 對蘇 방위작전의 준비를 실시하도록 명령했다.

그리고 '소련군을 격파하고 경도선京圖線(신경新京-도문圖們 간) 以南, 연경선連京線(대련大連-신경新京 간) 以東의 요역을 확보하여, 지구持久를 획책하면서 전군의 작전을 용이하게 할 것' 이라는 요지의 對蘇 방위작전 계획을 시달했다.

이는 그동안 공세작전주의로 일관해온 관동군의 對蘇 작전방침을 만주 내에서의 지구작전으로 전환하는 것으로, 관동군의 작전 임무를 근본적으로 변경하는 것이었다.

야마다 관동군 총사령관은 이 명령에 기초하여 치치하얼의 제3방면군사령부(제2방면군사령부가 남방으로 전용된 후 신설)를 봉천 부근으로 후퇴시키고, 이를 대신하여 제4군이 북정면과 서정면의 방위를 담당하게 했다. 그리고 제30군사령부를 신설하여 남만南滿의 진지 구축에 전념시켰다. 이어 6월 5일에는 관동방위군을 제44군으로 개칭하고 서만西滿의 방위를 담당하게 했다.

관동군은 최후의 진지선을 회령會寧 부근에서 안도安圖, 통화通化, 요양遼陽 부근을 거쳐 영구營口에 이르는 선으로 예정했다.

제5절 소련군의 만주 진입

소련군의진입 소련군은 1945년 8월 9일 00:00, 돌연 만주로의 진입을 개시했다. 관동군은 사전에 소련군의 기습을 어느 정도 각오하고 있었지만, 그 시기를 대본영의 판단보다 늦은 9월 이후로 예상했고, 부대의 배치 변경 등을 실시하는 중이었다. 따라서 소련군의 이 공격으로 전술적인 기습을 당한 상황이 되었다.

관동군의태세 이때 관동군(총사령관 : 야마다 오토조 대장, 사령부 : 신경新京)의 태세는 다음과 같았다.

(1) 제1방면군(사령관 : 키타 세이이치喜多誠一 대장, 사령부 : 모란강牧丹江)은 동만東滿 일대의 방위를 담당하고 있었다.

① 제5군(사령관 : 시미즈 노리츠네清水規矩 중장, 제124, 제126, 제135사단 기간)은 제3군을 대신하여 사령부를 모란강에 두고, 모란강 평지로부터 안동安東 부근에 걸쳐 주둔하고 있었다.

② 제3군(사령관 : 무라카미 케이사쿠村上啓作 중장, 제79, 제112, 제127, 제128사단 기간)은 사령부를 간도시間島市로 이전하고, 경도선 연선에서 새로운 방위태세를 정비하고 있었다.

③ 방면군 직할 병단으로 제122, 제134, 제139사단이 있었다.

(2) 제4군(사령관 : 우에무라 미키오上村幹男 중장, 제119, 제123, 제149사단 기간)은 치치하얼에 사령부를 두고, 북만北滿 일대의 방위

를 담당하고 있었다.

(3) 제3방면군(사령관 : 우시로쿠 쥰 대장, 사령부 : 봉천)은 南滿 일대
의 방위를 담당하고 있었다.

① 제30군(사령관 : 이다 쇼지로飯田祥二郎, 제39, 제125, 제138, 148
사단 기간)은 신경에 사령부를 두었다.

② 제44군(사령관 : 혼고 요시오本鄕義夫 중장, 제63, 제107, 제117
사단 기간)은 요원遼源에 사령부를 두고, 만주 서부의 방위를 담당
하고 있었다.

③ 방면군 직할 병단으로 제108, 제136사단이 있었다.

(4) 제34군(사령관 : 쿠시부치 센이치櫛淵鍹一 중장, 제59, 제137사단
기간)은 北鮮의 함흥에 사령부를 두었다.

한편 앞에서 설명한 것처럼 관동군총사령부는 소련군의 만주 진입
시기를 보다 뒤로 판단하고 있었으므로, 만주의 일본인들에 대한 일
본 본토로의 귀국 지도에는 아직 착수하지 않은 상황이었다.

작전 발동 준비 대본영은 8월 9일 조선의 제17방면군(사령관 : 코즈
키 요시오上月良夫 중장)을 관동군의 전투서열에 편입시키고(8월 10일
06:00부터), 야마다 관동군 총사령관에게 국경 방면에 배치된 병력
으로 소련군의 진격을 저지하면서, 신속하게 전면적인 對蘇 방위작전
의 발동을 준비하도록 명령했다. 한편 히구치 제5방면군 사령관(삿포
로)에게도 對蘇 작전의 발동을 준비하도록 명령했다.

작전 개시 8월 10일에도 일본 정부의 對蘇 개전 결의는 여전히 확정
되지 않은 상태였다. 하지만 對蘇 전면 작전을 개시하기로 결정한 대
본영은 야마다 관동군 총사령관에게 공격해오는 소련군을 격파하여,
조선을 방위하도록 명령했다.

동부 국경 방면의 제3군과 제5군은 진입해 오는 소련군과 전투를

벌이며, 진격을 저지하기 위해 노력했다. 하지만 우세한 소련군은 각 방면으로 침투했고, 8월 11일에는 모란강 평지에 진출했다.

흑하黑河, 아이훈璦琿, 하이라얼 부근의 제4군은 이미 설치한 진지에서 소련군의 전진을 지체시켰다. 한편 외몽고의 동부 방면에서 진입해 오는 소련군을 오차구五叉溝(도남洮南의 서북쪽 약 250㎞) 부근에서 저지하기 위해 노력했다. 한편 일본군의 빈틈을 뚫고 서쪽에서 돌진해오는 기갑부대를 제2항공군이 특공 공격으로 저지했다.

그 사이 8월 12일 신경을 출발한 관동군총사령부는 통화(신경의 남쪽 약 250㎞)로 이동했다.

만주에 진입한 소련군은 병력의 규모가 불명확한 3개 방면군으로, 2개 방면군은 동정면, 1개 방면군은 서정면에서 신경과 봉천 방향을 향해 구심적求心的으로 진격했다.

관동군 주력이 南滿으로부터 동변도東邊道[3]에 걸친 지역에서 반격 태세로 이행하려던 시점에 대본영은 정전을 명령했다. 한편 지나파견군은 대본영 명령에 따라 약 6개 사단과 6개 여단 등을 滿鮮으로 전용하려 하고 있었다.

만주 이외에도 소련군은 北鮮, 미나미카라후토南樺太, 치시마千島에 진입했다. 한편 외몽고군 기병과 소수의 소련군이 장가구張家口 부근에 모습을 드러냈다.

---

3   중국동북東北지방의 구舊 행정구역으로, 압록강에 접한 통화 주변의 지역이다. (譯註)

전후戰後 소련 당국이 공표한 전과는 다음과 같다.

(1)노획품

　①비행기 : 925기

　②전차 : 369량

　③장갑자동차 : 35대

　④화포 : 1,236문

　⑤박격포 : 1,340문

　⑥기관총 : 4,836정

　⑦소총 : 약 30만 정

　⑧화물자동차 : 2,300대

　⑨말 : 17,497필

(2)포로 : 59만 4,000명(장관將官 : 148명), 그중 전상자 2만 명

(3)일본군의 전사자 : 약 8만 명

(4)소련군의 손해

　①전사 : 8,219명

　②전상 : 22,264명

제21장

패전

제1절 전황 비관론

사이판섬의 상실 사이판섬을 상실한 1944년 7월 무렵부터, 전쟁의 장래를 비관하는 목소리가 육군 통수부 내에서 본격적으로 나타나기 시작했다.

미드웨이섬 작전에서는 島嶼의 항공 기지를 이용한 미군이 일본군에 큰 타격을 가한 반면, 마리아나 작전에서는 일본군의 島嶼 기지가 간단히 격파되었다. 이를 통해 일본과 미국의 해군력과 항공력의 현저한 실력 차이를 명확하게 인식하게 되었고, 이러한 차이는 앞으로도 더욱 증대될 것으로 예상되었기 때문이다.

이 무렵 대본영의 일부 참모는 토죠 참모총장에게 승리의 가능성이 없으므로, 화평을 위한 방책을 조속히 강구해야 한다는 의견을 진언했다.

물동 관계자의 의견 이에 앞서 1943년 무렵부터 육군성의 물동物動 업무 담당자들 사이에서는 戰局을 비관하는 목소리가 나타나기 시작했다. 선박의 손모損耗가 개전 전의 예상을 넘어선 상태로, 강철 생산량 등을 감안하면 승리의 가망이 없다는 것이었다. 한편 1943년 7, 8월 무렵부터 병기행정본부兵器行政本部에서는 군수 자재의 확보라는 측면에서 전쟁의 지속이 어렵다는 의견이 대두되었다.

전황의 예상 1944년 6월 노르망디 상륙으로 유럽에 제2전선Second Front이 구축되자, 육군 통수부는 독일의 항복을 단지 시간 문제로 여기게 되었다. 1945년 5월 독일의 항복에 대본영이 별다른 충격을 받지 않았던 이유가 여기에 있다. 한편 美英군의 주력이 태평양 방면으로 전용되고, 소련군이 극동으로 대거 이동하자 육군 통수부는 전도前途가 어둡다고 인식하게 되었다. 이를 위해 제2절에서 설명할 일부의 화평 공작과 소련의 참전을 방지하기 위한 대책의 연구를 거듭했다.

하지만 전황비관론은 다수의 모임이나 공적인 회합에서는 전혀 들리지 않았다. 여기서는 본토 결전을 통해 종국적인 승리를 확보해야한다는 의견이 좌중을 지배했다. 이는 군인은 '사격 중지'의 명령이 내려지기 전까지는, 왕성한 전의戰意를 바탕으로 전승戰勝을 거두기 위해 모든 노력을 다해야 한다는 그들 나름의 신념에 기초한 것이었다.

제2절 육군 내부의 화평공작

화평공작의 연구 1945년 4월 무렵부터 육군 통수부 제2부(정보)는 마지막 단계에 접어든 전쟁을 종결시키기 위해 모든 노력을 다할 시기라고 판단했다. 이에 重慶과 연안延安(=중공中共)을 상대로 한 화평공작을 비밀리에 연구하기 시작했다. 그리고 독일이 항복하자, 이 연구는 더욱 현실감을 띄게 되었다.

연구의 결과, 제2부에서는 연안을 상대로 하는 공작에 기대를 거는 의견이 강했다. 그런데 그 목적에 대해서는 ① 重慶을 견제하기 위해 연안과의 화평을 모색하자는 안, ② 연안을 통해 소련과 연락하여 참전을 방지하자는 안으로 나뉘었다.

연안공작 육군 통수부는 華北과 華中에 공작원을 파견하여, 비밀리에 연안에 대한 공작을 개시했다. 하지만 이는 승산을 염두에 두고 시작된 것이 아니라, 실현 가능성을 확인하기 위한 정도에 불과했다. 따라서 전쟁이 끝날 때까지 별다른 진전이 없었다.

지나파견군의 공작 육군 중앙과는 별도로 戰局 전환의 필요성을 절감한 지나파견군은 독자적으로 重慶에 대한 화평공작을 실시했다. 이에 지나파견군은 이마이 타케오今井武夫 참모부장參謀副長을 하남성 주가구周家口 남쪽의 신참집新站集에 파견하여, 7월 7일부터 重慶 측의 제10전구戰區 부사령관 겸 제15집단군 사령관 하주국何柱國 중장[1]과 직접 회담하게 했다. 일본 측의 화평조건은 국체호지國體護持[2]와 국토의 보존 등으로, 회담은 끝내 성공에 이르지 못했다.

제3절 본토 결전론

위와 같이 육군 중앙부의 일각에서 전황비관론이 저류에 흐르고 있었던 것은 사실이다. 하지만 전반적인 분위기는 전력을 다해 본토 결전을 준비해야 한다는 것이었다.

본토 결전의 승산 본토 결전의 작전계획에서 육군 통수부는 다음과 같은 사항에서 승산을 찾았다. ① 항공 병력이 특공의 정신으로 미군의 수송선단과 기동함대를 공격하여 큰 손해를 가하고, ② 결사적인 감투로 미군을 상륙 지점 부근에서 격멸하며, ③ 상륙을 저지하지 못한

---

1   原文에는 상장上將으로 기재되어 있으나, 이는 중장中將의 오기이다. 중화민국 장관將官의 계급은 特級上將, 一級上將, 二級上將, 中將, 少將의 순서이다. (譯註)

2   국체호지란 만세일계의 천황이 일본에 군림하며 통치하는 일본 특유의 통치구조를 유지하는 것을 의미한다는 것이 일반적인 견해이다. (譯註)

경우 군·관·민이 일체가 된 의용대의 저항으로 미군에게 일본 본토 원정에 따른 막대한 인적 희생을 깨닫게 한다는 것이다.

육군 통수부는 본토방위작전의 속성에서 비교적 실현 가능성이 높다고 보았다. ① 기존의 島嶼작전과 달리, 본토 결전에서는 일본군의 수송선이 침몰당할 우려가 없는 점, ② 다수의 비행장이 정비되어 있으므로 미군의 맹렬한 폭격에도 비행기를 온존시킬 수 있는 점, ③ 육군의 주력이 건재하므로 해군의 조력 없이도 본토에서의 전투에 별다른 지장이 없는 점, ④ 독일과의 전쟁과 비교할 때 미군의 일본 본토 상륙에는 최소한 3배 이상의 선박이 필요하므로 길게 늘어진 미군의 보급선補給線을 공격할 기회도 늘어나는 점, ⑤ 견고하게 준비된 진지에서 상륙하는 미군에게 큰 출혈을 강요할 수 있는 점 등이 그것이었다.

육군 수뇌부는 기회가 있을 때마다 본토 결전에 임하는 육군 장병들이 가져야 할 마음가짐에 관해 지도했다. 그 주요한 내용은 다음과 같다.

미군에 대한 관념 駐美 대사관의 육군무관을 역임한 타나카 시즈이치 대장은 「필승의 도必勝の道」라는 제목의 글(1944년 12월 카이코샤偕行社 기사記事)에서 "미군은 유리한 전황에서는 분위기에 따라 방담放膽하고 저돌猪突적으로 행동하는 경우가 많다. 이때가 기습으로 큰 타격을 가할 호기이다", "우리 모두가 생사를 도외시하고 한 명이 여러 명의 미군을 쓰러뜨린다면, 미군의 교전 의지를 좌절시킬 수 있다" 등을 강조했다. 여기서 그 무렵 육군의 미군에 대한 시각을 엿볼 수 있다.

왕성한 공격 정신 우메즈 요시지로 참모총장은 「총결전에 즈음하여總決戰に方りて」라는 제목의 글(1945년 5월 카이코샤 기사)에서 "총결전의 필승방책은 황토의 만물을 모두 전력화하여, 유형무형의 국가적인 총전력을 결집하여 내구來寇하는 미군을 섬멸하는 것에 있다", "특히 형이상形而上적인 결전決戰 기백氣魄의 확립은 가장 중요하다", "총결전의 수행에서

특히 명심할 점은 왕성한 공격 정신을 견지하는 것이다"라고 강조했다.

결전훈 아나미 육상은 1945년 4월 8일 전군에 「결전훈決戰訓」을 공포하고, 이를 황토 결전에 나서는 장병의 주지主旨로 삼도록 했다. 이 결전훈은 다음의 5항으로 구성되어 있었다. ① 황군 장병은 신칙神勅을 받들어 성유聖諭의 준수에 매진할 것, ② 황군 장병은 황토를 사수할 것, ③ 황군 장병은 준비를 갖추고 때를 기다릴 것, ④ 황군 장병은 육탄공격의 정신을 철저히 할 것, ⑤ 황군 장병은 1억 전우戰友의 선구先驅가 될 것 등이었다. 태평양전쟁의 발발 전 토죠 육상이 공포했던 「전진훈戰陣訓」과 마찬가지로 기술技術에 대한 언급은 전무했다.

필승의 신념 전황의 악화에 따라 육군 부내에서는 필승의 신념이 더욱 강조되었다. 전통적으로 육군에서는 패배를 '스스로 패배했다고 생각하는 것'으로 해석했다. 이러한 사고를 토대로 필승의 신념은 언제나 강조되었다. 하지만 필승의 신념이 '이긴다, 이길 수 있다'라는 것인지, 아니면 '이겨야 한다'라는 생각인지, 또는 양자 모두를 포함하는 것인지 반드시 명료한 것은 아니었다. 대부분의 장병들은 전자와 같이 노력이 수반되지 않은 막연한 희망을 품고 있는 것에 불과했다.

격퇴의 가능성 본토 결전에 승산이 있다는 주장도 미군이 후속 병력을 연달아 상륙시키는 경우에까지 이를 격퇴할 수 있다는 의미는 아니었다. 냉정하게 본토 결전의 추이를 예상해보면, 가령 미군의 최초 상륙을 저지하더라도 상륙이 계속되는 이상 병기·탄약·식량 등이 결핍된 일본군의 패배는 피할 수 없는 것이었다. 이에 대해서는 대다수의 육군 통수부 구성원들이 내심으로 같은 생각을 품고 있었다.

제4절 종전 무렵의 육군

본토 결전을 준비하는 과정에서 육군성의 발언권이 상대적으로 증대된 것은 앞에서 설명했다. 그리고 8월에 접어들자 육군성의 핵심인 군무국의 중견 과원課員들이 아나미 육상을 중심으로 움직이기 시작했다.

정치와 작전 당시 육군의 견해는 전쟁의 종결은 정부가 결정할 사항이라는 것이었다. 그리고 전쟁이 지속되는 한 군은 전력을 다해 싸워야 한다는 신념에 따라 본토 결전의 준비에 매진했다. 하지만 현실적으로 군은 정치·경제 등 여러 부문에 과도하게 개입하고 있었고, 육군 군인은 정치의 영역에서도 절대적인 발언권을 행사했다. 특히 전황의 악화에 따라 정치에 대한 군의 의향은 더욱 큰 영향을 미치게 되었다.

정부가 포츠담선언의 수락 여부를 두고 고민하는 상황에서, 군무국의 중견 과원들은 아나미 육상을 강하게 압박했다. 포츠담선언을 수락하여 일본이 항복하면 국체호지를 기대하기 어려울 뿐 아니라, 군의 혼란을 수습할 수 없다는 것이었다. 그리고 정부의 포츠담선언 수락을 저지하지 못하면, 육상은 당연히 할복해야 한다고 주장하며 아나미 육상을 곤경에 밀어 넣었다.

육상 훈시의 공표 8월 11일 항전의 계속과 관련된 육상의 훈시訓示가 신문에 게재되었다. 그런데 이는 육상의 승인을 거치지 않은 것이었다. 하지만 아나미 육상은 이처럼 군의 통제를 어지럽히는 망동妄動을 단호하게 처벌하지 않았다. 이로 인해 육군 중앙부는 아나미 육상이 항전을 계속하려는 입장이라는 인상을 받았고, 육상은 정치적으로 더욱 곤란한 상황에 놓이게 되었다.

쿠데타 계획 육상 훈시의 공표에 따른 영향은 곧 표면화되었다. 8월 13일 밤 아라오 오키카츠荒尾興功 육군성 군사과장을 필두로 한 몇 명의 군사과원들이 육상 관저를 방문했다. 이들은 항전을 계속할 수 있는 태세를 확립하기 위한 쿠데타의 결행을 진언했다. 하지만 이에 대해 육상은 별다른 의사를 표명하지 않았다.

아나미 육상은 같은 날 자정 무렵 아라오 군사과장을 대신 집무실로 불러, 간접적인 표현으로 쿠데타에 동의하지 않는다는 취지를 전달했다. 하지만 일부 군무국 과원들은 여전히 육상이 내심으로 쿠데타에 동의하고 있다고 생각했다. 그 무렵 아나미 육상은 만일의 사태에 대비해 오키도 산지大城戸三治 헌병사령관에게 중요한 명령은 대신이나 차관이 직접 하달할 것이라고 고지했다. 이는 대신의 명의를 도용한 거짓 명령에 주의하라는 의미였다. 한편 모리 타게시森赳 근위사단장에게 궁성宮城의 수위守衛에 만전을 기하도록 지시했다.

군무국의 과원들은 그 직무상 일본의 국력의 실상을 가장 정확하게 파악하고 있었고, 과거에는 국력의 한계를 넘어선 통수부의 작전상 요구를 거부하기도 했다. 그런 이들이 항전을 계속하자는 주장의 최선두에 나섰던 것은 승리를 확신했기 때문이 아니었다. 이는 포츠담 선언 수락으로 인해 국체호지가 불가능하게 되는 상황에서 군의 붕괴가 초래할 국가적 혼란을 염려했기 때문이다.

육상의 행동 아나미 육상은 항전의 계속을 열망하는 듯한 행동을 보였다. 하지만 아나미 육상의 내심의 의사는 일본 본토에서 미국 원정군을 격파하여, 이를 계기로 관대한 조건의 화평을 성립시키려는 것이었다.[3]

---

3   당시 아나미 육상의 의도에 대해서는 여전히 결론도 정설도 없는 상태에 있으나, 대체로 다음과 같은 4개의 견해로 정리할 수 있다고 한다. ① 일격설一撃說: 본토결전에서 적에게 일격을 가해 화평교섭을 유리하게 이끌려 했다는 견해. ② 연극설腹藝說: 본심으로는 본토결전을 부정하면서도, 육군의 폭발에 의한 국가의 치명상을 방지하기 위해 부내의 강경파에 대해서는 본토결전을 주장하는 것처럼 가장假裝했다는 견해. ③ 망설임설気迷い說: 포츠담 선언을 수락하여 전쟁을 종결시킬 것인지, 아니면 본토결전을 추구할 것인지 결정을 내리지 못하고 망설이고 있었다는 견해. ④ 철저항전설徹底抗戰說: 일본 국민 마지막 한 사람까지 싸워야 한다는 광신적인 생각을 품고 있었다는 견해. 甲斐克彦, 『最後の陸軍大臣阿南惟幾の自決』(潮書房光人新社、2012)、281頁。(譯註)

국체호지와 무장해제의 문제를 특히 우려한 아나미 육상은 무조건 항복을 조건부 항복으로 바꾸기 위해 노력했다. 이에 육상은 포츠담 선언의 수락에 대해 천황의 번의翻意를 구하기 위해, 8월 12일 밤 미카사노미야三笠宮[4]를 방문했다. 그런데 미카사노미야는 "육군은 만주사변 이후, 천황의 뜻大御心에 어긋나는 행동만을 일삼아 왔다"며 크게 질책했다. 8월 13일 아침에는 키도 코이치木戸幸一 내대신內大臣을 방문했다. 한편 같은 날 히로시마의 하타 슌로쿠 원수에게 상경을 요청했다. 장로長老의 입장에서 육군의 의사를 상주하게 하려는 것이었다. 하타 원수는 비행편의 사정으로 8월 14일에야 토쿄에 도착했다.

이치가야의 패닉 8월 14일 열린 어전회의에서 종전의 성단聖斷이 내려졌다. 육상과 참모총장은 성단에 따라 황군의 마지막을 깨끗하게 하라는 취지로 훈시했다. 하지만 이치가야다이市ヶ谷台[5]에는 매우 어수선한 공기가 감돌았다. 이날 밤부터 이치가야다이의 곳곳에서는 밤새도록 막대한 분량의 서류를 손에 잡히는 대로 소각하고 있었다. 한편 미군의 상륙선단이 토쿄만에 정박하고 있다거나, 미군의 상륙이 임박했다는 등의 유언비어가 난무하여, 민심은 극도로 혼란스러웠다. 그리고 패닉에 빠진 대본영 위병衛兵과 육군성 경비 헌병 중에서 도망자가 속출했다. 이는 격변하는 정황 속에서 일본 육군의 내부적 취약성을

4　미카사노미야 타카히토 친왕三笠宮崇仁親王은 쇼와 천황의 동생이다. 타이쇼 천황大正天皇에게는 쇼와 천황(=히로히토裕仁), 치치부노미야 야스히토秩父宮雍仁(육군 소장), 타카마츠노미야 노부히토高松宮宣仁(해군 대좌), 미카사노미야 타카히토(육군 소좌)의 4명의 아들이 있었다. (譯註)

5　토쿄 신쥬쿠新宿 이치가야市ヶ谷에는 1874년부터 1937년까지 육군사관학교가 있었고, 1941년 12월 육군성·참모본부·교육총감부·육군항공총감부 등이 미야케자카三宅坂에서 이전하여, 일본 육군이 해체되기까지 그 중추부가 위치했다. 참고로 아카사카赤坂 히노키쵸檜町에 있던 방위청防衛廳이 2000년 이곳으로 이전하여, 현재에는 방위성防衛省과 중앙지휘소中央指揮所가 자리하고 있다. (譯註)

그대로 폭로한 것이었다.

쿠데타의 실패 일부 군무국 과원들은 여전히 천황 주변의 간신을 제거한 후, 항전을 계속하여 국체호지를 달성하겠다는 신념을 바꾸지 않았다.

이를 위한 쿠데타 계획은 먼저 근위사단과 동부군을 움직이고, 이로써 아나미 육상의 궐기를 촉구하는 것을 내용으로 했다. 그리고 마지막으로 천황을 받들어 일억총옥쇄一億總玉碎의 결의를 새롭게 다진 후, 항전에 매진하겠다는 것이었다.

8월 14일 밤 일부 군무국 과원이 주동이 되어, 쿠데타 계획의 실행에 착수했다. 병력의 동원을 완강히 거절한 모리 근위사단장은 살해당했다.[6] 이들은 근위사단장의 명의로 거짓 명령을 발령하여, 근위사단의 각 부대를 궁성으로 출동시켰다. 그리고 옥음玉音방송이 녹음된 레코드[7]를 탈취하려 시도했으나, 결국 실패로 끝났다.

불온한 움직임을 포착한 타나카 동부군사령관은 즉시 궁성 내의 현장으로 달려가 주모자들을 설득했고, 사건은 곧 정리되었다.

아나미 육상의 자결 아나미 육상은 8월 15일 이른 아침 육상 관저에서 자결했다.[8] 유서는 2통[9]으로, 육상으로서의 유서에는 '한번 죽어 큰

---

6   모리 사단장을 향해 군무과원 하타나가 켄지畑中健二 소좌가 권총을 발사한 후, 항공사관학교의 우에하라 쥬타로上原重太郎 대위가 모리를 참살斬殺했다. 이때 사단장실에 함께 있던 모리의 매제妹弟 시라이시 미치노리白石通教 중좌(제2총군 사령관 부관)도 우에하라와 육군통신학교의 쿠보타 켄조窪田兼三 소좌에 의해 참살당했다. (譯註)

7   쇼와 천황은 8월 14일 23:25부터 궁내성宮內省 정무실政務室에서 종전조서의 낭독을 시작하여, 8월 15일 01:00경에 종료했다. 이때 2개가 제작된 레코드는 황후궁직皇后宮職 사무실 내의 금고에 보관되었다. (譯註)

8   아나미 육상은 05:30 자인自刃, 07:10 절명絶命했다. 別宮暖朗, 『終戰クーデター』 (並木書房、2012)、235頁。(譯註)

9   아나미 육상은 8월 14일 각의閣議 전에 육상 비서관인 하야시에게 반지半紙 2매를 준비하도록 지시했고, 같은 날 23:00 육상 관저에서 이를 받았다. 하야시는 반지를 준비하

죄의 용서를 빕니다一死以て大罪を謝し奉る'라고 기재되어 있었다.[10] 자결 전 육상의 언행을 근거로 추측해보면, 만주사변에서 종전終戰(근위사단 사건을 포함)에 이르기까지, 육군이 저지른 행동에 대해 죽음으로서 사죄한 것으로 보인다.

제5절 복원

8월 16일 종전에 대한 천황의 지시御沙汰를 전달하기 위해, 만주에 타케다노미야竹田宮[11], 중국에 아사카노미야朝香宮[12], 남방에 칸인노미야閑院宮[13]가 각 파견되었다. 일선의 각급 지휘관들이 견디기 어려운 상황을 이겨내며 성지聖旨에 따라 부대의 장악에 노력한 결과, 정전은 순조롭게 진행되었고, 이어 무장해제 역시도 무난하게 끝을 맺었다.

이때 육군은 사단 169개, 전차사단 4개, 비행사단(교육부대로 편성된 항공사단 포함) 15개를 기간으로 한 총병력은 약 555만, 비행기 약 9,000기(이중 본토에 약 6,000기)의 전력이었다.

복원復員은 순조롭게 진행되었다. 내지內地 복원자는 235만 명, 외지外地 복원자는 1950년 3월 말까지 약 270만 명이었다. 한편 소련과 중공에서의 미복원자, 행방불명자 등이 약 50만 명이었다.

한편 태평양전쟁 전 기간 육군의 손해는 전사, 전병사자 합계 약 130만 명이었다.

라는 지시에서, 아나미가 자결을 각오한 것으로 느꼈다고 회상했다.(譯註)

10 다른 1통의 유서는 육군 대장 아나미 코레치카의 명의로 작성된 것으로 사세구辭世句가 기재된 것이었다. 이는 육상으로서 패전과 직전의 쿠데타 등에 대한 책임을 지는 것과는 별개로, 육군 대장의 인격으로서 남긴 것이라는 견해가 있다. 전자에는 '陸軍大臣阿南惟幾'라고 기재한 반면, 후자에는 '陸軍大將 惟幾'라고 이름만을 적은 것은 양자의 분별을 의도했다는 방증傍證이라는 것이다.(譯註)

11 육군 중좌 타게다노미야 츠네노리왕竹田宮恒徳王(士42, 大50).(譯註)

12 육군 대장 아사카노미야 야스히코왕朝香宮鳩彦王(士20, 大26).(譯註)

13 육군 소장 칸인노미야 하루히토왕閑院宮春仁王(士36, 大44).(譯註)

해제
역자후기
태평양전쟁 지상전 관계일지

최종호

1. 서설序說

이 책은 林三郎, 『太平洋戰爭陸戰槪史』(岩波書店、1951)의 완역서
이다. 저자는 아시아 대륙과 서태평양에 걸친 광범위한 지역에서 벌어
진 제2차 세계대전의 역사적 현장에 임장臨場했고, 이를 토대로 단순한
사실事實의 나열을 넘어, 실험實驗으로 파악한 사실史實을 기록으로 남겼
다. 따라서 이 책의 심층深層을 이해하려면 저자의 경력, 성향, 주장 등은
물론 그 행적에 이르기까지 종합적 관찰이 필요하다. 그런데 저자는 회
고록이나 자전自傳을 남기지 않았고, 평전評傳 등도 현존하지 않는다. 이
하에서는 역자가 수집한 각종 기록과 자료를 토대로 저자의 인물상을
소묘하고, 이 책의 의미 등을 살펴보기로 한다.

2. 저자의 인물상

(1) 출생과 유년기

하야시 사부로林三郎(이후 '사부로' 또는 '하야시'라고만 한다)는
1904년 인도 봄베이에서 부 소토키치曾登吉와 모 코이와こいわ의 3남으
로 태어났다. 쿄토京都가 원적原籍인 소토키치는 토쿄제국대학의 전신
인 제국대학帝國大學 박언학과博言學科를 졸업한 후 외교관으로 활동했
고, 사부로의 출생 당시에는 봄베이의 일본 영사관에서 근무하고 있

었다. 한편 사부로의 장형長兄 타츠오達夫는 쿄토제국대학 문학부 철학과를 졸업하고 메이지대학 교수 등을 역임했으며, 서양정신사, 문화사, 문명사에 관한 다수의 저작을 남겼다.

타츠오에 관한 기록에 의하면 소토키치 부처夫妻는 1908년 인도에서 귀국했고, 타츠오는 1911년 쿄토부립 제1중학교京都府立第一中學校에 진학했다. 따라서 사부로 역시 쿄토에서 유년기를 보냈을 것으로 보인다. 사부로는 타츠오와 마찬가지로 교토부립 제1중학교에 진학했고, 1918년 9월 오사카 유년학교에 입학했다.

(2) 육군유년학교

육군유년학교陸軍幼年學校(이하 '육유陸幼'로 약칭)는 일본 육군의 장교 후보자를 양성하기 위한 교육기관이다. '생도채용시험'은 만 13세 이상 만 15세 미만의 남자를 대상으로 하였으며, 합격자는 陸幼 입교와 동시에 군적軍籍에 오르게 되었으므로, '징모시험徵募試驗'이라고도 불렸고, 경쟁률은 보통 20:1 전후였다. 한편 시기에 따라 차이는 있지만, 하야시가 진학할 당시에는 센다이, 나고야, 오사카, 히로시마, 쿠마모토의 5개 도시에 각 육군지방유년학교, 토쿄에 육군중앙유년학교 본과·예과가 설치되어 있었다. 일반적으로 출신지와 가까운 곳의 지방유년학교에 지원하여 입교하는 경우가 많았지만, 정원 등의 이유로 지원한 학교와 다른 곳으로 배정되기도 했다.

각 지방유년학교 및 육군중앙유년학교 예과의 정원은 150명이었고, 학생과 교직원의 비율은 1:2로, 교육 환경으로는 현재에 이르기까지 일본에서 가장 호화로운 학교라는 평가도 있다. 유년학교의 교육 기간은 3년으로, 일반적인 중학교의 교과와 큰 차이가 없었으나, 독일어·불어·노어 등의 외국어와 음악·그림의 교육이 특히 중시되었다. 한편 영어는 1938년부터 교과에 포함되었다. 1874년 4월의 첫 졸업생 이래 1945년까지 졸업생의 수는 약 1만 9천 명이다.

(3) 육군사관학교

陸幼의 졸업자는 육군사관학교陸軍士官學校(이하 '육사陸士' 또는 '사士'로 약칭) 예과豫科 입교 시험이 면제되었으므로, 대부분이 陸士 예과로 진학했다. 역시 시기에 따라 제도의 차이가 있지만, 하야시의 陸士 제37기부터는 4월 1일 陸士 예과에 입교하여, 2년간 교육을 받은 후 3월에 졸업했다. 예과를 졸업하면 상등병上等兵의 계급으로 반년간 원대原隊에서 복무하며, 오장伍長으로 진급했다. 이후 10월 陸士 본과本科에 입학했고 이때 군조軍曹로 진급했다. 본과에서는 다다음해 7월까지 1년 10개월간 교육을 받고 졸업한 후 견습사관見習士官(계급은 조장曹長)으로 원대에서 근무하다가, 소위로 임관했다.

하야시는 1921년 4월 陸幼 졸업과 함께 陸士 예과에 입학했고, 1923년 3월 예과를 졸업한 후 1923년 10월 陸士 본과에 입학했다. 하야시가 졸업한 1925년 7월 陸士 제37기의 임관자는 302명으로, 수석은 이모토 쿠마오井本熊男(전후戰後 통합막료회의 사무국장, 육상자위대 간부학교장 역임), 차석은 야마가타 아리미츠山縣有光(원훈 야마가타 아리토모山縣有朋의 손자)였다. 한편 스기타 이치지杉田一次(제4대 육상막료장)는 35등, 하야시는 59등이었다. 졸업 당시 측정된 하야시의 신장은 170cm였다.

(4) 임관

1925년 10월 하야시는 보병제9연대(쿄토)에서 소위로 임관했다. 프로이센을 모델로 한 일본 육군은 특정한 지역을 징모구徵募區로 하는 향토연대鄕土聯隊 시스템과 이에 기반한 장교단將校團 조직을 운영원리로 삼았다. 소위로 임관한 장교는 처음 배치된 연대의 장교단의 일원이 되었고, 장교단은 연대장을 아버지로 하는 일종의 의사疑似 가족적 관계를 내용으로 했다. 이때 장교로 임관한 연대를 원대原隊라고 했는데, 陸士 동기생 간의 횡적 관계와 대비되는 장교단 선후배 간의 종적 관계는 육군이라는 조직 내에서 개인의 운명을 크게 좌우했다.

한편 종래 제4사단 소속으로 오사카에 주둔하던 보병제9연대는 1925년의 이른바 '우가키 군축宇垣軍縮'의 영향으로 제16사단 예하로 소속을 옮기며, 위수지衛成地도 교토로 변경되었다. 임관되는 해에 원대가 자신의 고향에 위치하게 된 것은 청년 장교 하야시에게 큰 행운이었을 것이다.

(5) 육군대학교와 결혼

하야시는 1928년 10월 중위로 진급했고, 1929년 12월 토쿄의 陸士 예과 생도대로 전보되었다. 그리고 1931년 12월 대망의 육군대학교陸軍大學校(이하 '육대陸大' 또는 '대大'로 약칭)에 입학했다. 참모장교를 양성하기 위해 설립된 陸大는 임관 후 2년 이상이 지난 중위·소위에게 수험자격이 인정되었고, 경쟁률은 보통 10:1 전후였다. 陸大를 졸업하면 특별한 사정이 없는 한 장관將官으로의 진급이 보장되었다.

예를 들어 陸大 제18기(1907년 졸업)부터 陸大 제25기(1913년 졸업)까지의 陸大 졸업자 372명의 최종계급은 대장: 6%, 중장: 38%, 소장: 34%로 그 합계인 78%가 장관으로 진급했다. 특히 육군성과 참모본부, 즉 성부省部의 주요 직위는 陸大 출신 장교의 지정석이었다.

陸大의 교육과정은 3년으로, 오전에는 주요 군사 과목인 전술, 전사, 참모용무參謀用務를, 오후에는 일반교양과목(특히 어학)을 교육했다. 특히 2년차와 3년차에는 매년 20회에서 30회에 이르는 병기연습兵棋演習을 시행했고, 3년차에는 참모연습여행參謀演習旅行이라는 과정을 실시했는데, 실전을 상정하여 학생의 지력과 체력의 한계를 시험하는 과정이었다.

일본 육군에서 진급과 보직의 가장 중요한 기준은 학교의 성적이었다. 특히 陸大의 졸업 석차는 군인으로서의 일생을 좌우했다. 수석을 포함한 상위 6인에게는 천황이 하사하는 군도軍刀가 하사下賜되었고, 은사조恩賜組라고 불린 이들에게는 육군의 중앙관아中央官衙인 육군성, 참모본부, 교육총감부에서의 근무가 보장되었다. 특히 성적 상위 약 10여 명에게는 외국 유학의 특전이 부여되었다. 하야시의 陸大 제46기 51명은 1934년 11월 졸업했다. 수석은 호소다 히로무細田熙(士39), 차석은 하야시였다. 이토다 이사무井戸田勇(士35), 아카마츠 사다오赤松貞雄(士34) 등이 그 뒤를 이었다.

시점은 불명하지만 陸大 재학 전후로 하야시는 육군 대좌 혼다 진파치譽田甚八(士1)의 딸과 결혼했다. 참모본부원과 陸大 교관을 역임하며 전사의 권위로 알려진 혼다는 보병제35연대장으로 재직 중이던 1909년 5월 40세의 비교적 젊은 나이에 단독丹毒으로 사망했다. 혼다는 카나자와金澤 출신으로 하야시와 특별한 지연地緣은 없고, 혼다의 아들 타로太郎가 陸士 제36기로 하야시의 1년 선배라는 인연으로 결혼에 이른 것 같지만, 상세한 사항은 알 수 없다.

(6) 참모본부 근무와 소련 주재

陸大를 졸업한 하야시는 원대인 보병제9연대에서 중대장으로 근무했고, 1년 후인 1935년 12월 참모본부부 근무參謀本部付勤務로 발령된다. 이는 정식 참모본부원이 아닌 일종의 견습見習 또는 시보試補과정이다.

다음 해인 1936년 12월 참모본부원으로 임명된 하야시는 참모본부 제2부(정보) 제5과(소련)에 배속되어, 중앙관아의 막료로서의 커리어Career를 시작한다. 하야시가 소련에 관련된 군사정보를 다루는 부서에 배속된 것은 그가 陸幼에서부터 러시어를 전공했기 때문으로, 이는 하야시의 일생을 좌우하게 된다.

1916년 5월의 참모본부 직제職制 개정 이후, 정보를 담당하는 참모본부 제2부는 제4과(歐美)와 제5과(支那)로 구성되었고, 제4과에는 제1반(미국), 제2반(소련), 제3반(유럽), 제4반(종합綜合)이 소속되어 있었다. 그런데 20년 만인 1936년 6월의 직제 개정으로 종래의 제2반이 제5과로 독립했다.

여기에는 다음과 같은 배경이 있다. 러일전쟁 이후 일본은 러시아의 복수전을 예상했고, 이는 1907년 4월 처음 제정된 「제국국방방침帝國國防方針」에서 러시아가 가상적국 제1순위로 기재된 것에서 분명히 드러났다. 그런데 1923년 2월 「제국국방방침」의 제2차 개정에서, 러시아의 후신인 소련은 가상적국의 리스트에서 제외되었다. 건국과 전후 복구 등 소련의 혼란한 정치·경제적 상황과 신설된 적군赤軍의 동요로 인해 전쟁을 수행할 능력을 상실했다고 판단했기 때문이다.

그런데 소련은 제1차 5개년 계획(1928~1932), 제2차 5개년 계획(1933~1937)을 추진하며 국가 전체가 급속히 안정되었고, 이에 수반해 군사력을 증강하기 시작했다. 이에 따라 1936년 6월 개정된 「제국국방방침」은 소련과 미국을 가상적국으로 명시하게 되었다. 특히 극동 소련령에 대한 병력 증강의 결과 1936년 말 기준, 관동군과 극동 소련군의 대략적인 전력비는 1:3으로 평가되었고, 일본은 국방에 커다란 위협을 느끼게 된다. 소련의 군사정보를 담당하는 부서가 반에서 과로 승격된 것은 이러한 정세변화에 기인한 것이었다.

약 2년간 참모본부에서 근무한 하야시는 1938년 4월 소련에 파견되었고, 같은 해 7월 소좌로 진급했다. 그리고 1939년 3월 駐蘇대사관 무관보좌관으로 임명된다.

(7) 참모본부 제5과장

약 2년간의 소련 주재를 마친 하야시는 1940년 10월 귀국하여 참모본부 제5과로 복귀했고, 1941년 3월 중좌로 진급했다.

1941년 6월 독일의 소련 침공으로 독소전이 시작된다. 이에 일본도 독일에 호응하여 극동 소련령을 공격해야 한다는 주장이 비등했고, 독소전의 향후 추이에 대한 관측이 매우 중요하게 되었다. 이때 제5과장 이소무라 타케스케磯村武亮(土30) 대좌는 독소전이 단기간에 독일의 승리로 종식될 가능성은 낮다는 입장이었고, 이는 현실로 증명되었다. 당시 제5과에 근무했던 참모들의 전후戰後 증언에 따르면, 이와 같은 판단의 중심에는 하야시가 있었다고 한다.

태평양전쟁이 진행 중이던 1943년 10월 하야시는 제5과장에 임명된다. 통상 대좌가 임명되던 제5과장에 중좌인 하야시가 임명된 것은 소련의 상대적 중요성 저하를 상징하는 한편으로, 하야시의 출중한 능력을 증명하는 것이었다. 약 8개월 정도 제5과장으로 근무한 하야시는 1944년 6월 21일 참모본부 제1부(작전) 제3과장(편제·동원)으로 전보된다.

러일전쟁 이후 원형이 완성된 참모본부에는 대체로 3가지 계통이 있었다. ① 인사, 예산, 서무, 편제, 동원 등의 업무를 담당하는 총무부 계통, ② 작전 계획, 운용 등의 업무를 총괄하는 제1부(작전) 계통, ③ 정보를 총괄하는 제2부(정보) 계통이 그것이다. 하야시가 임명된 편제동원과장은 아베 노부유키阿部信行(土9, 수상·조선총독), 니노미야 하루시게二宮治重(士12, 참모차장), 코이소 쿠니아키小磯國昭(士12, 조선 총독·수상), 우메즈 요시지로梅津美治郎(士15, 관동군 총사령관·참모총 장), 토죠 히데키東條英機(士17, 육상·수상·참모총장) 등 총무부 계통의 인물이 과장을 맡아왔다. 여기서 러시아 정보가 전문인 하야시가 편 제동원과장에 임명된 경위는 반드시 명확한 것은 아니다.

(8) 육상 비서관

1945년 4월 7일 스즈키 칸타로鈴木貫太郎를 수상으로 하는 내각이 발족했고, 항공총감 아나미 코레치카阿南惟幾(士18) 대장이 육상에 취 임했다. 그리고 약 보름 후인 1945년 4월 24일 하야시는 마츠타니 세이松谷誠(士35) 대좌의 후임으로 육상 비서관에 임명된다. 아나미 와 하야시 간에 별다른 접점을 찾기 어렵다는 점에서 이례적인 인사 였다. 이는 토죠 육상이 그 측근으로 인식된 아카마츠 사다오(士34), 핫토리 타쿠시로服部卓四郎(士34) 등을 육상 비서관에 임명했던 것과 대비되는 점이다.

이에 대해 하야시는 戰後GHQ 역사과歷史課에 대한 진술에서, "나는 원래 아나미라는 사람은 이름만 알고 있었을 뿐, 비서관으로 임명되 기까지 대화는커녕 얼굴을 본 적도 없었다"고 술회했다. 확증은 없지 만 후술할 戰後의 행적 등에 비추어 볼때, 하야시의 육상 비서관 임명 은 전임자인 마츠타니의 추천에 의한 것으로 추정된다. 한편 본문 제 21장 제4절에 등장하는 8월 11일의 '육상 훈시' 사건에서, 하야시는 이를 주도한 육군성 군무국 군무과 내정반장內政班長 타케시타 마사히 코竹下正彦(士42, 아나미 육상의 처남) 중좌의 처벌을 진언했으나, 아나 미는 이를 받아들이지 않았다.

태평양전쟁 전 기간을 걸쳐 하야시는 성부省部가 있는 이치가야를

잠시도 떠나지 않았다. 전쟁 기간 중 省部에 근무하던 참모가 일선의 부대장으로 전출되는 것은 징벌懲罰의 의미를 내포한 것으로 비교적 드물었지만, 총군總軍이나 방면군方面軍 의 참모로 전보되는 등의 순환 인사는 적지 않았다. 그런데 하야시와 같이 省部에서의 근무로 일관한 예는 찾기 어렵다. 이는 하야시가 그만큼 탁월한 능력의 소유자였음을 증명하는 것이다.

1945년 8월 15일의 종전 당일 새벽 아나미 육상은 자결했다. 그리고 8월 17일 육군 대장 히가시쿠니노미야 나루히코왕東久邇宮稔彦王이 수상 겸 육상에 취임했다. 같은 날 하야시는 육상 비서관에서 면직되어, 육군성 군무국부軍務局付가 된다. 그리고 1945년 11월 30일 육군성의 폐지와 함께 하야시는 군인으로서의 삶에 종지부를 찍었다.

(9) 전후

1950년 6월 한국전쟁의 발발과 함께 미국은 일본의 자체 방위를 위한 군사력의 건설을 강하게 요구했고, 이에 1950년 8월 10일 이른바 포츠담 '정령政令'으로 경찰예비대가 창설된다. 한편 경찰예비대의 지휘부 구성과 관련하여 구舊 군인의 배제를 강하게 주장하는 내무성 출신의 경찰 관료들과, 연합국군 최고사령관 총사령부(GHQ) G2(정보)부장 찰스 윌로비 소장의 지원을 받으며 舊 군인 중심의 재건을 주장하는 핫토리 타쿠시로 등의 견해가 대립했다.

1951년 5월 15일, 마츠타니 세이, 스기타 이치지, 하야시의 3인은 연명으로 '최근의 군사 관계 사항에 대하여, 특히 구 직업군인의 최근 동향과 조치'라는 제목의 의견서를 요시다 시게루 수상에게 제출했다. 이 의견서는 재군비와 관련하여 舊 군인들을 적극파, 반대파, 자중파, 관망파의 4가지 유형으로 구별하면서, 적극파를 '대체로 구 육군

내의 우수한 분자分子들로, 현재 미군의 고용자이거나 복원국復員局 직원이 많다'고 정의했다.

적극파의 대표로 지목된 핫토리는 1939년 5월 관동군 참모(작전주임)으로 근무하면서 노몬한 사건을 야기한 주역이었고, 1941년 7월 참모본부 작전과장, 1942년 12월 육상 비서관, 1943년 10월 작전과장(재임)을 지내며 1945년 2월 보병제65연대장으로 전출되기까지, 태평양전쟁의 거의 전 기간을 육군의 작전 중추에서 군림했다.

이 보고서는 '군국주의적 관념을 고집하는 좌관급 우수분자에 대해서는 실업 상태를 구제하기 위한 업무를 부여하되, 물론 교육 등을 통해 종래의 잘못을 고칠 수 있도록 하는 것이 중요하지만, 사실 그 효과는 제한적일 것이다. 만약 이들 분자에게 업무를 부여하지 않을 경우, 그 불안감이 증폭되어, 정객이나 좌익·우익단체의 자금 지원을 받는 등으로 국내의 분쟁을 야기할 우려가 있다'고 기술했다.

작전 영역에 근무하며 태평양전쟁의 개전을 적극적으로 주장했고 이후에도 전쟁 계속을 획책해온 핫토리 등과 달리 마츠타니, 스기타, 하야시의 3인은 주로 정보를 담당하며 개전에도 신중한 태도를 취했다. 특히 마츠타니는 육군 내 종전 공작을 주도하기도 했다. 러일전쟁 이후 '작전 우위'라는 흐름이 참모본부를 지배했고, 본문에도 등장하는 것처럼 이와 같은 대립적 관계는 태평양전쟁 전 기간을 거쳐 전쟁 지도에 큰 그림자를 드리웠을 뿐 아니라, 戰後에까지 큰 영향을 미쳤다. 다만 마츠타니와 스기타가 중학교를 졸업한 후 유년학교를 거치지 않고 육사에 진학한 반면, 하야시는 유년학교 출신이라는 점에서 상호간에 다소의 입장의 차이가 존재했을 가능성은 있다.

(10) 재군비

　요시다 수상의 측근으로서 재군비의 추진에 큰 영향을 미친 인물이 타츠미 에이이치辰巳榮一(士27) 중장이다. 타츠미는 요시다가 駐英대사로 재직하던 때 대사관 무관으로 근무하며 신뢰관계를 구축했고, 이것이 계기가 되어 戰後 군사와 관련된 사항에 대해 요시다의 고문 역할을 수행했다.

　경찰예비대에는 1951년 10월 陸士 제40~제53기의 중좌~소좌 404명, 12월 陸士 제54~제58기의 위관 417명이 채용되어 입대했다. 하지만 조직의 안정을 위해 전쟁 기간 중앙관아의 과장, 일선의 연대장으로 활약한 대좌급 군인의 입대는 피할 수 없었다. 이에 타츠미는 대좌 30명의 채용을 마스하라 케이키치增原惠吉 경찰예비대본부장관警察豫備隊本部長官에게 요구했지만, 마스하라는 6명을 상한으로 주장하며 물러서지 않았다.

　결국 1952년 7월 육군 : 10인, 해군 : 1인의 11명이 채용되기에 이르렀다. 육군 10인은 키시모토 시게카즈(士34/大46), 마츠타니(士35優/大43), 스기야마 시게루杉山茂(士36/大45), 이모토 쿠마오井本熊男(士37首/大46), 스기타 이치지杉田一次(士37/大44), 신구 요타新宮陽太(士38優/大47), 타카야마 시노부高山信武(士39首/大47首), 호소다 히로무細田熙(士39優/大46首), 마츠다 타케시松田武(士39), 요시하시 케이조吉橋戒三(士39/大50優) 였다. 종전 당시 陸士 제33기의 최선두가 소장에 진급해 있었고, 陸士 제40기의 최선두는 아직 중좌였으므로, 대좌 계급자는 제34기부터 제39기까지 6기에 걸쳐있었다.

　하야시는 경찰예비대(1952년 10월 15일: 보안대保安隊 → 1954년 7월 1일: 자위대)에 입대하지 않았다. 당시 상당수의 舊 군인들은 명칭부터 국군國軍이 아닌 경찰예비대National Police Reserve의 입대에 전향

적이지 않았다. 하지만 하야시가 마츠타니, 스기타와 함께 위의 의견서를 연명으로 작성했던 점에서, 경찰예비대의 창설에 반드시 부정적이었던 것으로 단정하기는 어렵다. 실제로 마츠타니와 스기타는 경찰예비대에 입대하여, 육상자위대의 요직을 역임했다(마츠타니 : 북부방면총감, 스기타 : 육상막료장). 그렇다면 하야시가 입대하지 않았던 것은 역시 10인의 한정된 인원만이 선발되었기 때문일 가능성이 있다.

하야시의 陸士 제37기에서는 이모토와 스기타가 채용되었다. 이모토는 일찍부터 작전의 에이스로 각광받았을 뿐 아니라, 핫토리와 가까운 관계로 그에 대한 배려 차원에서 포함되어야 했다. 한편 스기타는 요시다가 駐英대사로 재직하던 시절 무관보좌관으로 근무하여 요시다와 개인적으로 가까운 관계였고, 또한 영어에 능통하여 미군과의 관계에서 필수적이었다.

한편 제37기를 전후로 제34, 35, 36, 38기에서 각 1명씩이 선발된 상황에서, 제37기의 이모토, 스기타 외에 하야시까지 선발하는 것은 각 기수의 균형 차원에서 곤란했을 것이다. 한편으로 당시 경찰예비대의 내국內局을 장악하고 있던 경찰 관료들이 자신들의 영향력을 유지하기 위해, 소련 정보의 전문가들을 의도적으로 배제하려 했다는 관측도 가능하다. 혹은 하야시의 수재 특유의 예리함이나 명민함이 영향을 미쳤을지도 모른다. 어느 쪽이거나 하야시와 경찰예비대의 관계는 판연判然하지 않다.

(11) 만년

하야시는 1954년부터 1971년까지 17년간 외무성 동구과東歐課에 비상근非常勤으로 근무했다. 이는 하야시의 유창한 러시아어와 소련의 정황 등에 대한 전문성 등에 기인한 것으로 보인다.

하야시는 『ソ連の軍事政策について』(新世紀社、1969); 『関東軍と極東ソ連軍: ある対ソ情報参謀の覚書』(芙容書房、1974); 『参謀教育: メッケルと日本陸軍』(芙蓉書房、1984) 등의 저서와 オタ・シク、『チェコ経済の真実』(毎日新聞社、1970)이라는 역서를 남겼다. 그중 『参謀教育』은 일본 육군에 큰 영향을 끼친 프로이센 육군 소좌 멕켈의 공과功過와 초창기 陸大의 실태 등을 기술한 책이다.

1980년대 중반 『문예춘추文藝春秋』에 하야시와 한도 카즈토시半藤一利(1930~2021)의 대담이 게재되었다. 이를 직접 관찰한 작가 오키 타케시大木毅는 하야시의 모습에 대해 "학鶴처럼 마른 모습으로 백발, 선인仙人과 같은 풍모를 하고 있었다. 육군과 해군의 많은 장관·좌관을 만났지만, 하야시만큼 머리가 비상한 사람은 보지 못했다. 당시 이미 80세를 넘겼음에도, 논지는 명료했고 언제나 논리적이었다"고 회상했다.

그러면서 하야시가 "우리 정보 담당자들이 고생하여 분석·판단한 결과를 작전을 담당하는 녀석들은 전혀 듣지 않았다. 노몬한에서도 우리는 소련군의 트럭 수송능력을 조사하여 전력의 규모를 비교적 정확하게 산출했지만, 작전의 녀석들은 육군의 상식에 얽매여, 철도 단말端末로부터의 거리만을 생각해 소련의 전력을 낮게 평가했고, 결국 크게 실패했다"고 말한 것이 인상적이었다고 했다.

하야시는 작전 중시, 정보 경시라는 일본 육군의 숙아宿痾에 대해, 종생終生 신랄한 비평을 멈추지 않았다.

하야시는 1998년 11월 21일 사거死去했다. 향년 94세. 중대한 역사의 현장에 임장臨場하며, 메이지明治·타이쇼大正·쇼와昭和·헤이세이平成를 거친 파란만장한 생애였다.

3. 태평양전쟁 전사의 편찬과 이 책의 가치

(1) 패전 이후 전사서의 출간

일본 육군에게 패전이란 미증유未曾有의 체험이었다. 본문에서도 기술된 것처럼 이치가야의 육군성과 참모본부는 패닉에 휩싸였고, 이에 건군 이래의 문서들을 보이는대로 소각하기 시작했고, 이로 인해 태평양전쟁의 개전 경위와 진전 과정을 확인할 수 있는 사료가 잿더미로 변했다. 또한 남은 사료 역시도 전후 점령군에 의해 접수되는 운명에 처했다. 패전 직후 육군 관계자가 저술한 서적으로는 일본 국민들의 舊 군에 대한 강렬한 비판의식에 부합하는 군벌軍閥의 전횡에 대한 비사祕史의 폭로가 많았고, 개전 당시의 병무국장兵務局長인 타나카 류키치田中隆吉의 『敗因を衝く―軍閥専横の実相』(山水社、1946);『日本軍閥暗闘史』(静和堂書店、1947) 등은 선풍적인 인기를 끌었다.

한편 해군성 교육국장으로 종전 공작을 계획했던 타카키 소키치高木惣吉의 저서 『太平洋海戦史』(岩波新書、1949)는 태평양전쟁의 통사通史로서는 선구적인 것이었다.

한편 이 책은 1951년에 출간된 것으로, 육전개사陸戦概史라는 서명書名처럼 태평양전쟁의 지상전을 조감鳥瞰한 선구적인 책이었다.

(2) '핫토리 전사'의 출간

이후 발간된 태평양전쟁의 통사로서 획기적인 것이 服部卓四郎、『大東亜戦争全史』(鱒書房、1953)이다. 이는 핫토리 타쿠시로의 단독 명의로 출간되어 통칭 '핫토리 전사服部戦史'로 불리기도 하지만, 실제로는 니시우라 스스무西浦進(士34), 호리바 카즈오堀場一雄(士34), 아키야마 몬지로秋山紋次郎(士37), 이모토 쿠마오井本熊男(士37), 미즈마치 카츠키水町勝城(士41), 이나바 마사오稲葉正夫(士42), 후지와라 이와이치藤原岩市(士43), 하라 시로原四郎(士44) 타나카 켄고로田中兼五郎(士45), 하시모토 마사카츠橋本正勝(士45), 야마구치 지소山口二三(士49)의 12인의 공동작업의 결과물이다. 이는『大東亜戰爭全史』(原書房、1996)으로 신장판新裝版이 출간되기도 했다.

『大東亜戰爭全史』는 상주上奏 서류를 비롯해 당시까지 일반에 공개되지 않았던 자료를 토대로, 전쟁 기간 내내 성부省部와 일선 군의 고급 막료로 근무했던 인물들이 분담하여 서술한 것으로, 당시 육군 중추부의 전쟁지도에 관한 사고 방식을 엿볼 수 있는 책이다. 다만 서술자들이 작전 계통에 편중되어 있다는 점에서 정보 경시라는 문제점을 충분히 파악하지 못한 것은 물론, 일부에서는 작전 입안자가 직접 서술에 참여하는 등으로 객관성이 결여된 부분이 적지 않다는 비판이 있다.

(3) 전사총서의 간행

1955년 방위청防衛廳 내에 전사의 연구와 편찬을 위해 전사실戰史室이 설치된다. 점령 기간 미군에 압수되었던 사료가 반환되기 시작했으며 舊 군인들이 개인적으로 보관해온 문건을 기증하는 등으로 상당한 분량의 자료가 축적되었을 뿐 아니라, 전전戰前 대장성大藏省에서 육군의 예산 사정査定을 담당하는 주계관主計官으로 근무했던 후쿠다 타케오福田赳夫(내각총리대신 역임)가 자민당 정무조사회장政務調査會長·간사장幹事長, 대장대신大藏大臣으로 재직하면서 예산상의 배려를 아끼지 않았던 덕택으로, 공간전사公刊戰史의 편찬이 시작되었다.

그리고 그 결과물이 1966년『戰史叢書(1)マレー進攻作戰』(朝雲新聞社、1966)을 시작으로, 1980년『戰史叢書(102)陸海軍年表』(朝雲新聞社、1980)을 마지막으로 한 육군 : 68권, 해군 : 33권, 공통 연표 : 1

권 합계 102권의 거작, 『戰史叢書』이다. 이는 2018년 12월부터 web을 통해 일반에 공개되고 있다.

전사총서는 25년에 걸쳐 태평양전쟁 당시 주요 직위에 있었던 다수의 편찬관編纂官들의 노작勞作으로, 그 양과 질 모두 타의 추종追從을 불허하는 금자탑金字塔이다. 그럼에도 불구하고 전쟁지도에 관한 비판적 고찰의 부족, 작전의 중추에 있었던 인물들에 의한 기술記述이 가지는 객관성의 결여, 전후에도 계속된 육군과 해군의 대립에 따른 서술敍述 상호간의 정합성 부족이라는 한계를 남기고 있다.

(4) 이 책의 가치

이 책이 출간되고 올해로 70주년이 되었다. 저자가 이 책을 지은 시점에서는 관련된 자료의 대부분이 은닉되어 있거나 미군에 압수되는 등의 여러 현실적 한계가 존재했다.

그런데 태평양전쟁에 대한 위의 공간전사公刊戰史 등이 간행되었을 뿐 아니라, 각종 자료의 검색·이용에 큰 제약이 없는 오늘날의 시점에서도 이 책은 사소한 오류를 제외하면, 대체로 사실을 정확하게 기술하고 있다는 평가가 일반적이다.

나아가 전쟁 전 기간을 육군의 중추에서 근무한 저자가 아직 전쟁의 기억이 생생한 시점에 지은 이 책은 태평양전쟁의 전모全貌와 함께 당시 일본 육군 중추의 분위기를 파악하기 위한 가장 기초적인 자료라고 할 수 있다. 특히 저자는 상대적으로 경시된 정보 계열에서 근무하는 등으로 이 책의 서술에서도 전쟁을 주도한 작전 계열에 대해 비판적 시각을 견지하고 있는 점은 이 책의 특색이다.

이러한 의미에서 이 책은 태평양전쟁의 지상전을 다룬 불후不朽의 고전古典으로서 역사에 남을 것이다.

내가 일본 육군이라는 생소한 대상에 관심을 갖고 연구를 시작한지 올해로 10년이 지났다. 20대 초반부터 10년간에 걸친 시행착오 끝에 직업 선택의 장벽을 넘어 얻게 된 약간의 금전·시간적 여유가 그 단초가 되었다.

소액이지만 정기적으로 급여를 받게 되면서, 틈만 나면 현해탄^{玄海灘}을 건너 지속^{紙屬}을 공수^{空輸}하기를 반복했다. 그리고 ① 2013년 초여름 어느 날, 사법연수원 도서관에서 보던 沢田茂,『参謀次長沢田茂回想録』(芙蓉書房、1982), ② 2014년 초순 겨울날, 마두역(3호선) 앞 '카페 루카^{Caffe Luca}' 2층에서 해가 지기까지 읽던 上法快男(編)、『最後の参謀総長梅津美治郎』(芙蓉書房、1976), ③ 2014년 추석을 전후로, 창 너머 서울지방경찰청이 보이던 적선현대빌딩의 일실^{一室}에서 번역하던 黒野耐、『参謀本部と陸軍大学校』(講談社、2004)은 여전히 뇌리^{脳裏}의 한 곳에서 선연^{鮮然}한 기억으로 존재한다.

이후 생활인으로의 삶을 시작한 2015년 이후 현재에 이르기까지 지난 7년간, 본업 이상으로 이 주제에 천착^{穿鑿}할 수 있었던 것은, 역시 국가와 사회의 배려에 기인한 것이다. 그리고 그 작은 성과로 2015년과 2016년에 두 권의 번역서를 출간했다.

원래 내가 관심을 가진 주제는 '쇼와^{昭和} 10년대의 정군관계^{政軍關係}와 이와관련된 육군 중앙의 동향'이라는 비교적 한정적 범위에 국한되어 있었다. 하지만 일본 육군이라는 조직의 본질을 파악하기 위해서는,

그 한계를 극단적으로 노정露呈한 태평양전쟁 그 자체에 대한 관찰은 피할 수 없는 것이었고, 자연히 연구의 추축樞軸은 전사戰史로 옮겨갔다. 하지만 지엽적 지식의 축적에도 불구하고, 태평양전쟁 전반에 대한 이해는 여전히 피상적皮相的인 미진微塵에 불과했다. 그와 같은 상황에서 태평양전쟁 전반을 부감俯瞰하기 위해 발견한 것이 이 책이다.

전후戰後 75년간 태평양전쟁에 관한 서적은 한우충동汗牛充棟의 네 글자가 명실상부할 정도로 출간되었다. 그런데 일본 육군과 관련된 저작은 전투전사戰鬪戰史와 같은 비교적 미시적 관점의 전기戰記가 대부분이다. 그리고 전쟁 전반에 관한 통사通史도 저자의 주관이나 극화劇化적 서술이 개입된 부분이 적지 않아, 반드시 객관성·합리성이 충분히 담보되어 있다고 단정하기는 어렵다. 따라서 각 저작물들이 지니는 사료적 가치는 별론, 전쟁 전반에 대한 총체적 인식에는 일정한 한계가 있다.

이미 해제에서 적은 것과 같이 이 책의 저자 하야시 사부로는 태평양전쟁의 전 기간을 참모본부와 육군성의 요직에서 근무하면서, 통수와 전쟁지도의 모습을 직접 관찰했다. 그리고 여전히 그 기억이 선명한 시점에 비판적 시각과 반성적 고찰을 기조로 일본 육군이라는 조직에 내포된 숙아宿痾를 가감 없는 필체로 그려낸 것이 이 책이다. 이러한 의미에서 출간 후 70년이 된 현재까지 증쇄增刷를 거듭하고 있는 이 책에 '영수불후永垂不朽'라는 넉자는 부족함이 없을 것이다.

한참 원고의 교정 작업을 진행하던 3월 중순, 栗栖弘臣, 『マジノ線物語—フランス興亡100年』(K&Kプレス、2001)이라는 책을 접했다. 저자 쿠루스 히로오미(1920~2004)는 토쿄제국대학 법학부를 졸업하던 1943년 고등문관시험 행정과에 수석으로 합격하여 내무성에 입성入省했고, 직후 소집되어 해군의 단기현역사관短期現役士官(短現)으

로 복무하다가, 법무 대위로 종전을 맞이했다.

전후戰後 변호사로 활동하던 쿠루스는 1951년 경찰예비대에 입대했다. 그리고 육상자위대에서 초대 주불駐佛 방위주재관, 육상막료감부 제4부장, 제13사단장, 동부방면총감 등을 지냈다. 나아가 1976년 육상막료장陸上幕僚長, 1977년 통합막료회의의장統合幕僚會議議長이라는 자위대의 최고위직을 역임했다. 쿠루스는 육상막료장으로 재직하면서도, 망중한忙中閑에는 미군의 교범Field Manual을 원서로 탐독했다고 한다.

1978년 7월 쿠루스는 이른바 유사법제有事法制의 불비不備와 관련하여 제도의 정비를 촉구한 이른바 '초법규발언超法規發言'이 문제가 되어, 재직 9개월 만에 통합막료회의의장에서 경질되어 퇴관退官했다. 이후 대학교수, 신문사 논설위원 등으로 활동하면서, 일본의 안전보장과 자위대의 개혁에 관한 다수의 저서를 남겼다. 한편 위의 『マジノ線物語』는 '마지노 이야기'라는 제목이 주는 인상과 달리, 보불전쟁 이후 21세기 초반까지 약 100년에 걸친 프랑스 국방정책의 변화를 기술한 책으로, 본문 529면에 불어 원서의 참조문헌의 목록만 8면에 달하는 방대한 분량이다. 쿠루스는 저술을 위해 근 10년간 매년 수개월 씩 프랑스에 머물며, 프랑스군의 전사부戰史部 도서관에서 자료를 수집하면서 저술을 진행했다고 한다.

정년停年을 맞이하여 사회의 일선에서 물러난 노인이 은퇴 이후의 시간을 어떻게 보내는지는 그 사회의 성숙도를 파악하는 한 척도尺度일지 모른다. 쿠루스 뿐 아니라 일본에서는 영직榮職을 역임한 장관將官급 자위관들이 퇴관 후에도 안전보장 등과 관련된 연구서를 출간하거나, 관련된 글을 기고하는 등 활발하게 활동하고 있다. 예를 들어 冨澤暉、『逆説の軍事論』(バジリコ、2015)는 육상막료장을 역임한 저자가 군

사와 평화의 Paradox 등 안전보장론을 다룬 출색出色의 책이다.

그런데 세계적으로 대규모의 군대를 자랑하는 한국에서는 무수한 예비역·퇴역의 장관將官들이 있음에도 불구하고, 그 누구도 일독一讀의 가치가 있는 저서를 상재上梓한 경우를 보지 못했다. 어느 퇴역 대장大將은 무슨 대단한 통찰도 없는 자기개발서 따위를 내고, 이를 정치적 지위에 취임하는 수단으로 이용하기도 하는데, 이 정도면 부끄러움을 모르는 것도 도가 지나치다고 할 수 밖에 없다. 이런 행태가 한국군의 지적知的 태만怠慢을 상징한다고 하면, 이를 극언極言이라고 할 것인가? 이 점에서 전쟁이라는 극단적 상황의 중심에 있었던 저자가 그 체험을 생명력을 가진 기록으로 승화시킨 이 책은 군인이 지식과 경험을 어떻게 후세에게 전달해야 하는지 생각하게 한다.

팬데믹Pandemic이란 특이한 세기世紀·세계世界적 현상 속에서 2020년 한 해와 2021년의 절반을 보냈다. 모든 활동이 축소된 상황에서, 이 책의 출간은 짧지 않았던 그 시간들이 반드시 내게 무익한 것만은 아니었다는 작은 증명이다. 앞으로도 일본 육군과 태평양전쟁에 대한 연구를 필생의 업으로 삼아 계속해 나갈 생각이다.

마지막으로 이 책이 전쟁의 본질에 대한 오의奧義를 탐구하려는 여러분들에게 작은 지남指南이 되었으면 한다.

2021. 6. 30.
태평양 전쟁개전 80주년을 기념하여
최종호

1941년

11.6.	남방군 전투서열 하령
11.25.	테라우치 남방군 총사령관 토쿄 출발(12.5. 사이공 도착)
12.1.	일본 對美英蘭 전쟁을 결의, 대본영은 12.8.을 개전일로 개정
12.8.	일본 對美英蘭 선전포고, 진주만 공격, 일본군 말레이 상륙, 태국 진입, 日佛印군사협정 체결
12.10.	일본군 루손섬과 괌섬에 상륙, 말레이 해전
12.11.	전쟁수행에 관한 日獨伊 3국협정 조인, 獨伊 對美 선전포고, 일본군 괌섬 점령
12.16.	일본군 英領보르네오 상륙
12.19.	일본군 민다나오섬 상륙
12.21.	日泰攻守동맹 조인
12.22.	일본군 웨이크섬 상륙(12.23. 점령)
12.25.	일본군 홍콩 점령

1942년

1.2.	일본군 마닐라 점령
1.11.	일본군 셀레베스섬 점령
1.18.	日獨伊新軍事協定 조인
1.19.	홍콩 점령지 총독부 설치
1.22.	대본영이 남방군에 버마 작전 개시를 명령
1.23.	일본군 비스마르크諸島 상륙
2.4.	자바 해전
2.15.	일본군 싱가포르 점령
2.20.	일본군 티모르섬 상륙, 발리섬 해전
2.27.	수라바야 해전
3.1.	바타비아 해전, 일본군 자바섬 상륙
3.7.	대본영정부연락회의에서 「금후 취할 전쟁지도의 대강ルヘキ戰争指導ノ大綱」을 결정

3.8.	일본군 버마의 랭군 점령
3.9.	蘭印군 무조건 항복
3.23.	일본군 안다만섬 상륙
4.3.	일본군 바탄 총공격 개시
4.9.	일본군 바탄반도 점령
4.11.	보르네오수비군사령부 설치
4.18.	미 육상폭격기, 케이힌京濱, 나고야, 욧카이치, 코베 등을 처음 공습
4.21.	지나파견군에 浙贛作戰 실시를 명령
5.1.	일본군 버마의 만달레이 점령
5.7.	일본군 코레히도르섬 점령
5.7~8.	산호해 해전
5.15.	제13군 절공작전을 개시
5.18.	제17군 전투서열 하령(남태평양 방면), 독일군 하리코프지구에서 공격 개시
5.29.	일본군 華中의 金華 점령
6.5.	미드웨이 해전
6.7.	일본군 키스카섬 상륙
6.8.	일본군 애투섬 상륙
6.12.	일본군 華中의 玉山 점령
6.27.	제14군(필리핀)을 남방군 예하에서 대본영 직할로 변경
7.1.	북아프리카 전선의 獨伊군 엘 알라메인 점령
7.4.	제1방면군, 제2방면군, 제2군, 기갑군의 편조를 하령(만주)
7.10.	제3항공군의 전투서열 하령(말레이 방면)
7.11.	대본영이 뉴칼레도니아, 피지, 사모아작전을 중지
7.28.	지나파견군에 金華 확보를 명령
8.7.	미군 과달카날섬과 툴라기섬에 상륙
8.8.	제1차 솔로몬 해전
8.13.	대본영이 제17군에 과달카날섬 탈환을 명령
8.18.	이치키지대가 과달카날섬에 상륙
8.20.	이치키지대의 공격 개시
8.24.	제2차 솔로몬 해전
9.3.	대본영이 지나파견군에 重慶진격작전 준비를 명령
9.10.	독일군 스탈린그라드시에 육박
9.13.	과달카날섬에서 카와구치지대가 공격 개시
9.23.	중부 치시마열도에 일부 병력을 파견
9.25.	뉴기니 방면의 일본군 스탠리산맥에서 부나를 향하여 후퇴 개시
10.9.	육군병기행정본부 설치
10.11.	자바섬 해전
10.24.	과달카날섬에서 제2사단 공격 개시, 대본영 애투섬 방면에 병력 증강을 명령

10. 25~26. 남태평양 해전
11. 8.   연합군 아프리카 상륙
11. 12~14. 제3차 솔로몬 해전
11. 13.   북아프리카의 獨伊군 토브룩 철수
11. 16.   제8방면군이 제17군(솔로몬 방면)과 제18군(뉴기니 방면)의 전투서
            열 하령
11. 30.   룽가 해전
12. 10.   대본영 重慶진격작전 중지를 지시
12. 31.   대본영회의(과달카날섬 철수 결정)

1943년

1. 4.   대본영 태국주둔군사령부의 신설을 명령
1. 7.   대본영 제19군 사령부의 신설(濠北방면)을 명령
1. 9.   日華新協定 조인
1. 14~26.   美英 카사블랑카회담 개최
2. 1~8.   과달카날섬의 일본군 철수
2. 3.   스탈린그라드의 독일군 괴멸
2. 5.   대본영이 北部軍사령부(삿포로)를 北方軍사령부로 개편을 명령(작
            전 임무 부여)
2. 8.   대본영이 부산, 오사카, 후쿠오카, 히로시마, 오타루小樽에 陸軍軍需
            輸送統制部의 신설을 명령
2. 15.   군수공장에 대한 시종무관의 파견 시작(6.5.까지)
2. 16.   일본군 雷州반도 상륙
2. 17.   대본영이 팔렘방방위사령부의 신설을 명령
2. 21.   일본군 광주만 프랑스 조차지에 진주
2. 27.   지나파견군 총사령관에 새로운 임무를 부여
3. 2~3.   비스마르크 해전
3. 5.   대본영이 1943년도 작전계획 결정
3. 17.   대본영이 버마방면군사령부의 신설을 명령
3. 27.   버마방면군 및 제15군의 전투서열 하령
3. 31.   소련군 동계공세 종료
5. 12.   미군 애투섬 상륙
5. 13.   북아프리카, 튀니지 전투 종료
5. 14.   대본영이 근위제1사단 외 5개 사단의 편성을 명령
5. 20.   대본영회의(키스카섬 철수 결정)
5. 24.   홋카이도에 戰時警備를 하령
5. 29.   애투섬의 일본군 전멸
5. 31.   교육총감, 항공총감이 대본영 육군부의 구성원이 됨, 어전회의(대동
            아 정무지도에 관한 건 결정)

6. 11.	타마多摩육군기술연구소(전파병기)설치를 명령
6. 30.	미군 렌도바섬 및 뉴기니섬 나사우만에 상륙
7. 5.	미군 뉴조지아섬 상륙, 독일군 하리코프 북쪽에서 공격 개시
7. 10.	연합군 시칠리아섬 상륙 개시
7. 14.	대본영이 제4항공군사령부(뉴기니 방면)의 신설을 명령
7. 25.	무솔리니 이탈리아 수상 실각, 바돌리오 내각 성립
7. 28.	제4항공군의 전투서열 하령
7. 29.	일본군 키스카섬에서 철수
7. 31~8. 1.	키스카 수비대 파라무시루섬에 도착
8. 1.	버마 독립, 日緬동맹조약 조인
8. 11.	軍隊内務令 제정
8. 12.	전시고등사령부근무령 일부 개정
8. 24.	美英 퀘벡회담
9. 2.	제52사단(카나자와)에 동원 하령
9. 3.	연합군 이탈리아 본토 상륙 개시
9. 4.	미군 뉴기니의 라에·살라마우아에 상륙
9. 8.	이탈리아 무조건 항복
9. 15.	대본영이 작전방침을 변경(남동 태평양 방면에서 지구작전을 실시)
9. 22.	日獨 양국 전쟁수행에 관한 공동성명, 제4사단에 동원 하령
9. 30.	어전회의에서 전쟁지도대강 결정
10. 14.	필리핀 독립
10. 20.	일본·필리핀동맹조약 조인
10. 21.	자유인도임시정부 성립(일본 정부는 10. 23. 승인)
10. 22.	대본영이 만주에서 제2방면군사령부 및 제2군사령부를 濠北방면으로 전용을 명령, 제2방면군의 전투서열 하령
10. 26.	대본영이 제3방면군사령부(치치하얼)의 신설을 명령
10. 27.	미군 모노섬에 상륙
11. 1.	군수성 설치, 미군 부겐빌섬 토로키나에 상륙
11. 5.	제1차 부겐빌섬 항공전
11. 8.	제2차 부겐빌섬 항공전
11. 11.	제3차 부겐빌섬 항공전
11. 13.	제4차 부겐빌섬 항공전
11. 17.	제5차 부겐빌섬 항공전
11. 21.	미군 길버트諸島 마킨, 타라와 두 섬에 상륙 개시
11. 27.	카이로 선언(회의는 11. 23~27.)
11. 28.	美英蘇 테헤란 회담 개최(12. 1. 종료)
12. 3.	제6차 부겐빌섬 항공전
12. 10.	태국주둔군사령부를 제39군사령부, 인도지나주둔군사령부를 제38군사령부로 각 개칭

| 12. 15. | 미군 뉴브리튼섬 메르쿠스곶에 상륙 |
| 12. 26. | 미군 뉴브리튼섬 서부 툴루부에 상륙 |

1944년

1. 2.	미군 뉴기니섬의 사이돌에 상륙
1. 6.	대본영이 남방군유격대사령부, 제28, 제29군사령부의 편성을 하령
1. 7.	대본영이 남방군에 임팔 작전 실시를 인가
1. 10.	소련군이 (舊)폴란드 국경 돌파
1. 15.	제28군(버마 방면) 및 제29군(말레이 방면) 전투서열 하령
1. 24.	대본영이 湘桂작전 실시를 결의
2. 1.	미군 마셜諸島 콰잘레인, 루오트Ruot섬 양 섬에 상륙, 뉴브리튼 북단에도 상륙, 제42사단에 동원 하령
2. 3.	항공 작전 요강 제정
2. 10.	在滿 사단(제14, 제29사단)의 남방전용을 명령, 대본영이 제5항공군사령부(중국)의 편성을 하령
2. 17~18.	미 기동부대 트럭섬 공습
2. 18.	대본영이 제5방면군사령부(삿포로), 제27군사령부(치시마), 제31군사령부(중부 태평양)의 편성을 하령
2. 21.	토죠 대장 참모총장 취임, 참모차장 2인제 채용
2. 23.	미 기동부대 마리아나諸島 공습
2. 25.	제31군 전투서열 하령
2. 26.	항공부대에 대한 특명검열개시(4. 17. 종료)
2. 29.	미군 애드미럴티섬에 상륙
3. 8.	임팔작전 개시, 일본군 부겐빌섬 토로키나 부근의 미군을 공격 개시(3월 하순경 공격 단념)
3. 14.	제8방면군 소속의 제18군 및 제4항공군을 제2방면군에 편입
3. 16.	제5방면군 및 제27군의 전투서열 하령
3. 17.	대본영이 제7방면군사령부(싱가포르)의 편성을 하령
3. 22.	제32군(오키나와) 및 대만군의 전투서열 하령
3. 27.	제14군(필리핀)을 남방군의 전투서열에 편입, 제77사단 동원 하령
4. 1.	항공 관계 공장에 시종무관 파견(7월 말까지)
4. 2.	소련군 루마니아에 진입
4. 6.	일본군 코히마를 점령
4. 11.	대본영이 제33군사령부의 편성을 하령
4. 18.	京漢線 타통작전 개시
4. 22.	미군 뉴기니섬 아이타페·홀란디아 상륙
5. 17.	미군 와크데Wakde섬 상륙
5. 27.	粵漢線 타통작전 개시, 미군 비아크섬 상륙

6.6.	연합군 노르망디 상륙
6.15.	미군 사이판섬 상륙
6.16.	駐中 미 육군 항공대 큐슈를 최초 공습
6.19.	마리아나 해전
6.20.	제18군을 남방군 직할로 함
6.25.	마리아나 방면의 작전 지도에 관해 천황이 각 원수의 의견을 청취
7.3.	대본영이 무한방위군을 제34군으로 개편을 명령
7.4.	대본영이 임팔 작전 중지를 조치
7.6.	內地에서 9개 사단 동원
7.7.	사이판섬 수비대 전멸
7.10.	일본군 뉴기니의 아이타페 공격 개시
7.15.	內地 각 군관구에서 전시경비를 실시
7.17.	시마다 해상 사직
7.18.	토죠 내각 총사직, 우메즈 대장 참모총장 취임, 야마다 대장 관동군 총사령관 취임
7.20.	히틀러 암살 미수 사건
7.21.	미군 괌섬 상륙, 제36군(內地) 전투서열 하령
7.22.	코이소 내각 성립
7.24.	미군 티니안섬 상륙, 본토 및 필리핀의 작전지도방침 결정
7.25.	니시오 대장 東京都長官 취임
7.28.	미군 호놀룰루에서 작전회의(루즈벨트 대통령 참가)
8.4.	대본영의 참모차장 2인제 폐지
8.5.	최고전쟁지도회의 설치
8.8.	일본군 衡陽 점령
8.9.	제14군사령부를 제14방면군사령부로 격상
8.10.	괌섬 수비대 전멸
8.19.	최고전쟁지도회의에서 전쟁지도의 대강 결정
8.23.	대본영이 제6방면군사령부(한구)의 편성을 명령
9.7.	拉孟, 騰越에서 일본군 괴멸
9.15.	미군 모로타이 및 펠렐레우섬 상륙
9.21.	미 기동부대 루손섬 클라크 및 수빅만을 공습
9.22.	대본영이 필리핀을 결전 방면으로 하는 명령 하달
9.27.	제20군사령부를 만주에서 衡陽 방면으로 전용
10.12~14.	대만 항공전
10.18.	대본영이 쇼이치고작전(필리핀 결전) 발동을 명령
10.20.	미군 레이테섬 사마르섬에 상륙 개시
10.23~26.	사마르섬 해전, 수리가오해협 야전, 엥가노 해전
11.6.	스탈린 수상이 일본을 침략국으로 간주한다고 연설
11.9.	루즈벨트 대통령 4선

11. 10.	일본군 桂林, 柳州 점령
12. 7.	미군 오르모크 부근(레이테섬) 상륙
12. 12.	미군 오르모크에 돌입
12. 15.	미군 민도로섬 상륙
12. 19.	남방군이 제14방면군에 레이테섬 결전의 중지를 명령
12. 22.	무렵 제14방면군이 제35군에 레이테섬 결전의 중지를 명령
12. 26.	레이테전 종료, 제6항공군사령부를 內地에 신설
12. 30.	대만군 사령관이 대만총독을 겸임

1945년

1. 8.	대본영이 제40군사령부(대만)의 편성을 명령
1. 9.	미군 루손섬 링가옌만에 상륙 개시
1. 16.	在滿 병비강화를 명령(8개 사단 등을 만주에서 동원)
1. 18.	최고전쟁지도회의에서 전쟁지도대강 결정
1. 20.	대본영이 본토결전에 관한 작전대강을 결정
1. 22.	內地의 군사령부를 폐지하고 방면군사령부와 군관구사령부를 설치 보르네오수비군사령부를 제37군사령부로 개편
1. 26.	제6군사령부를 만주에서 상해 방면으로 전용을 명령
1. 27.	대본영이 남방군의 임무를 변경(본토 결전이 1차 임무, 남방군의 작전이 2차 임무가 됨), 월한선 타통
1. 28.	미국 화물자동차가 인도로부터 자재를 싣고 緬支 국경 통과
2. 4.	美英蘇 크리미아회의 개시(2. 12.에 종료)
2. 6.	內地의 각 군이 작전군이 됨
2. 16~17.	미 기동부대 토쿄를 공격
2. 19.	미군 이오지마 상륙 개시
2. 23.	미군 마닐라 구시가지에 돌입
2. 25~26.	미 기동부대 토쿄 및 하치죠지마 공격
2. 28.	內地 제1차 병비 하령(18개 사단)
3. 9.	일본군 佛印에 대한 무력 처리를 개시
3. 11.	일본군 老河口 작전 개시
3. 16.	코이소 수상 천황의 特旨로 대본영회의에 열석
3. 17.	이오지마 수비대 전멸
4. 1.	미군 오키나와 본도 상륙 개시
4. 2.	內地 제2차 병비 하령(8개 사단)
4. 5.	소련 日蘇중립조약 불연장 통고, 코이소 내각 총사직, 제1총군, 제2총군, 항공총군을 신설
4. 7.	스즈키 내각 성립
4. 8.	대본영이 본토 작전 준비계획을 책정, 일본군 노하구 점령

4.15.	일본군 지강 작전 개시, 內地에 제51, 제52, 제53, 제55, 제57 제58군 사령부를 신설
4.19.	스즈키 수상 천황의 特旨로 대본영회의에 열석
4.26.	內地에 제56군사령부를 신설
4.27.	육·해군보도부 통합
5.1.	호주군 타라칸 상륙
5.3.	영국군 랭군 입성
5.5.	제34군사령부 및 4개 사단 중국에서 만주로 전용을 명령
5.8.	독일 무조건 항복
5.9.	芷江 작전 중지
5.14.	제40군사령부 대만에서 미나미큐슈로 전용을 명령
5.23.	內地 제3차병비하령(19개 사단)
5.28.	관동군 전투서열 하령
6.5.	관동방위군을 제44군으로 개칭
6.9.~12.	제87임시의회(전시긴급조치법안 성립)
6.19.	제50, 제54군사령부(內地)의 전투서열 하령
6.21.	오키나와전 종료
6.22.	전쟁지도회의(소련에 특사 파견의 건 결정)
6.23.	토쿄방위군의 전투서열 하령
6.28.	맥아더 원수 루손섬의 전투 종료를 성명
7.10.	在滿병비 강화를 명령(만주에서 약 25만 명을 동원)
7.14.	미 기동함대 카마이시를 포격
7.15.	이어 무로란을 포격
7.17.	美英 포츠담회담 개최
7.25.	포츠담선언 발표
8.2.	포츠담회담 종료
8.6.	히로시마에 원자폭탄 투하
8.8.	소련 對日선전포고
8.9.	나가사키에 원자폭탄 투하, 대본영이 전면적 對蘇 방위작전의 발동 준비를 하령
8.10.	대본영이 對蘇 작전 개시를 결의
8.14.	어전회의
8.15.	일본 무조건 항복
9.2.	미주리호 함상에서 항복문서 정식 조인

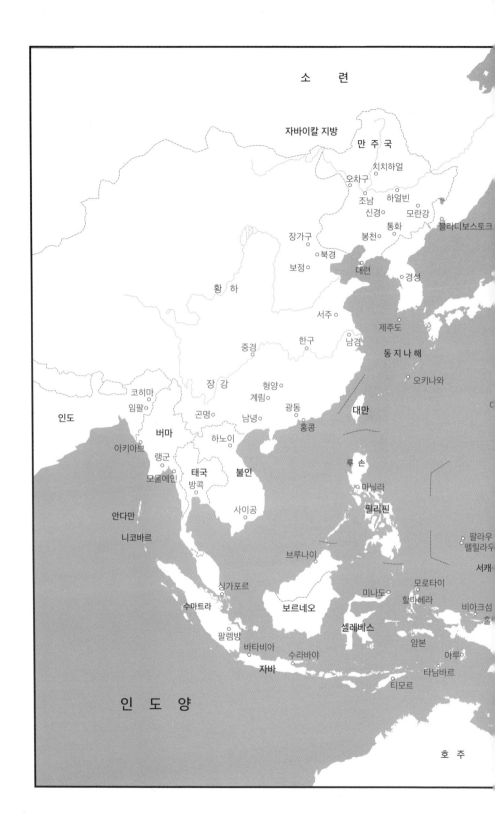

소　련

자바이칼 지방

만 주 국

치치하얼

오차구

조남　하얼빈
신경ㅇ　ㅇ모란강

블라디보스토크

장가구ㅇ　봉천ㅇ　통화

ㅇ북경

보정ㅇ

대련

ㅇ경성

황　하

서주ㅇ

제주도ㅇ

중경ㅇ　한구ㅇ　남경ㅇ

동 지 나 해

장　강　형양ㅇ

오키나와ㅇ

코히마　계림ㅇ
임팔　곤명ㅇ　남녕ㅇ　광동ㅇ

대만

인도　버마

하노이ㅇ　홍콩ㅇ

아키아브
랭군ㅇ

루 손

모울메인ㅇ　태국
방콕ㅇ　불인

마닐라ㅇ

필리핀

사이공ㅇ

안다만

니코바르

팔라우ㅇ
펠릴라우

브루나이ㅇ

서캐

싱가포르ㅇ

모로타이ㅇ

미나도ㅇ　할마헤라

비아크섬

수마트라

보르네오

셀레베스

암본

아루

팔렘방ㅇ

바타비아ㅇ　수라바야ㅇ

타님바르

자바

티모르

인 도 양

호 주

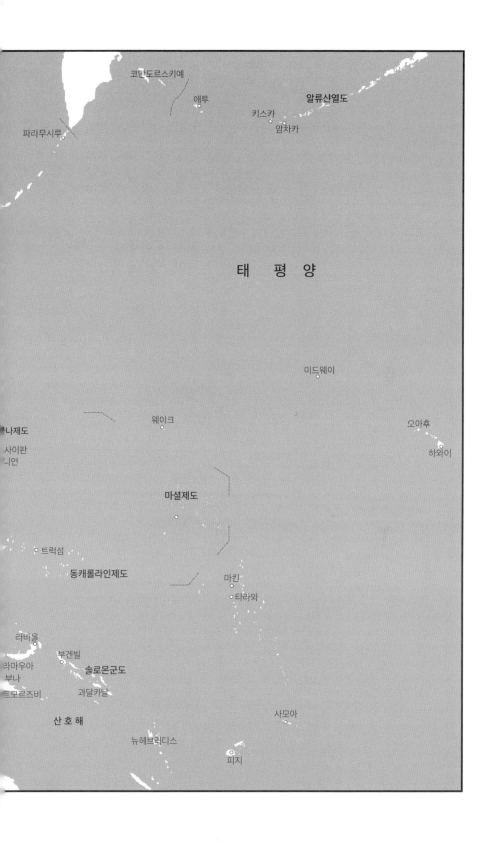